中国国有经济边界与国资收益分配研究

Studies on
China's Boundary of State-owned Economy
and Distribution of Income from State-owned Assets

汪立鑫 著

图书在版编目(CIP)数据

中国国有经济边界与国资收益分配研究/汪立鑫著.—合肥:安徽大学出版社,2022.9
ISBN 978-7-5664-2501-0

Ⅰ.①中… Ⅱ.①汪… Ⅲ.①中国经济－国有经济－研究 Ⅳ.①F121.21

中国版本图书馆 CIP 数据核字(2022)第 193168 号

中国国有经济边界与国资收益分配研究
Zhongguo Guoyou Jingji Bianjie yu Guozi Shouyi Fenpei Yanjiu

汪立鑫 著

出版发行:	北京师范大学出版集团 安 徽 大 学 出 版 社 (安徽省合肥市肥西路 3 号 邮编 230039) www.bnupg.com www.ahupress.com.cn
印　　刷:	合肥远东印务有限责任公司
经　　销:	全国新华书店
开　　本:	710 mm×1010 mm　1/16
印　　张:	14.5
字　　数:	238 千字
版　　次:	2022 年 9 月第 1 版
印　　次:	2022 年 9 月第 1 次印刷
定　　价:	49.00 元
ISBN 978-7-5664-2501-0	

策划编辑:李　君　　　　　　　装帧设计:李　军
责任编辑:李　君　　　　　　　美术编辑:李　军
责任校对:蒋　松　　　　　　　责任印制:陈　如

版权所有　侵权必究

反盗版、侵权举报电话:0551－65106311
外埠邮购电话:0551－65107716
本书如有印装质量问题,请与印制管理部联系调换。
印制管理部电话:0551－65106311

国家社科基金后期资助项目
出版说明

后期资助项目是国家社科基金设立的一类重要项目,旨在鼓励广大社科研究者潜心治学,支持基础研究多出优秀成果。它是经过严格评审,从接近完成的科研成果中遴选立项的。为扩大后期资助项目的影响,更好地推动学术发展,促进成果转化,全国哲学社会科学工作办公室按照"统一设计、统一标识、统一版式、形成系列"的总体要求,组织出版国家社科基金后期资助项目成果。

全国哲学社会科学工作办公室

目 录

第一章 导论：国有经济的存量配置与流量分配 …………… 1
- 第一节 存量配置：国有经济的合理边界问题 …………… 1
- 第二节 流量分配：国有资本收益的分配 …………… 5

第二章 国有经济边界的政治经济学分析 …………… 14
- 第一节 新中国成立以来我国所有制关系演变的政治经济学分析框架 …………… 15
- 第二节 基于新古典经济学对国有经济的流行理解及其局限 …… 18
- 第三节 国有经济与社会主义基本制度 …………… 21
- 第四节 国有经济与发展中国家的经济安全 …………… 26
- 第五节 国有经济与民营经济的共生发展关系 …………… 32

第三章 国有经济边界的广义效率分析 …………… 46
- 第一节 国有经济与纠正市场失灵 …………… 46
- 第二节 国有经济与国家经济竞争力的提升 …………… 51
- 第三节 国有经济边界的调整：国有产权改革的效率与公平 …… 55

第四章 国有经济最优比重及国资收益最优分配的一个理论模型 …………… 63
- 第一节 问题背景、主要概念与分析逻辑 …………… 64
- 第二节 文献梳理与本章分析思路的引出 …………… 69
- 第三节 国有企业经济比重的上限：信息局限约束下的竞争性均衡 …………… 78
- 第四节 国有资本经济的最优均衡：税收替代与补充 …………… 83
- 第五节 混合经济与纯私有经济的社会福利比较分析 …………… 90

| 第六节 | 经验分析与模型数值解 ………………………………… 92 |
| 第七节 | 结论、政策含义与进一步讨论 ……………………… 101 |

第五章　微观实证：国有企业利润最优上缴比例（以央企为例） ………………………………………… 108

第一节	问题的现实背景与本章研究特色 ……………………… 109
第二节	我国国有企业利润分配制度历史沿革分析 …………… 112
第三节	与本章研究相关的文献梳理 …………………………… 117
第四节	分析框架的构建 ………………………………………… 125
第五节	一般竞争性行业中央国有企业最优上缴比例的研究 … 132
第六节	其他类型中央国有企业利润上缴比例的初步讨论 …… 146
第七节	结论、政策建议及进一步讨论 ………………………… 150

第六章　宏观实证：我国公共福利支出的缺口与国有资本收益的最优划拨 …………………………………………… 155

第一节	问题的现实背景与本章研究思路 ……………………… 155
第二节	文献梳理与进一步研究方向 …………………………… 158
第三节	理论框架：国有资本收益在资本性支出与公共福利支出间的权衡 …………………………………………… 160
第四节	我国公共福利支出及缺口分析 ………………………… 167
第五节	国有资本收益划拨公共福利支出分析：基于公共福利支出缺口 ……………………………………………… 182
第六节	结论和政策建议 ………………………………………… 196

第七章　地区结构分析：地区间国有资本分布不平衡与地方国有资本收益分配体制的优化 ………………………… 201

第一节	问题背景与文献梳理 …………………………………… 201
第二节	企业国有资产的地区间分布研究 ……………………… 204
第三节	地区间国有资本收益分配体制改革 …………………… 211

参考文献 ………………………………………………………… 219

后记 ……………………………………………………………… 228

第一章 导论:国有经济的存量配置与流量分配

在当今中国,理解国有经济是理解中国经济的一把关键钥匙,这一点不论从理论意义还是从实践意义而言,都是如此。从理论意义而言,国有经济的主导地位是中国特色社会主义市场经济体制的核心内涵;从实践意义而言,国有经济是保障中国经济大船安全航行的压舱石,是推动其快速前进的核心动力。

本书将基于中国的国情背景,就国有经济最基础的两个问题,即存量配置问题和流量分配问题展开多角度的初步研究。

第一节 存量配置:国有经济的合理边界问题

国有经济的存量配置问题,具体而言就是我国国有经济存在与发展的合理或应有的边界问题,包括质和量两个方面。从质的方面来说,即国有经济的地位及布局问题,其中,布局问题是指国有经济应该重点布局在哪些产业或行业;从量的方面来说,即国有经济在整个国民经济中的合理比重应该是多少。

一、国有经济的地位及布局

(一)决定国有经济地位及布局的社会政治因素

就质的方面而言,国有经济的地位及布局问题首先不是由单纯的经济系统内生决定的,而是由外生的社会政治的背景性因素决定的。也就是说,我国的国有经济地位及布局问题首先必须基于我国的具体国情,特别是国内外政治环境与背景,才能给予正确的解答。本书将决定国有经济地位及布局的国内外政治环境与背景因素分为两大方面,并在第二章讨论这两方面因素如何决定了我国国有经济的重要地位以及具体的布局导向,这是对国有经济边界问题的一种政治经济学的分析。

国内外政治环境与背景因素之一是我国的社会主义基本制度。在中国建立社会主义制度有其深刻的必然性与优越性。一方面,新中国社会主义制度的建立反映了我国近现代以来历史发展的必然趋势,是中国人民在半封建半殖民地旧中国背景下的必然选择;另一方面,在我国特定的国情下,社会主义制度一旦建立,必然会在促进我国社会经济发展方面发挥出巨大的优越性,这包括:有利于民族独立解放与人民民主之成果的巩固与发展;有利于后发大国动员社会资源,尽快实现工业化;有利于避免两极分化,让人民共享改革发展成果;有利于维持多民族地区经济社会发展的稳定局面;有利于发挥计划调节优势,确保实现可持续协调发展;等等。

而要坚持和巩固我国社会主义基本制度,就必须做大做强国有经济,以确保其在国民经济中的主导地位、发挥其对国民经济发展的支柱力量作用,因为国有经济是我国社会主义制度的核心经济基础。

国内外政治环境与背景因素之二是如何保障我国国家经济安全的问题。我国作为发展中的大国,国有经济是保障国家经济安全的主要依靠力量。

只要世界仍然分立为各主权独立国家,国家之间发生冲突的可能性就会存在,如何提高国家经济安全就成为一个国家发展本国经济要考虑的首要问题。

对于后发大国而言,国有经济能更有效地体现国家意志,是保障国家经济安全的更可靠的依赖力量。因为就本国私有企业而言,其相对于国际先进企业的竞争劣势,和其受利润最大化动机驱动下的短期比较优势发展策略,使得依赖其来保障国家经济安全必然存在较大的不确定性。

因此,依赖国有经济保障国家经济安全已成为中国的基本国策。为此,国家明确提出,国有资本调整和国有企业重组的主要目标之一就是要进一步推进国有资本向关系国家安全和国民经济命脉的重要行业和关键领域(简称"重要行业和关键领域")集中,以增强国有经济的控制力,发挥其主导作用。国务院国资委将上述重要行业和关键领域具体明确为军工、电网电力、石油石化、电信、煤炭、民航、航运等七大行业。

(二)决定国有经济地位及布局的广义效率因素

如果说上述社会政治因素对我国国有经济地位及布局的规定,体现的是我国社会经济发展价值导向的要求,那么需要进一步研究的是,从资源配置效率改进的角度,基于我国的国情背景,如何回答国有经济的地位及布局问题。本书第三章将专门研究这一问题。

已有的从效率角度讨论国有经济的研究很多是从企业微观效率的角

度展开,进而延伸到企业产权制度视角,并提出产权改革方面的主张,其中很多主张或隐或显地指向了国有企业私有化的方向。

本书的效率视角与上述研究的效率视角不同。在我们看来,企业微观效率视角进而产权制度视角并非研究国有经济的最合适视角,因为从实践上来看,国有企业与非国有企业在市场竞争中并未分出高下;从理论上来看,关于国有企业是否因其产权制度而必然导致低效率和低竞争力的问题也仍未辩出对错。因此,我们分析国有经济地位及布局的效率视角,不是基于企业微观效率,而是基于宏观效率及中观的产业布局意义上的效率,因此,我们将这类效率因素称为"决定国有经济地位及布局的广义效率因素",它包括两个方面:

一是与我国社会主义市场经济背景相关。众所周知,市场机制存在着多方面的固有缺陷并导致一系列市场失灵,因而需要政府进行弥补和纠正,而国有经济可以贯彻政府意志,发挥弥补市场缺陷的功能,从而从整体上提高了资源配置的效率。可以说,政府为弥补市场缺陷所必须保持的国有经济的范围,是国有经济存在范围的底线。

二是与我国的后发大国背景相关。我国作为发展中大国,选择基于物质资源禀赋或劳动力成本比较优势的国家竞争战略是我国在发展起步阶段的必然选择,但这终究只能是一种过渡性选择。从长期看,要提高我国经济增长与发展的可持续性及效率,则必须走自主创新发展道路,以提升国家在国际经济竞争中的核心竞争力。

从微观企业层面上看,国有经济特别是中央企业正是我国实施自主创新发展战略、提升国家经济竞争力的主力军。因为后发国家多数私人企业,受其追求自身利润最大化动机的驱动,加上其资本、技术实力与国际先进企业相比的相对落后地位,可能更倾向于朝自身具有短期比较优势的方向去发展,例如走技术模仿及发挥劳动力低成本优势的发展道路,规避高风险的自主创新的发展道路。

因此,从提升国家经济竞争力这一广义效率要求出发,国有经济重点布局的方向之一就是那些与国家竞争力相关的产业,如体现自主生产的技术能力的重化工业,包括冶金、电子、化工、机械等;体现自主创新的技术能力的尖端产业,包括生物工程、航空航天、核工业、软件信息等。

二、国有经济在国民经济中的合理比重

国有经济的存量配置问题在量的方面的规定,就是国有经济在整个国

民经济中的合理比重问题。国有经济的存量配置首先必须满足前面所述的质的方面的要求,即要有利于我国社会主义基本制度的巩固、我国国家经济安全的保障、市场机制缺陷的弥补,以及国家经济核心竞争力的提升。只有满足了这些质的要求,进一步对国有经济的量的最优比例进行讨论才有意义。换言之,在国有经济存量配置的安排上,满足上述质的要求具有优先权,如果质的要求例如保障国家经济安全的要求所意味的在某一行业国有经济所需达到的比例,超过了关于国有经济的量的最优比例的一般分析结果,则应以前者为决策依据。

因此,我们在本书中关于国有经济的量的最优比例的讨论,是在上述对国有经济存量配置的质的要求完全得到满足的前提下展开的。自然地,这样的讨论较为适用的对象是一般竞争性行业的国有经济,而不是那些涉及国家经济安全或国家经济核心竞争力的行业的国有经济。

本书将在第四章展开关于国有经济的量的最优比例的分析。其中,我们将国有经济的比重分为两个方面来讨论,一是国有企业经济的比重即国有企业所占用总资产在社会总资本中的比重;二是国有资本经济比重即国有资本占社会总资本的比重。

关于国有企业经济比重的确定,我们的分析思路是,虽然在企业个体意义上来说,我们认为国企的经营效率与私企相比没有系统性差距,但基于哈耶克的"分散信息论"(哈耶克,2003),私有经济的决策主体是民间分散的个人,其优势在于可利用全社会的分散信息,与此相比,国有企业经济在总体上存在一定的信息局限。这导致在一个初始条件为纯国有经济的系统中,如果引入市场竞争,则国有企业经济比重会自然回落至某一均衡水平,该水平就构成了规范意义上的国有企业经济比重的上限。当国有资本经济最优比重超过这一上限时,超出部分的国有资本应以参股私有企业的方式存在。

而国有资本经济比重的确定取决于国有资本经济优势的发挥,国有资本将其部分收益用于公共福利性支出可以对税收产生替代效应,从而减少税收的征管成本和无谓损失。同时,国有资本的存在及收益分配还为政府提供了新的宏观调控手段,与税收调控相互补充。

不过,如果全部社会资本均以国有资本的形式存在,即国有资本经济比重达到100%,那就意味着全部社会资本也就是国有资本完全以国有企业为载体,这就会面临前述的国有企业经济存在的信息局限。因此,单纯国有经济系统的宏观效率较低。引入私有企业经济则可以弥补这一缺陷，因为私有企业经济的优势就在于可利用全社会的分散信息，发现并利用更多的投资机会。由上可见，国有资本经济的最优比重取决于对国有资本经济优势与私有企业经济优势的权衡与综合。

综合上述两方面的分析可以得出，理想的经济系统应当是一种混合经济系统，政府通过调控税率和国有资本收益的分配将该经济系统引导至最优均衡状态。

第二节　流量分配：国有资本收益的分配

由上节可知，本书关于国有经济存量配置讨论的结果是，就我国国情背景而言，较优的选择是以国有经济为主导的混合经济系统。在满足这一存量配置要求的前提下，需要进一步研究的是国有经济的流量配置问题，即国有资本所形成的收益如何分配的问题。

国有资本收益的分配与私人资本收益的分配相比，两者的基本区别在于，国有资本收益的分配涉及的是在资本性支出与社会公共福利支出之间的分配，其目标是全社会的福利最大化；私人资本收益的分配涉及的是在继续追加投资即资本性支出与投资者个人及家庭消费支出之间的分配，其目标是投资者的福利最大化。

在目前由特定的国资监管机构（通常指国资委）代表政府履行出资人职责的国资监管体制下，国有资本收益的分配与使用从理论上可分为微观与宏观两个层面。

微观层面是指国资监管机构和其所监管的国有企业之间在国有资本收益上的分配，一般由国资监管机构决定所监管国有企业税后利润的上缴比例，具体比例随企业对象及时间点的不同而不同，比例的确定依据是国家经济安全与国家发展战略需要、行业发展与企业运行状况。

宏观层面是指政府（公共财政）和国资监管机构之间在国有资本收益上的分配，即政府决定将企业上缴的全部国有资本收益中的多少用于公共的民生性支出。当然，其他部分则继续用于国有资本（经营性）投资，以促进GDP增长、发展经济。

一、国有资本收益的公共福利性支出与中国特色的复合财政体系

引入国有资本收益的公共福利性支出，就使得我国政府财政体系演变

成一种中国特色的复合财政体系,其与西方多数国家传统市场经济体制下的简单财政体系相比,在应对经济增长与发展环境的变化方面,具有更大的弹性。

复合财政体系可以看成对传统市场经济体制下简单财政体系的扩展。简单财政体系就是最单纯的财政收支关系,即"税收(＋公债)←→一般公共支出(公共消费支出＋社会保障等转移支出)"。这里的公债收入按照李嘉图等价原理实际上也是税收收入(未来时期的税收)。复合财政体系则是在上述单纯的财政收支体系基础上又增加一些与发展经济相关的政府收支项目:

政府性基金收入与支出,其中与土地使用权出让及土地一级开发有关的收入与支出是地方政府性基金收支的主体,因而通常被称为地方政府的"土地财政"。

政府任务型国企所从事的体现政府意志的投资支出,就地方经济而言,主要包括城市基础设施建设以及一些土地一级开发的项目中超出政府预算的支出,即这些项目因政府资金投入不足而需要企业进行补贴,资金来源于企业其他项目的盈利。这实际上是变相地将国有资本收益分配一部分用于公共投资性支出。

而政府复合财政体系的进一步扩展就是,随着政府改善民生动力的增强,必然考虑将国有资本收益分配一部分用于公共福利性支出。

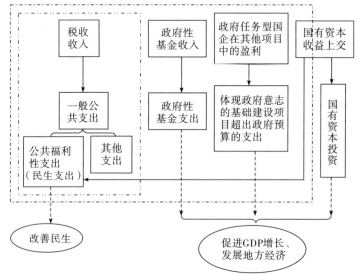

图 1-1　复合财政体系

由上述可见,与简单财政体系相比,复合财政体系首先表现在支出方面的扩展上,即旨在推动 GDP 增长和经济发展的基本建设投资支出在政府财政支出中占有突出地位。至于最优的支出结构安排,即一般公共支出与基本建设支出的最优比例,发展经济学中的经济发展阶段理论(Musgrave,1969;Rostow,1971)给出过动态分析。

复合财政体系还表现在政府收入方面的多元化拓展上。本书后面将要研究的是,随着公共服务性支出需求的迅速增长,在政府税收相对不足时,国有资本收益能否以及应拿出多大比例用来补充和替代税收收入,以用于改善民生。

二、微观层面:国有企业利润上缴比例的确定

本书将在第五章讨论国有企业利润上缴比例的确定问题。鉴于该问题的复杂性与现实性,我们将主要讨论一般竞争性行业的情形,并以中央企业为经验研究对象。

关于国有企业的利润分配,目前对中央企业的做法是:由财政部门牵头,与国资委联合确定企业国有资本收益的收取比例。具体来说,就是区别不同行业,将中央企业分为几类,不同类别企业的收益按不同档的比例收取。这一做法具有操作简明、方便财政部门实施的优点,但立足长远看,它未充分考虑到不同企业的具体差别,并且也难以适应各个中央企业在经营上的动态变化。另外,这一做法缺乏必要的理论基础,其指标的确定没有严格的计算依据,有一定随意性。

因此,本书将在第五章基于一定的理论框架,集中讨论中国一般竞争性行业中的国有企业的利润上缴比例问题,并力求提供一个关于该上缴比例的可操作的计算公式。我们将主要基于微观资源配置效率的角度,为便于分析的简化和研究的深入,未引入前述的国家利益如国家经济安全或国家整体经济竞争力等更高层面的考虑,因此较为适合一般竞争性行业的情形。

就理论层面而言,国有企业的利润上缴问题属于公司财务中的股利政策范畴。目前已有的各种股利政策理论,多数是一种实证理论,且即使是在分析最优股利政策时,多数也都基于股东私人利益即企业价值最大化的目标。而我们的任务则是探究从全社会福利最大化目标出发,国有企业的利润上缴比例应如何确定。为此,我们选择了股利政策理论中的代理成本

理论作为分析的理论基础之一,因为从全社会福利最大化的角度看,国有企业利润上缴比例的确定主要取决于两大因素,一是利润上缴而不是留存企业用于经营的机会成本与机会收益的比较,二是利润分配所伴随的交易成本——包括企业内部代理成本和外部融资的交易成本——即资源配置的直接效率损失的大小,而代理成本理论正适合于分析后一类因素。

具体而言,我们认为,从全社会最优角度来看,国有企业利润上缴比例的确定主要取决于以下两大因素。

一是利润上缴而非留存企业的机会成本与机会收益的比较。对此,我们的处理是,如果某国有企业利润用于该企业追加投资的回报率小于对公共福利的投资回报率,则国资委应当要求该企业的利润全部上缴,并将之分配于公共福利支出。

二是利润分配所伴随的交易成本的大小。这主要是针对企业投资回报高于公共福利投资回报的国有企业而言,即国资委在考虑这类企业利润分配时需要进行两方面成本的权衡,一是因利润上缴而导致的企业对外融资的交易成本,二是因利润留存于企业而导致的内部代理成本。对此,本书第五章通过一个理论模型,得出其最优解分以下两种情形。当企业内部代理活动中的信息隐藏程度较高,同时,对企业经营层侵蚀利润的外部监督有效程度较低时,模型的解为内点解,即利润最优上缴比例在 0 和 1 之间,且与利润正相关。反之,则利润最优上缴比例是 1 或者 0,即当企业利润回报水平足够好,而企业外部融资的交易成本又较高时,企业利润应全部留存,否则企业利润应全部上缴。

在理论模型分析的基础上,我们还基于一般竞争性行业的 62 家中央企业数据,通过计量分析估计出理论模型参数值,进而估算出近几年这些中央企业利润最优上缴比例的具体数值。

三、宏观层面:公共福利支出缺口与国资收益用于公共福利比例的确定

关于宏观层面上国有资本收益用于公共福利比例的确定,我们从我国的现实背景出发,在本书第六章进行了集中讨论。

其实我们在本书第四章的理论模型分析中已附带地就国有资本收益划拨公共消费的最优比率进行了讨论,并给出了初步的数值模拟结果,不过这一研究结果是纯理论性的,其虽具有一定的理论启发价值,却并不能直接应用于我国当前的实际。这是因为,这一理论结果是基于经济系统处

于最终的稳定增长状态得出的,而现实中,我国的经济仍然处于发展中状态,并未达到稳态增长阶段。

因此,我们有必要进一步从我国的社会经济现实背景出发,对我国国有资本收益用于公共福利比例的确定展开经验性分析。

具体而言,本书第六章即是从我国的社会经济现实背景出发,通过对世界各国在社会经济发展过程中公共福利支出变化的经验总结,初步测算出我国公共福利支出相对于国际经验结果的缺口,并基于这一缺口进一步讨论当前我国国有资本收益的最优划拨比例应为多少。显然,这一结果更多的是基于经验分析得出的,因而具有更可行的应用价值。

(一)我国国情背景下国有资本收益用于公共福利支出需求的增长

在第六章,我们首先基于国有资本收益在资本性支出与公共福利支出间的权衡这一局部均衡角度,通过一个简单的理论模型分析国有资本收益中用于公共福利性支出的最优比例受到哪些因素的影响,进而说明为何在当前我国社会经济的背景下,社会对于国有资本收益用于公共福利的支出需求在不断增长。

我们的基本理论逻辑是:首先,国有资本收益的使用应以全民福利最大化为目标,其具体支出结构取决于不同支出方向对全民福利之边际贡献的比较;其次,与对企业征税相比,国有资本收益作为公共福利支出之资金来源具有相对优势,这既包括我们曾提及的可减少税收的征收成本及税收额外负担等税收成本,还包括可避免因税负较重导致相关地区吸引资本减少甚至资本外流问题,等等;最后,随着经济发展与经济转型,公共福利性支出对全民福利的边际贡献会相对提高(即相对于企业经营投资性支出的边际贡献),与之相联系,社会公众对公共福利的需求也相对提高。

基于上述理论逻辑,并通过基于该理论逻辑的一个局部均衡模型的分析,再结合我国的现实经济背景,我们得出关于我国国有资本收益用于公共福利的支出需求的一系列结论。

首先,随着我国经济转型与经济发展,在经济转型与经济发展过程中伴随的个人收入差距的扩大,社会对政府公共福利性支出提出了更大的需求。

其次,我国人均资本规模以及国有资本盈利能力的提高,为国有资本收益部分用于公共福利性支出提供了一定的条件。

再次,我国总的公共福利性支出与其他国家横向比较显得较为不足,与自身的经济发展水平及社会公共福利需求相比也严重滞后。换言之,公共福利性支出对社会总福利的边际贡献明显提高,相应地,要求国有资本收益中用于公共福利性支出的最优比例应当逐步提高。

最后,国有资本收益支出结构的上述转变在一定程度上也有利于我国目前消费投资结构的优化。我国目前经济结构中的消费投资的结构不尽合理,即投资相对于消费的比重偏高。而将国有资本收益中的一部分用于公共福利支出并逐步提高这部分支出的比例,显然对优化我国目前的消费投资比例会起到积极作用。

(二)国际经验比较下的我国公共福利支出缺口

从统计数据看,近十几年来,我国在公共福利支出规模上虽然取得了稳定的发展,但是跟国际发达国家相比还有较大差距。为了更细致地考察这一问题,我们试图通过计量分析的方法来研究国际经验下的公共福利支出最优规模轨迹,然后通过这个结果去推算出我国目前的公共福利支出水平同这个最优规模之间相差多少,即所谓的"公共福利支出缺口"。

为此,我们在全球范围内选取了 16 个代表性的发达及发展中国家的统计数据,通过计量分析初步得出公共福利支出与人均 GDP 之间的经验关系。然后根据这一计量结果,我们又推算出我国在当前政府债务水平和国民收入水平下的最优公共福利支出规模,并将其与我国目前实际的公共福利支出进行对比,从而得出我国当前的"公共福利支出缺口"。我们初步估算的结果是,到 2012 年,我国公共福利支出缺口占实际公共福利支出的比重约为 26.97%,占 GDP 的比重约为 2.13%,显然这是一个较大的支出缺口。

(三)基于公共福利支出缺口的国有资本收益用于公共福利的最优比例

虽然我国 2007 年出台的国有资本经营预算制度规定了国有资本收益可部分用于社会公共福利支出,但是就中央企业层面而言,实际实施的划拨率还很低。其中,2010 年至 2013 年国有资本经营预算收入对公共福利性支出的划拨率平均不到 10%,而国有资本收益对公共福利支出的整体划拨率均不到 1%,这里的整体划拨率是由国有资本经营预算收入对公共福利性支出的划拨率与中央企业平均利润上缴比率相乘而得。

为了得到政策指导意义上的整体最优划拨率,我们利用公共福利支出缺口变量,再引入 GDP 增长率、国有资本收益率等关键变量,构制了一个可计算的模型。按照该模型的分析,如果政府以经济总量最大化为目标,则在假定国有经济比重保持不变的前提下,国有资本收益最优划拨率取决于上述三个变量。而将我国现实经济数据代入该模型可计算得出,2005年至2013年国有资本收益对公共福利支出的最优划拨率在12%～30%之间上下波动,以2012年和2013年为例,国有资本收益最优划拨率分别为30.36%和23.76%。按此标准,我国同期实际不到1%的整体划拨率明显偏低。

四、地区间国有资本分布不平衡与国资收益分配的中央统筹

从我国国情出发,国有资本收益分配问题除了前述的微观层面的国有企业利润上缴比例问题及宏观层面的国有资本收益用于公共福利比例问题,还有一个中观层面的地区结构性问题,即地区间国有资产分布不平衡导致的国资收益公共福利性分配的地区间差距问题。这一问题在本书第七章得到了集中讨论。

(一)地区间国有资本分布不平衡程度

从企业国有资产在中央及地方的分布情况来看,根据财政部官方数据,2016年地方国企的净资产为228534.5亿元,首次超过同期中央企业的净资产(218262.7亿元),这意味着地方国有资本在全国国有资本中的比重已上升到超过一半,这说明如果存在地区间国有资产分布不平衡,则其有较大可能在较大程度上会导致国资收益公共福利性分配的地区间差距。

而从国有资产在地区间的数量分布来说,确实存在着极大的地区间不平衡。根据本书第七章的测算,近几年来各省市人均企业国有净资产的基尼系数平均高达0.5左右,人均企业国有资产增值额的基尼系数更高。后者意味着按照自然发展,地区间国有资本分布不平衡有不断扩大的趋势。

另外,从各省市的国有资产质量来看,也存在着明显的不平衡。例如,国有资产产业结构的地区性差异十分明显,2010年第三产业占比最高的前五个省市分别为江苏、浙江、天津、上海和广东,平均值约为80%,而占比最低的三个省市(甘肃、吉林和山西)平均值不到30%,远远低于全国平均水平66%。新兴朝阳产业分布的不均衡程度更高。

(二)地方国资收益用于公共福利性支出应由中央统筹

如上所述,全国不同地方政府监管的国有资产在数量及质量上均有很大差别,为避免不同地区国有资产分布不平衡导致的地区间公共福利分配上的新差距，各地方国有资本收益用于公共福利性支出的政策应当由中央统筹集中制定并实施。具体而言，对于地方国有资本收益拟用于民生性分配的部分，地方政府应当再将其中的一定比例上缴中央，中央再用于全社会的公共服务均等化。

至于上缴的比例以及中央如何安排上缴的地方国资收益的再分配结构，可以用中央再分配后各地区国资收益对民生支出贡献的人均值的基尼系数是否回落于合理区间来衡量。而各地方国资委所监管国有资本收益用于公共福利性支出比例应当全国统一，这是为了防止各地方政府因地方性财政压力而在地方国有资本收益民生性分配决策上陷于失控与混乱。

本章第一、二两节对本书两大研究主题（国有经济的存量配置问题与流量分配问题）的研究内容进行了概述。接下来则进一步简单讨论这两大主题之间的内在逻辑关系。

首先，不论是国有经济的存量配置，如国有经济的主导地位与经济布局的确定、总体比重的调整，还是国有经济的流量配置，即国有资本收益的分配，其最终目标是一致的，即都是为了实现我国生产力的最优发展以及全社会福利的最大化。

其次，国有经济的存量配置要求作为一种约束条件，是国有经济在流量分配时所必须满足的。这是因为，正如本书第二章所论证的，与国有资本收益分配的各环节相比，国有经济的存量配置要求体现了我国社会经济更为全局性、更高层面性的战略目的。因此，国有资本收益的分配不能影响国有经济的主导地位，不能影响国有经济在关系国家安全和国民经济命脉的重要行业和关键领域的控制力。

第三，本书在讨论微观层面国有资本收益的最优分配时，一般都明确假定是以一般竞争性行业为背景。也就是说，当讨论的背景是关系国家安全和国民经济命脉的重要行业和关键领域时，微观层面的国有资本收益分配即国有企业的利润分配必须以保障国有经济在这些重要行业和关键领域的控制力为前提。只有当讨论的背景是与这些重要行业和关键领域无关的一般竞争性行业时，国有企业的利润分配才可基于以市场经济原则为背景的公司金融理论来作出最优安排，而不必考虑其是否影响所在行业的国有经济主导地位问题。

第四，本书第六章在讨论宏观层面的国有资本收益分配，即国有资本收益划拨公共福利支出时，在假定所有制结构已达到基本稳定合理的目标状态后,明确将国有经济在整个国家经济中比重保持不变,或国有经济增长不低于GDP增长作为前提性的约束条件。

在本章的最后,可以把本书内容的逻辑结构用下图来表示(图1-2)。

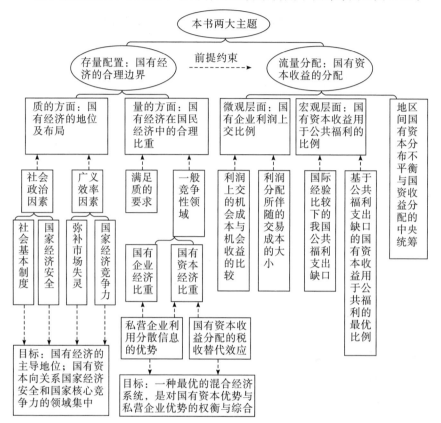

图1-2 本书内容的逻辑结构

第二章　国有经济边界的政治经济学分析

我国社会主义市场经济与西方资本主义市场经济的根本区别之一，就是我国国有经济在国民经济中占主导地位。如何理解和评价我国这一国有经济制度的必要性与优越性，对于坚持中国特色社会主义的理论自信和制度自信，有着极为重要的意义。

从纵向历史角度看，新中国成立以来，我国所有制关系的演变可以在马克思政治经济学分析框架中得到完整统一的阐释。简而言之，发展中国家生产力发展的根本出路在于工业化，而不同的工业化路径则会选择不同的政治经济制度。我国选择的是重工业优先发展起步的路径，这意味着必然要选择计划经济与公有制相结合的体制，之后在进一步发展轻工业的阶段则必然要进行向市场经济的转型。中国选择了渐进的转型方式，由此逐步形成了今天的以公有制为主体、多种经济共同发展的所有制格局。

从当下角度看，当前对国有经济制度安排的各种理解中，基于新古典经济学框架下的狭义微观资源配置效率视角的理解颇为流行，这一理解导致了对我国国有经济的诸多不合理乃至不公正的评价。要全面准确地理解和评价我国的国有经济制度安排，必须超越这一新古典经济学狭隘视野，基于更为宽广深邃的政治经济学视野，从国家宏观整体利益角度出发来分析。

进而言之，分析我国国有经济存在与发展的合理性及应有的边界范围，进而分析我国发展国有经济的必要性、国有经济在国民社会经济发展中的重要作用，首先必须基于我国具体的国情背景特别是我国具体的国内外政治环境，才能予以正确理解。这些国内外政治环境从大的方面来说包括两大因素：一是我国作为社会主义国家如何巩固社会主义基本制度的背景，而国有经济是我国社会主义制度的核心经济基础；二是我国作为后发大国如何保障自身经济安全的背景，而国有经济是保障国家经济安全的主要依靠。本章将从这两个方面对我国国有经济存在的合理边界展开政治经济学分析。

就当下的国有经济与民营经济之间的关系而言，今天的公有制为主体、国有经济为主导、多种经济共同发展的所有制格局,对当今我国生产力发展的支持作用一方面体现在,国有经济的主导地位为我国生产力可持续健康发展提供了必要保障,这体现在上述的社会基本制度维护、国家经济安全保障以及下一章将要详细讨论的国家经济竞争力提升这点上;另一方面,国有经济与民营经济之间已进入相互支持的共生发展关系阶段而不是你退我进的替代关系阶段,同时,民营经济内部则处于做大做强的发展过程中,这些都为我国生产力发展提供了良性循环的微观基础。

第一节 新中国成立以来我国所有制关系演变的政治经济学分析框架

一、发展中国家生产力发展的规律性要求及发展路径选择

(一)发展中国家生产力发展的规律性要求

发展中国家生产力发展最为核心的规律性要求就是要尽快实现工业化,这和国际间的产业分工及其所决定的利益分配格局有关。

由于劳动力国际间的不能自由流动,国际间的"垂直分工"往往带来的是不同国家的国民收入与福利水平的分化:在国际经济交往过程中,凭借技术领先优势而开发技术密集型产品的企业,可获得因技术创新而形成的超额利润以及因技术垄断而形成的垄断利润,而靠技术模仿开发劳动密集型或资源密集型产品的企业,只能获得"完全竞争"背景下相对微薄的"正常"利润。这就形成了发达国家与发展中国家之间的利益不对等交往。

因此,发展中国家要想发展自己的生产力,缩小与发达国家之间的经济差距,首先就必须尽快实现工业化,缩小与发达国家工业化水平的差距。

(二)发展中国家发展生产力即推进工业化的两条路径选择

要实现上述工业化的目标任务,有两条发展路径可供选择:

第一条发展路径可称为"比较优势战略(资源、劳动力成本的比较优势)起步的发展路径",即先发展轻工业实现一定的资本积累,然后再通过技术模仿、进口替代战略来发展重工业。大多数发展中国家选择的是这一发展路径。

第二条发展路径可称为"重工业优先发展战略起步的发展路径",即首先集中力量发展重工业,然后在重工业的基础上发展轻工业,并转向比较优势战略(资源、劳动力成本的比较优势)。我国及前苏东地区国家选择的

是这一发展路径。

各发展中国家实际上选择了上述哪一条发展路径,受当时的生产力状况和政治权力结构,以及国际政治环境所决定(汪立鑫,2006),这里暂不进一步展开分析。

二、不同生产力发展路径所对应的政治经济制度选择

(一)比较优势战略起步的发展路径及其政治经济制度选择

大多数发展中国家在选择第一条发展路径,即比较优势战略起步发展路径的同时,也选择了相应的政治经济制度。在生产关系或经济制度方面,选择的是以私有制为基础的资本主义市场经济,显然,这样的生产关系安排与比较优势发展战略是高度相容的,而在后续的发展重工业阶段则要加上对重工业企业的补贴与扶持及相应的国内市场保护;在政治上层建筑方面,由于面临着不可避免的经济两极分化的格局,因此实际呈现的是富人独裁政体或不稳定的民主政体(汪立鑫,2004)。

应该说,虽然"二战"以来大多数发展中国家选择了第一条生产力发展路径及其相应的政治经济制度,但却很少有国家能真正实现赶上发达国家的目标,只有韩国等极少数国家算是实现了这一目标。究其原因,是在这种选择下,面对强大的国际市场力量,政府难以有效地推动本国经济自主发展的进程。

(二)重工业优先发展战略起步的路径及其政治经济制度选择

中国选择的是第二条发展路径即重工业优先发展战略起步的路径,在优先发展重工业阶段,因该阶段发展战略与国家资源禀赋比较优势的背离,故选择了完全以公有制为基础的计划经济体制;而到了发展轻工业阶段,则开始推动向社会主义市场经济体制的改革与转型,并有序地推动对外开放,在所有制基础方面则推行以公有制为主体、多种所有制经济共同发展。在上述不同发展阶段,与经济体制的不同选择相对应,中国在政治上层建筑领域始终坚持以共产党领导为核心的社会主义政体。

三、新中国成立以来我国所有制关系的演变

(一)工业化架构阶段(重工业优先发展阶段)的所有制关系

如上所述,当中国选择了一条重工业优先发展战略起步的生产力发展路径时,就意味着背离了当时的资本稀缺、劳动力过剩的要素禀赋状态,因

此在经济体制上必然要选择计划经济,以便能够利用国家行政的力量将最稀缺的资本资源集中起来投入重化工业的发展,同时,在所有制选择上也就必然选择公有制特别是国有制的方式,以便能更好地贯彻国家的意志。

(二)工业化纵深扩散阶段(在重工业基础上进一步发展轻工业的阶段)的所有制关系

1. 生产力发展新阶段与向市场经济转型的必要性

随着重工业发展战略的实施,计划经济国家逐步建立了自身基础工业体系,此时意味着工业化架构阶段的完成,接下来,生产力发展的要求就转向了工业化纵深扩散阶段,即如何在重工业的基础上进一步发展轻工业。在后一阶段,生产关系及其经济体制也必然作出相应的改革与调整,这是因为,随着工业化向纵深扩散阶段发展,其资源配置所需处理信息的复杂程度迅速上升,原有的计划经济体制已无法应对,必须向市场经济体制转型。在信息技术发展水平相对不足的背景下,与计划经济体制相比,市场经济能更充分地利用私人信息,也能更低成本地发挥激励功能,从而能调动更多的经济资源。

2. 向市场经济转型的不同路径选择

虽然前计划经济国家都面临着向市场经济转型的需要,但由于各自初始条件的不同以及内部制度博弈格局的差异,他们走上了不同的转型路径(汪立鑫,2006)。

前苏联东欧地区国家最终走的是激进转型的路径,这一转型路径是由外部即西方学者来设计与指导,基本上是以英美经济体制为目标模式,以大爆炸式改革方式来推进。即在尽可能短的时间内彻底放开价格,同时进行国有企业的私有化。简言之,这一转型路径的根本特点是,目标的明确性(即英美模式)和达到目标的快速性(减少转型的时间成本)。

中国走的则是渐进转型的路径,强调的是从自身实际出发的原则、转型过程的稳定可控性、试错纠错机制的可发挥性和未来目标的探索性。因此,在价格体制上通过价格双轨制来实现向市场价格机制的渐进过渡,在所有制关系上通过增量改革推进,即在对国有经济进行改革、调整与完善的同时,大力发展非国有经济,以缓解因国有经济改革所产生的社会经济冲击。

3. 中国特色社会主义市场经济体制下的所有制关系

如上所述,中国向市场经济转型走的是渐进改革的路径,其中在所有制改革方面也是这样,即从自身实际出发,不是将国有经济全盘私有化,而是在国有企业改革和国有经济战略性结构调整中始终保持国有经济的主导地位,同时大力鼓励和引导非公经济的发展,由此逐渐形成公有制为主体、国有经济为主导、多种所有制经济共同发展的所有制格局。

这样一种内生了国有经济合理边界的所有制格局已经经过实践的考验,构成了中国改革开放以来经济奇迹的微观基础。

本章接下来就要从理论上作系统论证,这一所有制格局是如何服务于我国的社会生产力发展的。为此,本章接下来的内容将首先深入剖析那些基于新古典经济学对国有经济的流行理解及其局限,从而引入能对国有经济提供科学理解与公正评价的超越新古典框架的政治经济学分析框架;然后从社会基本制度维护、国家经济安全保障这两大方面来论证国有经济的主导地位对我国社会经济可持续健康发展的必要性,从而为国有经济之合理边界提供初步的政治经济学基础;最后进一步论证国有经济与民营经济的关系为何主要是相互支持的共生发展关系而不是你退我进的替代关系,并由此构成了我国社会生产力发展的具有良性循环机制的微观基础。

第二节　基于新古典经济学对国有经济的流行理解及其局限

一、基于新古典经济学对国有经济的流行理解的基本逻辑

新古典经济学框架下对国有经济的流行理解(后文将简称"流行理解"),具体而言就是基于西方微观经济学的一系列理论假设或原理,从微观资源配置效率的角度对国有经济进行评价。其具体分析逻辑如下。

其一,该理解从微观经济学的信息经济学理论出发,具体而言就是基于委托代理理论,认为从产权制度的意义上,国有企业必然是低效率的。因为国有企业实行的是全民所有的公有产权制度,这导致其从最初委托人到最终代理经营者之间的委托代理层次过多,从而监督效率过低,难以实现有效的激励约束(张维迎,1995)。所以,为了提高资源配置效率,必须缩减国有经济规模(世界银行和国务院发展研究中心联合课题组,2012)。

其二,从微观经济学的市场失灵理论出发,认为国有经济存在的合理性在于且仅仅在于弥补市场失灵,如公共品的提供或纠正外部性等。换言之,在没有市场失灵的情形包括行业或时点,国有经济应逐步退出。

二、流行理解对于微观资源配置效率之决定因素的认识局限

上述流行理解将企业微观资源配置效率之决定因素只归结于微观激励机制及效果,而对于微观激励又过于强调产权制度因素特别是所有制因素,这样的分析有明显的片面性并且过于简单化。

首先,就企业微观效率而言,虽然对企业生产经营的关键岗位特别是对经营管理层的微观激励确实很重要,但这一微观激励并不仅仅是来自产权的内在激励,更不是只来自所有制性质。因为,产权激励可以通过股权激励如股票期权等形式来实现,而不是只能通过控股权或所有制性质变化来实现;更重要的是,微观激励除了来自产权激励,还来自外部监督约束机制,而随着财务会计制度、公司治理结构的完善,信息技术的发展,这一外部监督约束机制的效率会越来越高,其对产权激励的可替代性也越来越强。

其次,微观激励只是解决了企业生产经营者积极性调动的问题,如果认为企业微观效率只是由这一维度决定,那么资本主义早期的私人独资的业主制企业应该是效率最高的,但为何其后来逐渐被现代公司制企业取代?这就引出了另一个重要问题,即决定企业微观效率的除了微观激励外,还有其他同等重要甚至更重要的因素,这包括三个方面:专业化分工协作的深度与水平,生产技术的先进性程度,经营管理的能力或称企业家才能。其中,专业化分工协作的水平取决于企业规模,生产技术的进步则很大程度上依赖资本的投入,因此这两个因素都与企业资本规模相关;而企业家才能的专业性与稀缺性一方面意味着资本所有者并不必然具有这一能力,这就提出了所有权与经营权分离的制度创新要求,另一方面还意味着优秀企业家应与大规模资本相结合,以达到对企业家资源利用的"规模经济"性。

而现代公司制企业一方面实现了所有权与经营权分离,另一方面通过资本社会化为企业资本规模扩大打开了空间,从而在上述三个非微观激励的因素上促进了企业微观效率的提高。现代公司制企业取代个人业主制企业成为当今全球市场经济中企业制度的主流这一事实表明,在今天的时代背景下,相比于产权激励因素,包括上述三个因素在内的非产权激励因素对企业微观效率的提升有着更为重要的影响。

从个人业主制向现代公司制的制度变迁,当然可能伴随着产权激励的

弱化,由此引发的一个重要问题就是现代公司制企业的"内部人控制(Insider Control)"问题。虽然青木昌彦等最早提出这一概念针对的是转型中的国有企业(青木昌彦、张春霖,1994),但实际上内部人控制问题在西方现代大公司中也不同程度地广泛存在,只不过西方社会从理论与实践层面从未设想过要因此倒退到个人业主制,而是探索如何在现代公司制背景下解决这一问题。因此,即使国有企业可能存在产权激励上的局限,我们也不能以此为理由轻率地得出必须全面私有化的结论,而是应该在如何弥补与完善微观激励上做文章,例如如何针对企业经营管理层设计有效的监督约束机制以及薪酬激励计划(包括股权激励方案)等。

三、流行理解更为严重的局限:仅仅基于微观效率视角

一个社会是其各部分相互联系的整体性系统,并且该系统是动态和开放的。仅仅基于微观效率的视角来评判国有经济,这样的流行理解显然是一种孤立和机械静止的观点。国有经济是我国社会主义市场经济体制的一项根本性制度安排,要对其进行科学合理的评价,就必须超越微观效率的视角局限,站在我国经济社会发展的全局性战略高度来分析。

例如,在中国这样一个发展中大国,国有企业没有局限于微观自身利润最大化目标,而是服从国家意志,在保障国家经济安全、实施国家创新驱动发展战略上发挥了主力军作用;又如,在中国这样一个社会主义国家,国有经济在保障社会基本制度特别是政治上层建筑的稳定上发挥着经济基础的作用。国有经济上述更为重要的作用显然不是立足新古典经济学的微观效率视角所能观察到的。

上述超越微观效率层面对国有经济的理解其实是一种广义的政治经济学的理解,因为这一理解大多是从国家整体长远经济利益层面及更高的社会政治层面出发的。本章接下来将重点从这一政治经济学的视角来解释我国的国有经济制度。

四、国有经济的政治经济学分析框架对新古典框架的超越

具体而言,本章所述的关于国有经济的政治经济学分析框架,其对新古典经济学微观效率视角的超越主要体现在两大方面。

第一,在经济层面对微观效率视角的超越,从中观产业结构升级优化、宏观平衡协调可持续发展的视角来理解国有经济对我国整体的经济增长

与发展的正外部性。在国有经济制度安排下,与私营企业追求自身利润最大化目标不同,国有企业最能体现国家的意志,从国家经济增长与发展的全局性战略高度来开展经营活动。这主要包括:国有企业服从国家的创新驱动发展战略,追求自主创新,向高端前沿产业进发或占领产业制高点,从而为我国国民经济产业结构的升级优化、提升我国国家经济竞争力作贡献;国有企业保持能源、交通等基础产品供给及价格的稳定,为广大企业的生产经营提供了稳定的市场环境,也保障了广大百姓的生活稳定;国有企业特别是中央企业成为国家宏观短期调控的重要抓手,提高了国家宏观调控政策特别是宏观财政政策的效率与效果;国有企业是国家中长期发展计划或规划如五年计划与十年规划的核心承担与实施者,为我国长期可持续发展作出贡献;等等。

第二,在超越经济层面,从社会政治层面来理解国有经济制度安排的重要性。在我国现阶段,仍然要坚持以经济建设为中心,但经济建设的顺利推进离不开全社会非经济层面的支持与保障,这其中尤其重要的是和平安全的外部环境与和谐稳定的国内局面。而国有经济在确保国家安全尤其是国家经济安全方面发挥着可靠的中坚力量作用,同时国有经济作为全社会经济中的主导性经济力量,也是目前我国卓有成效的政治上层建筑的核心经济基础,保障和促进了我国的政治稳定和社会基本制度的稳定,而这方面的稳定是整个社会稳定的根本。

本章接下来着重从社会基本制度维护、国家经济安全保障这两个方面,下一章则着重从国家经济竞争力提升这一方面,来分别讨论国有经济制度安排在其中不可替代的关键作用。

第三节 国有经济与社会主义基本制度

一、为什么要维护社会主义基本制度

(一)中国建立社会主义制度的必然性与制度路径依赖

我国是一个以社会主义基本制度为立国之本的国家。《中华人民共和国宪法》第一条就明确指出:

"中华人民共和国是工人阶级领导的、以工农联盟为基础的人民民主专政的社会主义国家。

社会主义制度是中华人民共和国的根本制度。禁止任何组织或者个人破坏社会主义制度。"

新中国社会主义制度的建立反映了我国近现代以来历史发展的必然趋势,是半封建半殖民地之旧中国背景下进行反帝反封建民主革命探索的必然结果。

自1840年鸦片战争开始,中国的门户迅速被当时的帝国主义列强打开,中国的经济形态也由自给自足的封建自然经济逐渐沦为半封建半殖民地经济。在这一过程中,中国的民族资本主义经济虽然也有所发展,但受到了封建大地主经济与帝国主义在华经济的双重挤压。在这一经济土壤上成长起来的民族资产阶级有着先天的软弱性和妥协性,难以胜任领导中国人民进行反帝反封建民主革命这一艰巨使命。上述特定的历史背景条件决定了我国民主革命的胜利最终是在中国共产党的领导下取得的,这构成了后来在我国建立社会主义基本制度的有利的政治条件。

因此,中国共产党领导下的新民主主义革命胜利后,向社会主义过渡也就成为新中国的必然发展方向,这不仅是由中国共产党的宗旨决定,而且也反映了绝大多数劳动群众的要求。同时,中华人民共和国成立后,新政权通过没收官僚资本、接管帝国主义在华企业、进行土地改革以消灭封建土地所有制等措施,迅速掌握了国民经济命脉和一部分集中程度很高的大企业,建立了社会主义国营经济,这些是保证我国向社会主义过渡的重要物质基础。

而社会主义基本制度作为一项根本性的社会制度,一旦建立,就必然作为一个里程碑意义上的历史节点决定和影响着后来的制度变迁及其路径,要求后者必须在前者框架下进行。如果违背这一客观要求贸然破除这一框架,就很可能会遭受历史的"惩罚",如巨大社会成本的付出、社会的动乱、经济的崩溃与长期衰退。对此,不仅有制度变迁的"路径依赖"理论(North,1990)提供了理论解释,更有苏联和平演变后的国家分裂、社会倒退的现实以及阿拉伯之春后相关中东国家的悲惨乱象提供了经验验证。

因此,在我国坚持和维护社会主义基本制度,不仅仅是一种意识形态信念的坚守,而且更是一种敬畏历史、尊重传统的理性选择。

(二)中国社会主义制度的优越性与制度自信

在我国坚持和维护社会主义基本制度,还有一个更重要的理由是,社会主义制度与我国作为发展中大国的特定国情相契合,其一经建立,就开始不断发挥出在促进我国社会经济发展方面的巨大优越性。

第一,只有建立社会主义制度,才能巩固新民主主义革命在反帝反封建上的成果,确保中华民族独立解放与人民民主之基础不动摇。因为对于当时中国这样一个生产力发展水平很低、社会中绝大多数人处于极端贫困局面下的发展中大国而言,虽然暂时获得了政治独立,但如果选择走资本主义道路,则在面对国外国内各种不利形势的背景下,难免会走上国内富人独裁或政治不稳定、国际上成为发达国家经济附庸的道路。这在一定程度上也可以解释:为什么战后很多发展中国家虽然也模仿西方国家纷纷建立了资本主义基本制度,但在现代化道路上绝大多数却是困难重重,难以复制发达国家的经济成功?更令人警醒的是,放眼今天"转型"为资本主义制度的前社会主义国家,"和平演变"后有不少国家落入了政治上国家分裂或内乱、经济上被外国资本控制或国内金融寡头控制的陷阱。这些历史证据都表明,基于中国特定的国情,只有建立社会主义基本制度,才能确保中国真正走上独立自主的发展道路,才能为人民当家作主提供真正的可能。

第二,新中国成立之初,作为后发国家,与先发国家之间存在着巨大的经济和技术差距,面临着尽快实现工业化、缩小与先发国家差距的任务。因此与先发国家经济发展呈现的以自发市场机制为主导的自然历史过程不同,后发国家的经济发展需要国家强有力的第一推动。事实证明,社会主义国家制度能卓有成效地保证这一点。正是社会主义制度在国家动员能力方面的巨大优势,使得新中国在成立初期虽面临西方敌对的国际政经环境,但通过在计划经济体制背景下选择实施重工业优先发展的战略,很快就初步建立了一个部门相对齐全的重工业体系,这为改革开放后我国经济的腾飞打下了必要的产业基础。

第三,对于新中国这样一个发展中大国,其成立以来的经济发展是在生产力水平很低、与资本主义发达国家经济差距较大的背景下展开的,只有实行社会主义制度,才能避免国内长期两极分化,让全社会多数人能尽早地享受到发展成果。因为对于后发国家而言,其在经济发展过程中并不具备一个宽松的国际市场环境,如果仅依赖以私有制为基础的市场经济机制,那么在国际市场上与先发国家的竞争中更多的可能是处于竞争劣势,这一方面致使这些后发国家国内工业化所需的资本积累将更少地依赖对外贸易(或对外掠夺),更多地依赖国内的财富集中与两极分化,另一方面也致使这些国家的工业化任务难以顺利完成。这些难免会造成后发国家陷入长期的两极分化不能自拔,其社会中一代甚至两代人中的大多数均难以充分享受发展成果。

第四,中国既是一个发展中大国,同时还是一个地区发展极不平衡、多民族的大国,只有社会主义制度才能确保经济发展过程中的社会稳定。这一方面是因为如上所述,只有实行社会主义制度,才能避免国内长期两极分化,平抑社会不稳定的经济根源;另一方面是因为只有社会主义制度才能将经济发展过程中的社会政治民主化进程纳入可控制的渐进轨道。

第五,中国经济将来顺利发展到世界中等发达国家水平后,中国仍然需要国家计划调节,并且这一要求更具挑战性,它体现在宏观经济的协调、应对国际经济波动冲击、社会保障建设,以及环境保护与资源可持续开发利用等多方面,社会主义制度在应对这些挑战方面显然更具有优势。

综上,正是中国社会主义制度已展示的多方优势以及面向未来的巨大潜力,才是我们坚定制度自信的深刻理由。

二、国有经济对于维护社会主义基本制度的重要性

(一)经济基础决定上层建筑:国有经济是中国社会主义制度的核心经济基础

社会主义制度是一个包括经济制度、政治制度和思想意识形态在内的有机整体,其中社会主义经济制度是社会主义制度的基础。而就社会主义经济制度而言,其核心就是生产资料公有制。当然,在社会主义初级阶段,在坚持公有制为主体的同时,也要鼓励其他多种所有制形式经济的共同发展。对于社会主义经济制度,《中华人民共和国宪法》在第六条中给予了明确的说明:

"第六条 中华人民共和国的社会主义经济制度的基础是生产资料的社会主义公有制,即全民所有制和劳动群众集体所有制。社会主义公有制消灭人剥削人的制度,实行各尽所能、按劳分配的原则。

国家在社会主义初级阶段,坚持公有制为主体、多种所有制经济共同发展的基本经济制度,坚持按劳分配为主体、多种分配方式并存的分配制度。"

如上所述,公有制是社会主义经济制度的核心。通过进一步分析又可以看出,在公有制经济中,国有经济又具有主导性地位。《中华人民共和国宪法》专门对国有经济在社会主义经济中的重要地位进行了说明:

"第七条 国有经济,即社会主义全民所有制经济,是国民经济中的主导力量。国家保障国有经济的巩固和发展。"

综上,可以认为,国有经济是中国整个社会主义制度的核心经济基础。

第一,按照马克思主义理论,一个社会的上层建筑是由其经济基础所决定的,而一个社会的经济基础就是该社会占统治地位的生产关系各方面总和。马克思主义的这一理论原理对社会主义制度而言同样也是适用的。即作为社会主义制度上层建筑部分的社会主义基本政治制度与思想意识形态,是建立在社会主义制度经济基础之上的,这一经济基础就是以公有制为主体、以国有经济为主导的社会主义基本经济制度。

第二,就目前我国以公有制为主体的社会主义基本经济制度而言,其中最为关键的就是国有经济的主导地位。如果国有经济得不到健康发展甚至其在国民经济中的主导地位不能保持,则社会主义上层建筑将会因逐步丧失其核心经济基础而渐渐成为空中楼阁,而且会因社会经济基础的改变而逐渐背离社会主义的宗旨,最终整个社会主义制度将会趋于瓦解。

(二)社会主义制度的诸多优越性需要通过国有经济去实现

国有经济之所以在公有制经济乃至整个国民经济中具有主导性地位,是因为社会主义国家通过国有经济对国民经济命脉的掌握,充分发挥其在宏观调控和计划调节方面的优越性,有效引导整个社会经济沿着为社会中最大多数人利益服务的方向发展。

除此之外,前述的社会主义制度优越性的很多其他方面,也都有赖于国有经济去实现。例如:正是国有经济保障了我国经济的独立自主,从而在经济层面巩固并发展了民族独立解放与人民民主之成果;我国正是通过国有经济在计划经济时期集中社会资源,快速建立了相对完备的工业体系;等等。最后特别需要强调的是,我国作为后发大国,始终面临着国家经济安全方面的挑战,同时还需要最终实现由技术模仿向自主创新的转变,而国有经济正是社会主义中国在应对这些挑战时的中坚力量,有关这些方面的讨论,将在本书后面陆续展开。

本节关于国有经济与我国社会主义基本制度之间的关系的讨论可用图 2-1 来表示。

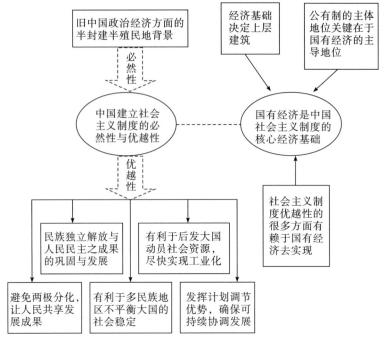

图 2-1 社会主义基本制度背景下的国有经济

第四节 国有经济与发展中国家的经济安全

一、国家经济安全与企业、家庭经济安全的不同内涵

在市场经济背景下,企业与家庭都是市场体系中的微观主体,与市场保持着"交换"循环,其经济安全问题主要是指面对市场的不确定,如何保障这一"交换"循环的稳定与持续。为此,家庭要考虑的是如何进行收入与消费决策以避免入不敷出的风险,而企业要考虑的是如何进行投资与生产经营决策以避免破产的风险。简单来说,二者经济安全的核心均在于如何防止在与市场交换中的资金链断裂问题。

国家经济安全是指一个国家保持其经济稳定运行和持续发展的可能性或能力,其核心在于该国国民经济体系的安全,市场经济背景下就是该国范围内的市场体系本身的安全。而一国市场体系的安全可分为两个方面:一是该市场体系内部"交换"循环的稳定与持续,这其中又主要取决于本国经济命脉性产业或者说具有全局影响性产业的稳定与安全,这些产业包括粮食、金融、军工、能源、交通、通讯与信息等产业,一国能否独立自主地掌控这些产业是决定这些产业安全与否的首要因素;二是该市场体系对外"交换"循环的稳定与持续,具体而言,就是从国际看,一国对其经济稳定运行和持续发展所必须依赖的国外资源和市场,能否确保其稳定与流通可及性。

由上可见,国家经济安全相对于企业、家庭经济安全,不仅是更高层面的经济安全,具有完全不同的内涵,而且决定并影响着后者的经济安全,构成后者的系统性风险背景。

二、后发大国应依赖私营经济还是国有经济来保障国家经济安全

只要世界仍然分立为各主权独立国家,国家之间相互冲突和封锁的可能性就会永远存在。因此,如何提高国家经济安全使其保持在令人满意的水平就成为一国政府发展本国经济时所要考虑的首要问题(汪立鑫,2018)。这是和一国内部地方政府经济决策背景与目标的根本区别之所在。

一国为提高国家经济安全而可用的国家干预手段大致有:一是通过外交战略的审慎选择和具体实施,以争取相对安全和有更大回旋空间的国际政经环境,发展对外经济关系,以利用外国资源和技术来提高本国经济安全;二是对于涉及国家经济安全的领域,扶持和保护本国私营企业的成长和发展;三是对于涉及国家经济安全的领域,创建国有企业并扶持其发展壮大。

上述三种手段是相互支持、互为补充的。其中,对后发大国而言,发展国有经济手段能更有效体现国家意志,因而更为重要。因为就本国私营企业而言,由于其资本、技术实力与国际先进企业相比的相对落后地位,一方面在通过市场竞争方式争夺国民经济命脉性产业控制权上本国私营企业相较外资企业处于相对竞争劣势,另一方面受其追求自身利润最大化动机的驱动,本国私营企业可能更倾向于朝自身具有短期比较优势的方向发展,而不一定必须朝以控制国民经济命脉性产业为目标的方向发展,因而国家对其的扶持能否达到预期目的就具有较大的不确定性。

后发大国私营经济的上述局限,决定了在我国依赖国有经济来保障国家经济安全是更为合理的选择,因为国有经济能更有效地体现国家意志,更好地落实国家在经济安全上的战略部署。

三、关系国家安全和国民经济命脉的行业和领域

如前所述，一国的经济安全在很大程度上取决于能否独立自主地控制本国关系国家安全和国民经济命脉的产业，一般而言，这些产业至少包括：

(一)农业

一个国家的经济乃至整个社会的稳定与发展，其首要经济前提是要解决好社会成员的吃饭问题，即要确保粮食安全。新中国成立以来，特别是改革开放以来，我国逐渐成功地解决了十几亿人口的吃饭问题，我国解决此问题的对策包括：确保农村耕地面积；通过推进农业技术进步来提高粮食单产；通过各种国家倾斜政策鼓励农民种粮积极性；除了这些对策之外，我国保障粮食安全的一个重要举措就是建立和完善粮食储备制度与体系。2000年，中国储备粮管理总公司正式组建，目前该公司系国务院国资委直接管理的中央企业。自该公司组建以来，我国的储备粮管理体制由原来分级管理体制转变为垂直管理体制，由此可以看出，国有企业在保障粮食安全方面所扮演的重要角色。

(二)金融业

金融业通常被视为现代经济体系的血液循环系统，作用于一个社会经济体系的各个方面。可以说，现代经济社会中的所有经济主体，从家庭到企业乃至政府都必须借助于金融服务才能实现自身的目标。因此，金融业对现代经济体系有牵一发而动全身的作用。而金融安全的反面，即金融风险的释放特别是其极端形式——金融危机的暴发则不仅对社会经济系统有着极大的破坏作用，而且在严重情形下还会引发整个社会的危机和动荡。可见，一国的金融安全是该国经济安全的基本构成要素之一。而随着一国经济金融深化程度的提高，以及经济全球化与一国对外开放程度的提高，金融安全在该国经济安全中的地位愈加突出。就我国在保障金融安全的策略而言，除了在金融开放方面的审慎与渐进策略之外，还包括政府通过制定《外商投资产业指导目录》(国家发展和改革委员会、商务部2007年第57号令)，对外资参与国内金融业如银行、证券、保险、期货等进行适度而明确的限制。此外，在金融业的各子行业，特别是银行和保险领域，仍要确保国有及国有控股金融机构的主导地位，显示出国有金融机构在保障国家金融安全方面的重要地位。

(三)能源产业

能源业如同金融业一样，也作用于社会经济体系的各个方面，不仅现

代社会中所有企业的生产运转都依赖于工业化能源提供动力,而且绝大多数家庭的日常消费活动也依赖于工业化能源;不仅人类的经济活动是如此,而且人类社会活动的其他方面也都离不开工业化能源。因此,一个国家能源供应的紧张或中断将导致该国的经济运行乃至全部社会活动的混乱甚至瘫痪。随着我国社会经济的迅速发展,我国对能源的需求显现急剧上升趋势,而且部分能源如石油和天然气的对外依存度也在不断提高,这些都对我国的能源安全提出了严峻挑战。

根据《中华人民共和国国民经济和社会发展第十一个五年规划纲要》,未来一段时间我国能源发展的总体方针是"坚持节约优先、立足国内、煤为基础、多元发展,优化生产和消费结构,构筑稳定、经济、清洁、安全的能源供应体系"。要成功实施这一方针,必然要以各大国有能源企业为主力军,实际上在国务院国资委监管的一百多家中央企业中,有相当数量的企业都属于能源类企业,如:中国石油天然气集团公司、中国石油化工集团公司、中国海洋石油总公司、国家电网公司、中国电力投资集团公司、中国华能集团公司、中国国电集团公司、中国华电集团公司、中国大唐集团公司、神华集团有限责任公司、中国中煤能源集团公司、中国中化集团公司、中国航空油料集团公司、中国节能投资公司、中国核工业集团公司、国家核电技术有限公司等。

这些国有能源企业均是各自行业的举足轻重的龙头企业,它们共同在整个能源行业牢牢占据了绝对主导地位,为国家的能源安全提供了有力保障。

(四)交通运输业

交通运输业是最典型的国民经济命脉产业,一方面,交通运输业作为现代经济体系的实物循环系统,对社会化大生产起基础性支撑作用,为现代经济社会中的所有经济主体所必需;另一方面,交通运输业的安全也是国家战略性商品和资源如能源、粮食等在供应安全上的必要保障。因此,对交通运输业特别是对铁路运输业、航空运输业、航运业有针对性地制定适当的市场准入政策便成为保障国家经济安全的必要举措,而确保国有经济在铁路、航空、航运业特别是在基础设施领域的主导地位,则是国家确保交通运输这一国民经济命脉产业之安全的根本保障。

在我国交通运输业特别是其中的基础设施领域,如各主要铁路线路、各主要机场、各主要港口,都为国有或国有控股企业所掌握。其中,铁路运输行业主要为中国铁路(承担原铁道部的企业职责)所属各企业所控制或主导,而全国各机场、港口、高速公路及国道公路等资产则掌握在各省市国资委所控股国有企业的手中。同时,在国务院国资委所监管的中央企业中,还有一批控制着全国交通运输命脉的交通运输类企业,如:中国远洋运输(集团)总公司、中国海运(集团)总公司、中国对外贸易运输(集团)总公司、中国长江航运(集团)总公司、中国航空集团公司、中国南方航空集团公司、中国东方航空集团公司、中国海洋航空集团公司等。

(五)通讯与信息产业

社会化大生产不仅意味着全社会范围内实物的周转与资金的循环,而且离不开全社会范围内信息的传递与交换,因为在社会化大生产中,经济主体的决策依赖于复杂信息的引导,而且经济越发展,经济主体间的联系就越复杂,从而全社会经济运行对通讯与信息产业的依赖程度就越大。因此,通讯与信息产业的发育程度通常被视为投资环境的一个重要组成因素,同时通讯与信息产业的安全也被视作国家经济安全越来越重要的方面。

在我国,通讯与信息产业的安全除了依赖政府相关主管部门制定针对性的政策法规之外,同时更依赖于国有经济在该行业的主导与控制地位。从邮政通讯业来说,中国邮政集团公司[①]是目前在行业中具有绝对主导性的国有企业;就电子通讯及信息产业来说,主导和控制的则是国务院国资委监管的四大中央企业:中国电信集团公司、中国移动通信集团公司、中国联合网络通信集团有限公司、中国卫星通信集团公司。

(六)军工产业

一方面,在战争胜负越来越依赖于武器性能和军事科技水平的今天,不言而喻,军工产业对国家安全有着直接而根本的重要性,同时,这也进一步意味着军工产业对国家经济安全的间接重要性。以我国为例,新中国"两弹一星"工程的成功从根本上保障了我国的国家安全,为我国的发展争得了长期稳定与和平的环境,从而也为国家经济安全提供了关键性基础条件。另一方面,军工产业往往是一国最尖端技术的发源地,最先进的科技

---

① 2007年1月29日,我国邮政体制开始正式向邮政政企分开的方向改革,中国邮政集团公司与国家邮政局分别挂牌成立,统称"中国邮政",其中国家邮政局为副部级的邮政行业监管机构,由交通运输部领导;而中国邮政集团公司则暂由财政部代表国务院履行出资人职责,成为国有独资的副部级重点中央企业,统辖全国各地国有经营性邮政单位。

成果往往先是在军工行业得到应用和产业化,然后才逐渐转为民用。此外,由于军工产业对国家安全的重要性,军工产业的科技成果在国际上往往被视为极具敏感性,故而成为技术保密与封锁的首要对象。

由于以上原因,对后发大国而言,一方面必须有自己相对独立的军工产业;另一方面军工产业还必须由国有经济来主导。因为国际间军事技术的保密与封锁使得一国军工产业的发展更多依靠自身的技术自主创新而不是技术模仿,而完成这种技术创新需要巨额的研发费用,对于总体科技水平相对较低的后发国家而言,这往往意味着面临的商业风险更大,因而通常是私营经济所不能或不愿承担的。因此,由国有经济主导军工产业的发展就成为后发大国的一个必要选择。

在我国,军工产业主要分为六大体系:核工业体系、航天工业体系、航空工业体系、船舶工业体系、兵器工业体系和电子工业体系,主导这六大军工产业体系的是11家企业集团,它们都是国务院国资委所监管的中央企业,分别是:属于核工业体系的中国核工业集团公司、中国核工业建设集团公司;属于航天工业体系的中国航天科技集团公司、中国航天科工集团公司;属于航空工业体系的中国航空工业集团公司、中国商用飞机有限责任公司;属于船舶工业体系的中国船舶工业集团公司、中国船舶重工集团公司;属于兵器工业体系的中国兵器工业集团公司、中国兵器装备集团公司;属于电子工业体系的中国电子科技集团公司。

四、依赖国有经济保障国家经济安全已成为中国的基本国策

与之前的理论分析相一致,在我国实践中,依赖国有经济保障国家经济安全作为国有经济的一项战略性制度安排,也渐趋明朗。2006年12月5日,国务院办公厅转发了国务院国资委《关于推进国有资本调整和国有企业重组的指导意见》(国办发[2006]97号文件),该意见明确指出,国有资本调整和国有企业重组的主要目标之一就是要进一步推进国有资本向关系国家安全和国民经济命脉的重要行业和关键领域(简称"重要行业和关键领域")集中,以增强国有经济控制力,发挥主导作用。这些重要行业和关键领域主要包括:涉及国家安全的行业,重大基础设施和重要矿产资源,提供重要公共产品和服务的行业,以及支柱产业和高新技术产业中的重要骨干企业。

依据上述《意见》,国资委进行了进一步部署,将上述重要行业和关键领域明确为军工、电网电力、石油石化、电信、煤炭、民航、航运等七大行业。其中,对于军工、石油和天然气等重要资源开发及电网、电信等基础设施领域的中央企业,国有资本应保持独资或绝对控股;对以上领域的重要子企业和民航、航运等领域的中央企业,国有资本应保持绝对控股。

由上可知,将国有资本向关系国家安全和国民经济命脉的行业和领域集中,依靠国有经济来保障国家经济安全,已成为我国越来越明确的基本国策。

本节关于后发大国背景下国有经济与国家经济安全之间关系的讨论可用图 2-2 来表示。

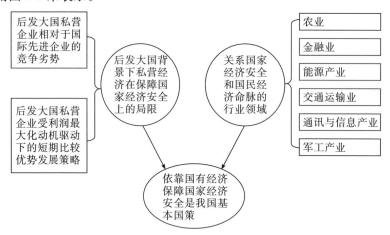

图 2-2 后发大国背景下的国有经济与国家经济安全

第五节 国有经济与民营经济的共生发展关系

本章前几节从政治经济学的视野,具体而言从社会基本制度维护及国家安全利益保障的视角阐述了发展国有经济的必要性与重要意义。而要更为全面地从政治经济学视野来理解国有经济的合理边界,除了下一章将从国家经济竞争力的视角加以分析外,还有必要跳出国有经济本身,立足国有经济与民营经济关系的视角来分析。正如本节后面的分析所展示的,在中国特色社会主义初级阶段的大背景下,国有经济与民营经济的相互关系必然会走向共生发展,本节下面将从中国国情出发,分别从理论与实践两个方面来论证这一共生发展关系,并提出对未来的一些展望。

一、国有经济与民营经济相互关系的理论分析

本章前面在讨论我国社会主义经济制度时曾引述过《中华人民共和国宪法》第六条，实际上，该条内容还蕴含了关于国有经济与民营经济关系的重要含义："国家在社会主义初级阶段，坚持公有制为主体、多种所有制经济共同发展的基本经济制度。"因此，在社会主义初级阶段，国有经济与民营经济应是共同发展、齐头并进的关系。进一步而言，本节从国有经济与民营经济相互联系的角度认为，这二者之间不仅应是共同发展的关系，而且应是共生发展的关系，即二者互为对方发展的条件。

(一)国有经济与民营经济总体上有着各自不同的经济定位和产业分工，体现了双方协作共赢的关系

1. 国有经济对国家经济安全的保障为民营经济的发展提供了稳定、安全的社会经济环境。

如前所述，对后发大国而言，一方面，其私营企业相对于国际先进企业在资本、技术实力上相对较弱，因而在以市场竞争方式争夺国民经济命脉性产业控制权上的能力相对不足；另一方面，发展中经济这一背景又使得私营企业还面临着其他更好的、适合自身比较优势的获利机会，因而，其向国民经济命脉性产业方向发展的意愿也不强。正因为如此，在我国，国家经济安全主要依赖国有经济来保障，推进国有资本向关系国家安全和国民经济命脉的重要行业和关键领域集中是一项长期的战略性国策。随着国有经济对这些重要行业和关键领域的控制或主导，国家经济安全得到了保障，从而也为民营经济的发展提供了稳定、安全的社会经济环境。

第一，国有经济对军工产业的控制与主导，并不惜代价地发展尖端武器，有力地保障了我国的国土安全，为我国民营经济的发展提供了长期和平的环境。同时，军工产业的发展，如航空航天业的发展也产生了对众多相关配套产业的需求，为民营经济提供新的拓展空间。另外，在军工产业发展过程中创造的尖端科技成果最终也会转为民用，从而为民营经济的技术进步与升级提供了有力的支持。

第二，国有经济对能源产业的控制与主导，确保了能源价格及供给的稳定，对主要交通运输基础设施的控制与主导，确保了交通运输的安全及服务供给的稳定，对通讯产业特别是其基础设施的控制与主导，确保了国民经济活动中信息通讯的安全与稳定。国有经济这些服从国家意志所作

出的市场维稳努力,确保了市场中基础性产品和服务的价格及供给的稳定,从多方面极大地减少了民营企业在经营中所面临的市场不确定性与风险。

第三,国有经济对金融业的控制与主导,能更好地贯彻国家意志,尽力避免金融危机,降低金融波动风险,确保货币金融市场的安全与稳定,为在实体经济领域从事经营活动的民营企业提供可信赖的货币金融环境和相对稳定的资金价格,减少金融波动对其经营活动的干扰和冲击。

2.国有经济与民营经济的产业分工还体现在:国有经济通过对基干产业(即重化工业)和尖端产业的布局和主导,从产业关联角度有力地支撑并引导了民营经济的发展。

正如我们在下一章将要详细阐述的,就后发国家的私人企业而言,因其资本、技术实力与国际先进企业比相对较弱,一开始可能更倾向于选择能发挥自身比较优势的如劳动密集型加技术模仿的产业发展方向,因此在我国,投资周期长、投资量大、回报慢、风险大的基干产业和尖端产业首先是由国有经济来布局和投入的。其中,基干产业即重化工业如重型机械设备制造、冶金、石油化工业等的发展,为主要布局于劳动密集型轻工业的民营经济的发展提供了根本性的产业链支持,使得民营经济的比较优势得到更充分的发挥。同样,国有经济在尖端产业如航空航天、核工业、信息技术等产业的布局和耕耘,产生了大量高新尖的科技成果,对民营经济形成了技术辐射和扩散效应,引导着民营企业的技术进步和升级转型。

3.国有经济与民营经济的产业分工协作关系首先是一种市场关系,其中的正向外溢作用必然是相互的,即在国有经济支撑民营经济发展的同时,民营经济的发展也拉动了国有经济的发展。

具体而言,大多处在产业链下游的民营企业,其蓬勃发展必然会产生对上游产业的强劲需求,从而刺激了主要布局于其中的国有经济的发展。例如,改革开放初期,特别是20世纪80年代,我国的重化工业特别是其中的重型机械制造业曾遇到发展困境,布局其中的国有企业步履艰难。究其原因,既有国家的经济发展战略由计划经济时期的重工业优先发展战略向改革开放后的比较优势发展战略的转变,也有从计划经济中走出来的我国重化工业在当时我国资源禀赋背景下并不具有比较优势,因而面对市场竞争特别是国际市场竞争处于不利地位。然而,值得庆幸的是,得益于处于产业链下游的民营企业的迅速发展,我国重化工业的国有企业受强劲需求刺激逐渐走出低谷，随后进入快速发展轨道。不仅如此，重化工业的发展还吸引了越来越多羽翼丰满的民营资本参与，今天我国的重化工业发展水平已基本达到国际先进水平。

(二)在国有企业与民营企业相互竞争的领域，二者的共同发展体现了市场信息的充分利用和资源的优化配置

如上所述，国有经济与民营经济总体上存在着产业链上的上下游分工，有着各自不同的经济定位，但不排除这两类所有制经济在产业上的交叉共存，即在有些行业包括一些一般竞争性行业，会出现国有经济与民营经济的共同存在与相互竞争。例如，在工程机械领域领先的代表性企业中，既有"中国一重""徐工机械"这样的中央及地方国企，也有"三一重工"这样的民营企业；在钢铁业领先的代表性企业中，既有"宝钢"这样的国有企业，也有"沙钢"这样的民营企业；在家用电器业领先的代表性企业中，既有"格力"这样的国有企业，也有"美的""海尔"这样的民营企业；等等。

上述这种格局的出现，是市场自发选择的结果。一方面，正如我们在下一章将要详细分析的，从潜在可能性角度而言，民营经济的决策主体可以是分散于社会中的所有个人，因此，民营企业的比较优势在于对市场有利商机信息的充分利用。相对而言，由于国有经济的决策主体成员范围的有限性，其所掌握的市场信息也是有局限的。不难理解，之前由国有经济主导和控制的重化工业，后来随着民营经济实力的增强也进入其中并迅速发展壮大，这说明该领域在民营经济进入之前有大量商机信息尚未利用，存在大量可填充的市场空白。

另一方面，市场中优胜劣汰的竞争机制不仅推动了民营企业的发展，也推动了国有企业的发展。具体而言，面对市场竞争，国有企业也必然会纷纷尝试从产权制度及其实现方式、企业治理结构到发展战略等方面的改革与调整，最终通过市场筛选出有竞争力的模式。因此，在一般竞争性领域，因市场信息分散，民营经济有利用市场信息的优势，故而能迅速扩大市场占有率并逐渐占据大多数的市场份额。而不少国有经济从"有所为，有所不为"的原则出发，在这些领域进行战略性收缩或转移，但最终市场竞争下优胜劣汰的结果是，即使在这些一般竞争性领域甚至包括一些轻工业消费品行业，仍会存在不少领先的极具竞争优势的国有企业，与其他民营企业形成竞争性均衡或寡头均衡格局。

综上，在国有企业与民营企业相互竞争的领域，二者的共同发展一方

面体现了对市场信息的更充分利用,另一方面也是市场优胜劣汰的竞争机制选择作用的结果,充分体现了资源的优化配置。

二、国有经济与民营经济结构的历史演变

(一)理解国有经济与民营经济结构演变的基本分析框架

关于民营经济的比较优势,本节上面的讨论提到过,下一章还将详细论证,那就是对市场信息(商机)的充分利用。我们对民营经济这一比较优势的认识是建立在哈耶克的"分散信息论"(哈耶克,2003)基础上的。这一理论认为,市场经济中有用的信息与知识是分散在无数个体中的,唯有通过市场机制才能将这些零散信息整合并加以利用。从这一理论出发,我们认为,由于民营经济的潜在可能性决策主体是分散在社会民间的所有个人,因此其相对于决策主体只限于各国有企业经营管理层的国有经济而言,在市场信息利用上有明显的比较优势。

基于以上认识,我们认为,只要市场中尚有大量未被利用的市场信息(商机),民营经济就会取得比国有经济更快的发展,直到民营经济与国有经济之间达成结构性均衡点。此时市场信息已基本被充分利用,即国有经济没有把握到的商机被民营经济基本捕捉,从而民营经济进入与国有经济相比发展速度较为接近的常态发展阶段,两类所有制经济间的结构关系趋于稳定。

(二)改革开放到本世纪初,民营经济相对国有经济更加快速发展的原因

在我国计划经济时期,民营经济的发展处于高度抑制的状态,因此改革开放初始,我国国民经济中民营经济的成分极低。随着改革开放的推进,民营经济得到了较快发展,其在 GDP 中的占比一路走高,至 20 世纪初超过 60%(黄孟复等,2006)。这一阶段民营经济的发展速度之所以比国有经济更快,其主要原因可归结为以下两大方面。

第一,民营经济对大量未利用商机的捕捉。改革开放初期,国有经济的市场占有率极高,因而在市场中必然还有大量未利用商机信息分散地存在着,而这一时期基数极少的民营经济面对着这些大量未利用的商机,也就意味着其相对于国有经济的更快发展自然是一种必然结果。除了国内的商机外,民营经济还特别捕捉到了基于我国劳动力资源比较优势的生产劳动力密集型产品向外出口的国际市场商机,这更助力了民营经济的超常

规发展,这一发展最终所达到的高度已远远超出"拾遗补缺"这一当初对民营经济功能的描绘用词了。

第二,20世纪90年代中期开启的国企公司制产权改革、抓大放小改革,以及国有经济布局的战略性收缩与调整,为民营经济的发展腾出了市场空间。虽然自改革开放初期开始,国有企业改革就一直在积极探索和推进,但直到90年代初,从计划经济走出来的国有经济面对经济体制的转型,仍存在着整体层面上的结构与布局不尽合理、战线过长,以及企业层面上负债率普遍过高、产权结构单一、经济效益不佳等问题。在此背景下,国有经济改革在整体层面上基于"有所为,有所不为"的原则,实施国有经济布局的战略性结构调整。在一般竞争性领域进行了一定程度的退出和收缩,而在企业微观层面则进行抓大放小和公司制产权改革。在上述改革方针指引下,当时地方上有相当一批国有企业特别是处于一般竞争性领域的中小国企被出售和私有化。上述改革所腾出的市场空间很快被民营经济填补,这也有利于国民经济的平稳运行,渐进改革战略得以顺利推进,当然,民营经济也获得了进一步的发展。

(三) 2005年以来,民营经济的GDP占比趋于稳定

关于民营经济的GDP占比,目前尚无历年的权威数据,但从官方或权威来源披露的若干个时间点数据,我们可以推测出这一占比变化的大致轨迹。

首先,2006年出版的民营经济蓝皮书《中国民营经济发展报告No.3(2005—2006)》(黄孟复等,2006)曾推算得出,在"九五"末期的2000年,我国民营经济(包括内资民营经济、外商和港澳台投资经济)的GDP占比约为55%,而到了"十五"末期的2005年,这一占比上升到约65%。

其次,据2015年出版的中国民营经济蓝皮书《中国民营经济发展报告No.11(2013—2014)》(王钦敏,2015),2013年民营经济贡献的GDP占比超过了60%。

最后,新近的数据是国家发展改革委于2018年9月6日举行新闻发布会时公布的,即截至2017年底,民营经济占GDP的比重超过了60%(国家发展改革委,2018)。

由上述若干年份的数据,我们可初步画出改革开放以来民营经济GDP占比的变化趋势图(图2-3)。大致而言,自改革开放到2005年,中国的民营经济经历了一个高速发展阶段,所以其GDP占比由当初的极低水

平一直上升到2005年的65%左右。从2005年开始,民营经济进入常态发展阶段,其GDP占比也趋于稳定,在60%到65%之间波动。这也意味着,民营经济相对于国有经济乃至整个国民经济在发展势头上趋于接近。

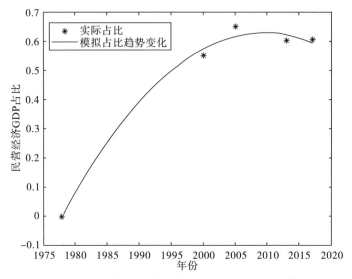

图2-3 改革开放以来民营经济GDP占比的变化

(四)2005年以来民营经济相对国有经济在发展势头上趋于接近的原因

2005年以来,民营经济的发展由之前的超常规发展向后来的常规发展速度的转变,进而民营经济与国有经济的结构趋于稳定,其原因可分为国内和国际两大方面。

就国内方面而言,一是随着民营经济的迅速扩张及对市场空间的填充,市场上可捕捉的超常规商机趋于减少。和20世纪90年代相比,今天下海经商的风险在增加,成功概率在下降,其挑战性已接近成熟发达市场经济背景的情形。既然超常规商机在减少,民营经济自然就越来越难以获得超越GDP、超越整个国民经济平均增长水平的增长。

二是国有经济在整体上已基本调整到位,在微观层面上,保留与生存下来的国有企业,不论是处于需要国有经济保持主导与控制地位的,关系国家安全和国民经济命脉的重要行业和关键领域;还是处于一般竞争性行业和领域,经过市场考验和自身改革,都已具有正常的竞争活力,发展态势良好。

特别值得一提的是,2003年国务院国资委的成立及随后各地方省市国资委的成立,宣告了企业国有资产出资人制度开始建立,这从体制上解决了防止在企业国有产权转让中可能存在的国有资产流失和在国有企业私有化中可能存在的失控问题;2004年的"郎顾之争"引发的关于国企改革与国有资产流失问题的全国大讨论(李健、王小卫,2004),则从舆论上扭转了从官方到民间对国企私有化的价值导向以及对国企改革中效率与公平的价值倾向。上述体制上及舆论上的重要事件显然有力地遏制了原来在地方层面可能会存在的国退民进的政策惯性,从而客观上也降低了民营经济超常增长的可能性。

就国际方面而言,20世纪90年代,我国大量中小民营企业走的是基于我国劳动力资源比较优势、生产劳动力密集型产品向外出口的经营发展战略。而到了本世纪初,随着中国的劳动密集型产品迅速占领全球市场,结果导致这方面的国际需求渐趋饱和。这对于那些出口导向的民营企业而言,意味着在国外可捕捉的超常规商机趋于减少,这些企业的发展也会遇到挑战甚至陷入困境,这也一定程度上影响了民营经济的整体增长水平。

三、民营经济内部结构的演变:分化进行中

(一)理解我国民营经济内部结构演变的基本分析框架

要深入理解和预测我国民营经济内部结构演变的趋势,就必须把握其背后的理论逻辑,而这样的理论逻辑可以从三个维度来深入挖掘。

首先是市场竞争结构演变的理论逻辑。从理论上说,市场竞争结构有四种,即完全竞争、垄断竞争、寡头垄断和完全垄断。但从市场演化的趋势及结果来看,完全竞争市场和垄断竞争市场最终大多数会演变为寡头垄断市场。这是因为市场竞争具有强者恒强、强者更强的马太效应,即大企业因规模经济性、技术进步能力和抗市场风险能力等很容易形成对小企业的竞争优势,从而在完全竞争和垄断竞争这样以中小企业为主体的充分竞争性市场中逐渐出现两极分化,最终演变为寡头垄断市场。而改革开放后我国的民营经济一开始是作为中小企业进入各个刚开始发育的充分竞争性市场的,因此后来的两极分化及向寡头垄断市场演变也就成了必然趋势。

其次是产业结构演变的理论逻辑。一个市场经济体在其自然发展过程中,产业结构有着向高级化方向自然演进的趋势,这一高级化趋势既表现为市场中资本与劳动力在产业间由劳动密集型产业向资本密集型和技

术密集型产业的转移和集中,也表现为同一产业内部企业的生产技术升级、由低附加值产品向高附加值产品升级、由产业链低端向产业链高端升级。

上述高级化趋势的内在动力来自市场中企业谋取竞争优势、追求利润最大化的冲动,其实现可能性则取决于两个外在条件,一是本国市场本身规模空间大小,能容纳多大程度的市场分工深化和产业链延伸;二是开放背景下国际市场对本国市场的引导或制约,这其中既有二者间的分工因素又有二者间的竞争因素,当一国市场中产业升级化发展符合国际市场对本国市场的分工定位时,这一发展将会受到国际市场的正面促进,而当这一发展突破原有的国际分工定位时,将会面临来自国际市场的竞争性挑战。

改革开放以来,我国的民营经济从自身比较优势出发,最初从劳动密集型产业起步发展。如前所述,从 20 世纪 90 年代直到 21 世纪初,我国民营经济中大量中小企业走的就是基于我国劳动力资源比较优势的劳动力密集型产品出口导向的经营发展战略。从 21 世纪初开始,随着民营企业的资本及技术实力的增强,国际市场上劳动密集型产品需求趋于饱和,民营经济的产业升级化就成为其进一步发展的必然要求了。同时,迅速增长的中国国内市场作为全球最大的单一经济体市场之一,又为民营经济的产业升级化发展提供了广阔的市场空间。

在上述的市场竞争结构演变及产业结构演变这两类自然演进中,必然伴随着大量中小企业、产业链低端企业、技术含量低且不能完成有效技术进步企业的破产倒闭或被兼并,以及处于产业链中高端、技术领先的优秀大企业的崛起,从而形成市场体系中的双重两极分化,一是企业规模层面的两极分化,一是产业链层面的两极分化。

最后是经济周期性因素对民营经济影响的理论逻辑。改革开放以来,特别是 20 世纪 90 年代以来,国有经济经过多年的战略性结构调整与微观改革,现阶段已基本布局于大中型国有企业,因此目前市场中的中小企业一般均属于民营经济。而中小企业随着经济周期性波动有着较高的出生率和死亡率,因此,周期性因素对民营经济有更深的影响。2008 年国际金融危机以来,我国经济一直面临着下行压力,尤其是近年来,下行压力加大,在此背景下,相较国有企业,越来越多中小民营企业陷入经营困境有其必然性,但也要看到,当经济转向复苏时,中小民企又会有更快的发展速度。

基于上述三个维度的理论逻辑,再结合我国民营经济发展所处的实际背景,不难推测出,在我国目前经济运行阶段,民营经济势必进行大洗牌:那些规模较小或技术含量及产品附加值较低或处于产业链较低端的民营企业将陷入难以为继的被动局面,而另一方面将迅速崛起一批成功实现升级转型、具有国际竞争力的大企业,由此形成民营经济内部两极分化式的结构演变。下面我们将引入经验数据对此进行验证。

(二)民营经济内部分化的证据:民营经济占GDP份额稳定,但民企500强增长显著领先

关于民营经济的GDP占比,我们前面已分析过,自2005年以来,这一占比趋于稳定,在60%到65%之间波动。这说明民营经济整体上的增长已进入与国民经济平均增长水平相接近的常态增长阶段,但与此同时,民营经济内部的分化却正在进行着,这特别体现在下面我们将要用数据说明的一个重要事实,即民营企业500强的增长显著领先于整个民营经济乃至整个国民经济的平均增长水平。

1. 民企500强的营业收入增长(与市场占有率有较大相关性)

企业的营业收入与其市场占有率有较大相关性,因此营业收入的增长较为明显地预示着市场竞争结构的演变。

如下面的表2-1及图2-4所示,自2008年以来,民营企业500强的营业总收入的增长不仅显著高于GDP增长,而且显著高于全国工业企业主营业务收入的增长。但是我们前面分析过,同期总体民营经济的GDP占比是基本稳定的,这说明民营经济内部在分化进行中,这预示着民营经济所在的各个行业可能正在向寡头市场演变。

表2.1 民企500强总营收及其增长率、GDP增长率、全国工业企业主营收及其增长率(2008年—2017年)

年份	民企500强营业总收入（亿元）	民企500强营收增长率	GDP增长率	全国工业企业主营业务收入（亿元）	全国工业企业主营收增长率
2008	41099.01	15.70%	9.65%	500020.07	25.09%
2009	47362.66	15.24%	9.40%	542522.43	8.50%
2010	69849.32	47.48%	10.64%	697744	28.61%
2011	93072.37	33.25%	9.54%	841830.24	20.65%
2012	105774.97	13.65%	7.86%	929292	10.39%
2013	132122.46	24.91%	7.76%	1038659.45	11.77%

续表

年份	民企500强营业总收入（亿元）	民企500强营收增长率	GDP增长率	全国工业企业主营业务收入（亿元）	全国工业企业主营收增长率
2014	146915.71	11.20%	7.30%	1107032.5	6.58%
2015	161568.57	9.97%	6.90%	1109852.97	0.25%
2016	193616.14	19.84%	6.70%	1158998.5	4.43%
2017	244793.82	26.43%	6.90%		

数据来源："民营企业500强营业总收入"的数据来源于全国工商联发布的《2013中国民营企业500强调研分析报告》《2018中国民营企业500强调研分析报告》；GDP增长率、全国工业企业主营业务收入的数据来源于国家统计局网站的年度数据。

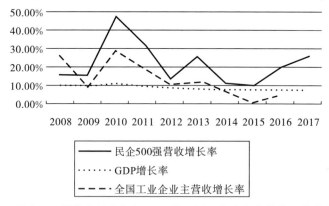

图 2-4　民企 500 强营业总收入与 GDP 及全国工业企业主营收入的增长比较

注：本图根据表2-1的数据而作。

2. 民企500强的利润增长（与企业竞争力、转型升级有较大相关）

考虑到21世纪初以来民营企业所处的背景，即民营企业大多处在一般竞争性行业，且因市场形势的变化面临着由粗放式发展向集约式发展、由技术模仿向自主创新、由劳动密集型向资本和技术密集型、由产业链低端向产业链高端转型升级的挑战，在此背景下，若某民营企业的利润增长显著超越平均水平，则可能意味着其在转型升级方面做得较成功，从而取得了市场领先与竞争优势，并因此而获得超额利润。

如下面的表2-2及图2-5所示，自2008年以来，民营企业500强税后净利润的增长在多数年份都领先于全国规模以上工业企业利润的增长。这里特别要注意的是，2013年以来民营企业500强的上述利润增长领先一直保持领先，优势非常显著。这说明近年来在民营经济内部快速分化的背后,是民营经济中如民企500强这样的一大批优秀企业正加快推进升级转型的步伐,并已开始进入成果收获期。

表2-2 民企500强税后净利润及其增长率、全国工业企业利润总额及其增长率(2008年—2017年)

年份	民企500强税后净利润	民企500强利润增长率	全国工业企业利润总额	全国工业企业利润增长率
2008	1640.72	−0.08%	30562.37	12.55%
2009	2179.52	32.84%	34542.22	13.02%
2010	3911.34	79.46%	53050	53.58%
2011	4387.31	12.17%	61396.33	15.73%
2012	4238.44	−3.39%	61910	0.84%
2013	4977.36	17.43%	68378.9	10.45%
2014	5928.95	19.12%	68154.9	−0.33%
2015	6976.6	17.67%	66187.07	−2.89%
2016	8354.95	19.76%	71921.4	8.66%
2017	11321.01	35.50%		

数据来源:"民营企业500强税后净利润"的数据来源于全国工商联发布的《2013中国民营企业500强调研分析报告》《2018中国民营企业500强调研分析报告》;全国工业企业利润总额的数据来源于国家统计局网站的年度数据。

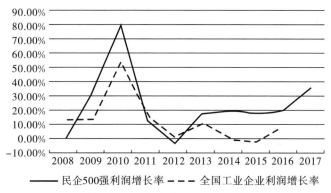

图2-5 民企500强的净利润总额与全国工业企业利润总额的增长比较

注:本图根据表2-2的数据而作。

上述两方面的数据分析表明,虽然自2005年以来民营经济的GDP占比已基本稳定,但与此同时,在民营经济内部,民营企业500强的发展势头一直超越整个国民经济的平均水平,当然也就超过民营经济的平均水平。这不仅表现在民企500强营业总收入的增速显著快于同期GDP增速和全国规模以上工业企业主营业务收入增速,还表现在民企500强税后净利润增速也显著高于同期全国规模以上工业企业总利润的增速。由此可初步推断,虽然民营经济作为整体,其增长状态从2005年开始就已由超常规增长转入常规增长,从而民营经济的GDP占比也趋于稳定,但民营经济内部的分化则正在进行时。

四、结论与展望

综合本节以上各部分的讨论,关于国有经济与民营经济的关系,我们可得出如下的初步结论及展望。

(一)从理论机制上看

在我国社会主义初级阶段,在社会主义市场经济背景下,国有经济与民营经济之间关系的目标状态既不是国退民进,也不是国进民退,而是共生发展关系。

这种共生发展关系首先体现在二者不同的经济定位和产业分工,以及由此形成的协作共赢关系,包括:国有经济对国家经济安全的保障为民营经济的发展提供了稳定、安全的经营环境;国有经济通过对基干产业和尖端产业的布局和主导,从产业关联上支撑和引导了民营经济的发展;而民营经济的发展反过来又必然从产业关联和市场联系上拉动国有经济的发展。其次,即使在国有企业与民营企业相互竞争的领域,二者的共同发展也是市场自发选择的结果,这体现了市场信息的充分利用和资源的优化配置。

(二)从实际演变趋势看

自2005年以来,民营经济的GDP占比基本水平波动于60%至65%之间,这说明民营经济与国有经济之间的结构性关系格局已渐趋稳定,初步形成产业分工及市场竞争的均衡。

上述产业分工及市场竞争的均衡具体而言就是,国有经济主要布局于关系国家安全和国民经济命脉的重要行业和关键领域,民营经济主要布局于一般竞争性行业和领域。但二者的经济布局也有交集,即二者在有些行业也有着共存竞争的关系,这是市场自发选择的均衡结果,体现了市场机制下的资源优化配置。

因此,展望未来,民营经济与国有经济携手齐头并进将成为我国国民经济发展的常态,不会出现国进民退或国退民进的长期趋势。

(三)从民营经济自身内部结构看

近年来部分民营企业在发展中遇到困境和挑战,其反映的是民营经济内部的结构分化正在进行中,并不能说明出现了"国进民退"的趋势,并且事实上也没有出现这样的趋势。

民营经济内部结构分化趋势的另一面就是民营经济自身由数量型发展向质量型发展转变的趋势:民营经济的市场竞争结构将不断向寡头市场演进,民营企业的规模经济性程度进一步提高,并涌现出越来越多的优秀大型企业;民营经济的升级转型将不断推进,整体技术水平及研发能力将持续增强。

在上述趋势背景下,一方面,民营经济中会有一大批进入产业链中高端、技术领先的优秀大企业的崛起;另一方面,那些数量众多的中小企业、产业链低端企业、技术含量低且不能完成有效技术进步的企业,必然会遭遇越来越多的经营困境及挑战。后一类民营企业要谋求自身发展,就必须顺应前述大势,一方面要练好内功,在升级转型和技术进步上下功夫;另一方面在此基础上适时推进规模经济性程度。

(四)从政府政策支持角度看

对国有经济与民营经济二者共存竞争的领域,特别是其中的一般竞争性行业,政府应遵循"竞争中性"原则,要把对民营企业与国有企业一视同仁的政策导向落到实处。此外,从扩大就业、鼓励创新的目标出发,对部分中小微民营企业要给予适当的政策支持。

第三章 国有经济边界的广义效率分析

在上一章基于我国国内外政治环境与背景因素对我国国有经济存在的合理边界进行了政治经济学分析之后,本章基于经济效率的视角继续对我国国有经济边界问题展开分析。本章的分析同样是从我国具体国情背景出发,这些国情背景包括:我国社会主义市场经济体制背景,国有经济发挥了弥补市场缺陷的功能,从整体上提高了资源配置的效率;我国作为后发大国的背景,从长期看要提高我国经济增长与发展的可持续性及效率,必须走自主创新发展道路,以提升国家在国际经济竞争中的核心竞争能力,而国有经济正是我国实施自主创新发展战略、提升国家经济竞争力的主力军。

第一节 国有经济与纠正市场失灵

一、市场失灵与政府公共经济职能

在市场经济制度背景下,一方面,资源配置的决策是由分散的企业与个人根据市场价格信息独立地作出的;而另一方面,市场价格的形成本身就是这些私人决策综合影响的结果,即这些私人决策间的相互竞争形成市场供求关系,并达成某一均衡价格。

西方主流经济学认为,上述私人决策与价格信息之间的相互作用能形成某种均衡,而在这种均衡状态下的资源配置便是一种有效的资源配置。反之,资源配置的非效率状态一定是市场非均衡状态,而市场机制能自动使其趋向均衡状态,这就是所谓市场机制这只"无形之手"的神奇作用。

然而,现实中的市场机制在资源配置方面虽然看起来很有效,但其实并不是万能的。在很多情形下,即使按西方主流经济学的标准,市场机制也并不能完全实现资源的有效或合理配置,特别是20世纪30年代西方社会的经济大危机更使得越来越多的人意识到市场的缺陷或市场的失灵问题,而与此次大危机时隔70年后的21世纪初,由美国次贷危机引发的全球金融危机使人们进一步加深了对市场失灵问题的认识。按照西方经济学关于市场经济的理论,市场失灵主要表现在以下情形中。

(一)公共物品的提供

"公共物品"是相对于"私人物品"的一个概念。其表面含义是供多个社会成员共同使用的物品,而其不同于私人物品的本质特征有两个:一个特征是物品使用的"非竞争性",即某一社会成员对公共物品的使用不构成对他人使用该公共物品的障碍;另一个特征就是物品使用的"非排斥性",即无法因某种原因如某社会成员未承担公共物品成本而排斥其对公共物品的消费。符合这两个特征的即称之为"纯公共物品",如国防服务、无线的公共广播和电视、城市交通道路指示牌,等等。

一方面,公共物品的非排斥性导致使用者的搭便车动机,即对公共物品都企图搭便车免费使用而不支付成本,这使得在公共物品上私人不愿提供或提供不足,因为无法收回成本,即在此情形中市场机制配置资源将失效;另一方面,公共物品的非竞争性意味着公共物品一旦被提供出来,增加一个社会成员对其的使用并不增加供给成本——即增加一个人使用的边际成本为零,因此,从社会福利最大化的目标看,公共物品应当免费供全社会所有人使用。

综合上述两方面来看,公共物品的提供必须依赖于政府的介入,即由政府来提供公共物品,而其费用来自于对社会成员的征税,即相当于提前对潜在搭便车者进行强制收费。

(二)经济行为的外部性

市场中的经济主体如企业或个人的经济行为对其他经济主体会产生影响,这种外部影响可能是正面的,即增进他人的利益;也可能是负面的,即损害他人的利益或增加他人的成本。如果这些外部影响并未在市场上得到完全的清算,即经济行为主体在对外产生正面影响的情形中并未获得相应的报偿,在对外产生负面影响的情形中并未支付相应成本,则这时称经济主体的行为形成了外部性,并相应地分为正外部性(对外部产生正面影响)和负外部性(对外部产生负面影响)。

在经济主体的行为有外部性的地方,市场机制也会失灵。在负外部性情形中,由于经济主体并未承担其行为对外负面影响所造成的成本,故私人成本低于社会成本,相应地,其私人决策的产量将大于社会最优的产量;相反,在正外部性情形中,经济主体的私人决策的产量将小于社会最优的产量。

因此,在有外部性的地方,也需要政府出面纠正市场机制的缺陷。

(三)信息不完全

市场机制的有效性取决于完全市场信息的假定,即所有市场主体在进行决策时,均可以无成本地获得完全充分的、确定的市场信息。因为只有在这样的信息条件假定下,市场主体在追求自身利益时才会不至于决策"失误"。所谓完全竞争市场能实现最有效率资源配置的结论,在很大程度上也是建立在这样一个完全信息的假定基础上的。

现实中的市场信息是不完全的,其表现为两类情形:一是信息的不确定性,即由于经济系统的复杂性,或获取信息的成本高昂,市场主体难以获得自己所需市场过去、现在尤其是未来的确定性信息,从而使市场主体的决策带有盲目性;二是信息的不对称性,即信息在市场交往各方中的分布是不对称的,即存在信息优势一方与信息弱势一方之分,从而使实际的交易结果偏离完全信息条件下的均衡结果,尤其对于信息弱势一方而言,未能实现资源有效配置。

因此,在信息不完全的情形下,市场机制也会失灵,也需要政府进行干预。

(四)市场不完整

市场体系的完善是一个逐步发育的结果,需要时间和条件,因此在特定时点上,市场体系可能存在着不完整性,从而导致不能有效地配置经济资源。例如:在私人投资的资本实力或风险承受能力较弱时,有些风险较大的金融市场,如保险市场中的农业保险、部分的个人失业保险,信贷市场中的农业信贷、教育信贷、中小企业信贷等,可能存在私人供给的不足;有些回收周期长、投资额要求巨大的市场,如一些交通与通讯的基础设施、大型重化工业等,也可能存在私人投资进入的不足。此外,市场互补性要求各市场平衡协调发展,这在市场体系发育的早期,意味着投资一个行业必须要有对其他相关行业投资来配合,即只有多个部门同时投资才能有效,这对处于势单力薄的私人投资而言,构成了较大的限制,如果没有政府介入,私人投资之间很难协调好。

(五)市场竞争中的垄断

完全竞争市场的理想状态在现实中并不存在,现实中的市场都是不完全竞争的,即都存在着某些企业拥有某种垄断地位。市场中企业垄断的形成在市场竞争过程中带有一定的必然性,这是因为市场竞争在企业间也会产生两极分化,即优势企业会投入资源建立并强化自身垄断地位,而垄断地位又进一步提高自己的盈利水平。事实上,在成熟发达的市场经济体系中,绝大多数行业最终都演化为寡头垄断市场,即行业中少数几个大的厂商占据了绝大部分的市场份额。此外,在规模经济性特别显著的行业即所谓的自然垄断行业,更容易形成垄断。

具有垄断地位的企业,为了获取超过正常利润的高额垄断利润,通常会采取限制产量以抬高价格的策略,这从全社会总福利的角度而言是资源配置的低效率,因此需要政府有针对性干预。

(六)个人偏好的不合理或非理性

市场机制的作用是建立在私人依据自身偏好进行理性决策基础上的,如果个人偏好本身是不合理甚至是非理性的,则市场机制在资源配置上必然会失灵。个人偏好的不合理主要表现在个人对某些个别商品效用的评价上,即个人的评价要么低于合理评价,要么高于合理评价,这又主要是源于个人对商品效用的短视、对商品效用不确定性认识的主观偏差,以及对某些容易成瘾商品的精神依赖,等等。例如对基础教育产品、汽车安全带等产品,可能有人对其效用的评价低于合理评价,这称之为"优效品";而对于香烟、酒类饮品,可能有人对其效用的评价高于合理评价,这称之为"劣效品"。

如果由市场来配置资源,则对优效品的资源配置将少于社会最优的水平,而对劣效品的资源配置则多于社会最优水平,因此需要政府进行干预。

(七)收入分配不公平

市场机制下的收入分配是按要素进行分配,由于人们在非劳动要素上占有的不平等,再加上非劳动要素本身具有不断积累的"钱生钱"特点,从而使得市场机制不仅不能实现收入分配的平等,反而会导致收入的两极分化。而收入差距过大,本身就是一种社会不公平的表现,同时还会引起社会矛盾和冲突,最终对全社会的资源配置效率产生不利影响。

因此,在市场经济背景下,政府介入收入分配领域,通过政府再分配政策来提高收入分配的公平程度,是弥补市场缺陷的必要举措。

(八)宏观经济波动

在完全由市场机制作用的条件下,市场经济背景下的宏观经济呈现出波动性特征,尽管西方宏观经济学的不同流派对此有不同的解释,但市场经济背景下宏观经济波动的长期存在却是一个事实。这表明市场机制并不能及时有效地调节宏观经济以保证宏观经济实现充分就业的平稳增长，从全社会资源配置的角度而言是一种效率损失。因此，有必要引入政府宏观经济政策的干预。

二、政府公共经济职能与国有资产的范围

如上所述，现实中的市场经济是不"完美"的，在上述诸多情形下，市场机制都存在着在资源配置效率或公平方面的失灵或缺陷，因此都需要政府干预来补救。政府对市场经济的这些干预便构成了市场经济背景下的政府经济职能，而政府要履行经济职能就必然涉及国有资产的运用。因此，市场经济背景下国有资产的范围就是政府履行其经济职能所需要的国有资产。具体而言包括以下五点。

第一，与公共产品提供相关的国有资产，如政府为提供国防、司法等公共服务所需占有的国有资产，在提供公共交通基础设施及其他公共工程与设施时所形成的国有资产。

第二，与纠正经济外部性和提供优效品相关的国有资产，如政府在具有正外部性的基础研究与开发、具有优效品特性的基础教育等方面的投入所形成的国有资产。

第三，政府为弥补市场不完整而在一些私人不愿或没有能力进行投资的行业进行投资，如对一些回收周期长、资金量大的基础设施或基础工业的投资，对一些高风险的高科技行业如航天工程、生物工程等行业中商业化前景不明朗领域进行的投资，通过这些投资创立一些国有企业，并形成相应的企业国有资产。

第四，在某些自然垄断行业，如城市供水、供电、供气等，政府也可选择由自己来投资经营以避免私人垄断导致的资源配置低效率，由此也形成国有企业及相应的企业国有资产。

第五，政府为履行弥补前述各类市场缺陷的经济职能以及政府其他职能所需占用的资产，即行政事业单位履行其职能所需占用的资产。

上述所讨论的国有资产存在的范围是基于市场经济背景下一般讨论的结果，即政府为弥补市场缺陷所必须保持的国有资产的范围，它给出了国有资产存在范围的最低底线。显然，我国作为一个社会主义性质的发展中大国，其国有经济同时还担负着其他重要使命，因而国有资产的存在范围必然要超出这一底线。

第二节　国有经济与国家经济竞争力的提升

一、国家间的移民限制、国家利益与国家间经济竞争

自有人类社会以来，在社会主体之间既有合作又有竞争，而且在多数情形下竞争是"矛盾的主要方面"。其中，竞争不仅存在于个体之间，而且存在于群体之间。进一步地说，竞争不仅存在于人类社会中，而且存在于生物种群内部。

如果说社会主体间的合作是为了追求某种共同利益，那么社会主体之间的竞争则是为了相互冲突的各自利益，例如以市场经济社会中的经济竞争为例，个体之间的竞争是为了追求个体及家庭的经济利益，企业之间的竞争是为了追求企业经济利益——其核心就是企业利润。依此类推，国家之间的竞争也必然是为了追求某种利益，即国家利益。

如果说个体（及其家庭）利益、企业利益比较容易识别的话，那么对国家利益的理解则往往存在着种种歧义。因为，一方面，在阶级社会中，国家内部往往存在着严重的阶级利益对立和冲突，以至于代表阶级间共同利益的国家利益严重淡化甚至不复存在；另一方面，如果社会个体成员在不同国家间可以自由迁徙，则国家利益至少对这部分公民而言，是淡化甚至不复存在的了。因此，"国家利益"这一概念在当代社会往往遭到来自左、右两个方面的批判：一种批判认为，在阶级社会中，只有阶级利益，没有国家利益，因为国家是剥削阶级统治被剥削阶级的机器；而另一种批判则认为，在企业跨国化经营、经济全球化的今天，只有个体（及其家庭）利益和企业利益，不存在国家利益。

尽管对国家利益范畴存在着上述种种质疑甚至批判，但站在今天的现实情境中来考察，必须承认，国家利益是客观存在的。一方面，虽然国家内部存在着阶级利益上的冲突，但这种冲突是"分蛋糕"层面上的，而国家利益则关乎蛋糕总体的大小，因此社会中大多数成员（不管是哪个阶级）对其都是一致认同的，只是认同的程度不同而已，只有极少数身为国外利益代理人的社会成员才会否认它的存在。另一方面，从自由移民与国家利益的关系来看，在当今乃至未来相当长的时间，世界各国特别是发达国家的移民限制将始终存在，这源于不同国家居民的人均公共利益水平的差别，因

此,能够免于国际间移民限制的所谓"世界公民"只能是那些拥有较高人力或物质资本的少数人,对发展中国家居民来说尤其如此。

如果考虑到移民限制不仅源于经济上的动机,而且会源于种族的、政治的或文化的动机;不仅来自于有形的国家移民限制的法律制度,而且内生于无形的主客观因素,如地理上的障碍、文化与习俗上的不适对个体移民决策的影响,可能形成事实上的移民限制。那么,寄希望于移民自由化会导致国家利益边界消逝的理想,就显得更为遥远。

正是国家间移民限制的客观存在导致了国家利益的客观存在:对于那些只能选择居住在某一国度的公民来说,国家利益从纯经济角度而言就是该国在对外经济交往中追求本国国民总体经济利益的最大化。从短期看,就是国民总体收入水平与公共福利水平的最大化;从长期看,就是实现国家经济竞争力的最快提升。

如果说国家间移民限制的存在意味着国家利益的客观存在,则国家利益的存在从国际经济关系的角度出发,意味着国家间经济竞争的客观存在。这一竞争的目标是追求本国国家利益最大化,用西方经济学术语表达就是,一国如何提高本国相对于其他国家的劳动生产率水平及相应的均衡工资水平;而用马克思主义经济理论表达就是,一国如何在国际经济交往中实现国际间剩余价值再分配的利益最大化。

二、国家经济竞争力的核心:自主创新能力

如上所述,国家经济利益可从短期和长期两个层面去考察,相应地,一国为追求国家经济利益而与他国进行的经济竞争也有两种竞争战略。一种是基于本国资源禀赋而实施的发挥本国比较优势的战略,这一战略着眼于国家短期经济利益;还有一种竞争战略就是促进本国自主创新以创造技术领先优势的战略,这一战略着眼于国家长期经济利益。

在上述两种国家经济竞争战略中,后一种竞争战略无疑具有更为根本的价值。因为国家之间经济竞争的实质就是在国际经济交往中力求实现对本国更为有利的利益分配。如果只是采取基于本国资源禀赋状态的比较优势竞争战略,即上述第一种战略,长期看是不可持续的:如果依赖的是物质资源丰裕的比较优势,则物质资源终有因不断开发而导致紧缺甚至耗尽的一天;如果依赖的是劳动力资源充裕和劳动力低成本的比较优势,则本身就意味着居民收入水平增长必须受抑制。

可见,基于物质资源禀赋或劳动力成本比较优势的国家竞争战略终究不是长久之计。而且,由于各国移民限制导致劳动力在国际市场不能自由流动,因此技术领先的发达国与技术模仿的后发国之间所形成的国际间"垂直分工"往往带来的是这两类国家在国民收入与福利水平上的分化。因为在国际经济交往中,凭借技术领先优势而开发技术密集型产品的企业,可获得因技术创新而形成的超额利润以及因技术垄断而形成的垄断利润,而靠技术模仿开发劳动密集型或资源密集型产品的企业,则只能获得"完全竞争"背景下相对微薄的"正常"利润。由此就形成了发达国家与发展中国家之间利益的不对等交往。事实上,仔细观察我国改革开放以来(如20世纪80年代和90年代)的经济发展,就会发现也曾逐渐遇到了类似"增收落后于增产"的问题,虽然全国及各地方的GDP在高速增长,但居民收入特别是中低收入阶层的普通劳动者的收入增长相对滞后[①],这也是导致这期间我国居民收入差距拉大的重要原因之一。

因此,可持续的且更为根本的国家经济竞争战略应当是后一种战略,即以创造技术领先优势为核心的发展战略。为此,一国政府要力促本国企业提高自主创新能力,以使本国在适当选定的经济领域占据国际性的技术领先优势。从这个意义上可以说,一国经济竞争力的核心是该国的自主创新能力,而一国的自主创新能力是由一系列的文化与制度,如教育、科技等体制所支撑,但集中反映在该国在现代产业体系中的核心基干产业和尖端产业上的自主创新能力。进而言之,就是这些产业中的本国企业的自主创新能力。

三、后发大国的自主创新能力与国有企业

后发大国要提升自己在国际上的经济竞争力,更需要培育本国的自主创新能力。一方面,与后发小国相比,后发大国在培育本国自主创新能力方面具有更充足的人力、物力条件以及必要的经济回旋余地;另一方面,如果后发国家放弃对本国自主创新能力的培育,则只能选择技术模仿加依附型经济的发展道路并成为先发大国的经济附庸,这对后发小国来说是一个

---

① 参见汪同三(2007)所提供的数据与推断:"上世纪80年代中GDP年均增长率,城镇居民人均可支配收入年均增长率,农村居民人均纯收入年均增长率和按城乡人口比重加权平均的城乡居民人均收入年均增长率分别为:9.3%、4.5%、8.4%,和7.5%;上世纪90年代中这四项增长率分别为:10.1%、6.8%、4.5%,和5.2%。可以看出,无论是城乡居民分别计算还是总体计算,居民收入增长都明显低于经济增长,而且二者的差距呈扩大趋势。"

虽无奈但仍可行的选择，然而对后发大国而言，从长远看是不现实的。

后发大国若要培育本国的自主创新能力，如前所述，从产业层面上看，应该将扶持重点放在基干产业（即重化工业）和尖端产业上，包括冶金、电子、化工、机械，以及生物工程、航空航天、核工业、软件信息等产业上，只有在这些产业上获得自主创新能力的突破，才具有根本性意义。其中，在冶金、电子、化工、机械等基干产业（即重化工业）着重培育的是本国自主生产的技术能力，而在生物工程、航空航天、核工业、软件信息与人工智能等尖端产业上着重培育的是本国自主创新的技术能力。

从微观企业层面上看，由于就后发国家多数私人企业而言，受其追求自身利润最大化动机的驱动，加上其资本、技术实力与国际先进企业相比的相对落后地位，可能更倾向于向自身具有短期比较优势的方向发展，而拒绝进入投资周期长、投资量大、回报慢、风险大的基干产业和尖端产业。因此，国家除了积极鼓励和支持私人企业进入这些产业，通过各种方式与私人企业联合，将培育自主创新能力的国家意志注入私人企业决策中，另一种更为有效的方式就是政府通过在这些产业部门组建国有企业或控股、参股企业来贯彻国家的自主创新发展战略。

就我国而言，新中国成立以来在计划经济时期通过组建国营企业，已形成了相对完整的工业体系。改革开放后国有经济经过改革与调整，本着"有所为，有所不为"的改革精神，保持了在上述基干产业和尖端产业的主导地位。因此在我国，依赖国有企业实施国家自主创新发展战略更符合我国国情，是更为有利的选择。也就是说，国家在积极鼓励和支持民营企业走自主技术创新之路外，应将重点放在对大型国有企业特别是中央企业的自主技术创新的促进与支持上，例如在对国资委的考核以及国资委对所控股国企的考核中，要将自主技术创新作为绩效考核的关键性指标。

经过仔细考察就会发现，上节所讨论的关涉国家经济安全的产业与本节所讨论的关涉国家自主创新能力与国家经济竞争力的产业，有相当部分的重合和相当程度上的关联。例如上节中说的军工产业就包括了本节中的尖端产业如核工业、航空航天等产业，同时涉及了基干产业中的机械、电子等产业；上节中所讨论的能源产业如石油、煤炭产业直接关涉本节所讨论的化工产业，而上节中的通讯与信息产业则与本节中属基干产业的电子产业和属尖端产业的软件信息与人工智能产业直接相关。

从目前我国国有企业的布局特别是中央企业的布局看，确实也主要是分布在上节与本节所讨论的两类产业上,即在中央企业中,除了上节罗列的分布在与国家经济安全相关的产业的企业外,其他企业也大多分布在与国家自主生产能力与技术创新能力这些涉及国家核心经济竞争力的产业上,如冶金、机械、化工、电子、信息、生物工程等产业。

可见,主要依赖国有企业来实施国家自主创新发展战略,提升国家经济竞争力,是我国一贯的基本国策。

本节关于后发大国背景下国有经济与国家经济竞争力之间关系的讨论可用图 3-1 来表示。

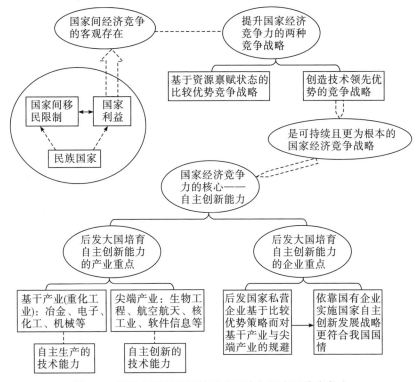

图 3-1 后发大国背景下的国有经济与国家经济竞争力

第三节 国有经济边界的调整:国有产权改革的效率与公平

上一章及本章前面部分从各个角度对国有经济的合理边界进行了分析,而当现实中的国有经济布局与这些合理边界有偏差时,则意味着要进行国有经济布局即实际边界的调整,这自然就涉及国有产权重组包括国有产权转让的改革。本节将进一步讨论这一改革中的效率与公平问题。

一、西方主流经济学分析范式下的国有产权改革"最优"效率路径

关于西方主流经济学即新古典经济学对国有经济包括国有产权改革的"流行理解",上一章对其理论局限已有基本的讨论,本节在此基础上对其理论逻辑展开进一步分析。

(一)企业的经营效率从根本上取决于经营者的努力程度(z)

如上一章所述,基于新古典经济学对国有经济的流行理解往往把企业微观资源配置效率之决定因素仅归结于微观激励机制。"流行理解"这一认识背后的更深层逻辑是,企业的经营效率从根本上取决于经营者的努力程度,而微观激励机制主要是与后者相关并通过后者对企业经营效率发挥作用。由此引出接下来的理论推论。

(二)经营者的努力程度(z)受两个因素的决定:

1.其所受激励约束的强度,与出资者在对经营者进行激励约束方面的努力程度(x)直接相关;

2.经营者机会主义行为空间的大小,即从经营者经营结果中辨别出经营者努力程度的难度,与经营结果中的"噪声"大小有关,对这一辨别难度,可以用实现有效辨别所需的信息成本(y)表示。

$$z=f(x,y),\frac{\partial z}{\partial x}>0,\frac{\partial z}{\partial y}<0$$

对无"差异"曲线$z_0=f(x,y)$,有$dx/dy>0,d^2x/dy^2>0$。也就是说,随着经营结果中"噪声"的增大、有效辨别经营者努力程度的信息成本的提高,为使经营者付出同样的努力程度,所需出资人在激励约束方面的努力程度呈边际递增。

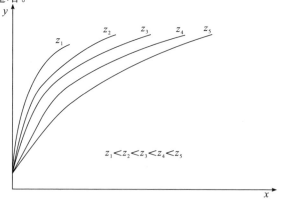

图 3-2 经营者努力程度的决定

(三)提高国企经营者努力程度的两个基本途径

1. 降低辨别经营者努力程度的信息成本(y),即减少经营结果中"噪声"的大小。这意味着要为国企创造一个平等竞争的环境。

在极端情形下,如果辨别经营者努力程度的信息成本(y)趋近于 0,那么出资者在激励约束方面极小程度的努力即可使经营者达到充分努力程度:如将报酬与经营结果直接完全挂钩。于是,此时来自出资者方面的努力程度(x)的大小差别就变得无关紧要了。

问题在于,辨别经营者努力程度的信息成本(y)最终有一部分难以通过制度完善(体制改革)完全消除,这与市场不确定性有关,即企业经营结果中总有一定比例的"噪声"是无法消除的。这样,对国企而言,不从提高出资者努力程度方面着手,是难以保证经营者的充分努力程度的。

2. 提高出资者的努力程度(x),即出资者对自己在企业中投资的"关心"程度。按照西方主流经济学的理解,出资者的努力程度与出资者的产权性质与特点有关,其基本要素包括两个方面:一方面是出资者的产权是私人产权还是集体产权,如果是私人产权,其是分散性还是相对集中性的;另一方面是出资者与原始的自然人出资者之间的委托代理层次。

(四)国有产权改革的私有化方向

如果按照西方主流经济学的理论框架来分析,要提高国企出资者的努力程度,就必须改革出资者的产权制度,而这一产权改革的根本出路在于,将集体产权变为私人产权,同时尽量减少直接的出资者与原始的自然人出资者之间的委托代理层次。这些"产权明晰"的原则指向了一个改革方案:将国有产权出售给私人投资者,而且是相对集中的私人投资者。

(五)国有产权改革的交易成本最小化

同样,基于西方主流经济学理论框架,如果国资管理的改革方向是将国有产权出售给私人投资者,那么从效率的角度出发,就是要使这一产权出售的交易成本最小化,具体而言就是:

1. 尽可能少的交易次数。一方面,优先考虑大宗交易,即优惠大买主,歧视中小投资者;另一方面,同一产权交易标的,安排尽可能少的受让谈判者,安排尽可能"熟悉"或"熟识"的谈判者,最极端的,只与一家进行协议谈判。

2. (同一产权交易过程)尽可能少的交易时间,(整个国有产权转让)尽可能快的交易速度。为达此目的,意味着在国有产权的转让中要大幅度地压价。

结论:按照西方主流经济学的理论,如果只从效率的角度考虑国资管理的改革,那么这一改革就应该是:

将国有产权转让给私人投资者,由集体产权变为私人产权。

优先考虑转让给有资金实力的大投资者,优先考虑协议转让方式。

压低价格以换取交易的时间和速度。

(极端情形:按照上述理论逻辑,将一家国有企业白送给一家私人投资者,效率最高,因为交易成本最低。)

二、从公平(正义)角度看国有产权改革:罗尔斯(2009)范式的应用

(一)国有产权与普通民众的权益真的已经无关了吗?

有种观点认为,如果国有产权的实际控制权事实是完全掌握在政府部门少数决策者手中,那么国有产权与普通民众的权益真的是毫无关系了。因此,从普通民众的角度而言,还不如尽快将国有产权低价转让给少数有实力的私人投资者,这至少带来社会资源配置效率的提高。

但问题的关键在于:首先,普通民众对国有产权仍存在着追溯的可能性,例如抗议国有产权的低价快速转让,提出平分国有产权的要求,等等。其次,普通民众仍存在着将来从国有产权转让收入中受惠的可能性,例如如果制度的改革与完善使得将来能确保国有产权的转让收入将成为统一社会保障的资金来源,等等。因此,如果当下的国有产权快速集中地低价转让给少数私人投资者,则上述普通民众未来增进自己福利的机会就大大降低了。

(二)现实中不同的利益主体从各自不同的利益立场出发,会对国有产权转让改革提出各自不同的公平原则。

1. 在国有产权重组改革情形中有机会受让国有产权的少数有实力投资人可能会认为,公平交易就体现了公平正义,也体现了社会效率,效率就是正义。这也曾是那些坚持效率优先的部分学者的看法。

2. 国有企业内部职工则会认为,优先补偿内部职工的利益才能体现公平正义,因为内部职工在国企发展中作出的牺牲最大,贡献也最大。

3. 代表政府掌管财政资源的财政部门则认为,尽可能高价转让国有产权体现了最大的正义,因为这符合国家的利益:它为今后进一步体制改革的顺利推行提供了一定的保障,而这些改革从根本上看是符合全体人民长远利益的(例如在股市虚高时适时转让国有股权)。

4. 不少非国企职工的普通公民则可能认为,均分国有产权能体现公平正义,因为这体现了全民所有的本来意义。

由上可见,不同的利益主体从各自角度会对国有产权重组改革提出不同的公平原则。

(三)罗尔斯范式的应用:"无知之幕"中的个体的正义诉求

如果个体处在"无知之幕"之中(注意,这里的分析与标准的罗尔斯范式有着相当大的偏离),即该个体只知道其将身处于正在开展国有产权改革的中国,但不知道自己的社会身份:是少数有实力的投资者,还是国企的内部职工,还是政府部门的决策者,还是非国企的普通民众,等等。在这种"无知之幕"中,该个体对国有产权改革会选择什么样的原则作为公平正义的原则?

按照罗尔斯的范式,首先,国有产权的转让结果应该是尽可能地平均分配给全体公民。

其次,如果国有产权的转让结果是不平等的,则意味着国有产权优先转让给有实力的投资者。

按照罗尔斯范式中的公平机会原则,国有产权的出售应尽可能地公开,以使得尽可能多的人获得从购买国有产权中得利的机会。

为简化起见,将社会中的个体分为两类:有实力和机会购买国有产权的个体和没有机会和实力购买国有产权的个体,那么后者可视为社会改革的最少受惠者。因此,按照罗尔斯范式中的使最少受惠者获得最大化利益的原则,国有产权的出售应该使没有机会和实力购买国有产权的个体也从中获得利益的增进,而且是最大利益增进。也就是说,应该按照这一原则来讨论如何设计国有产权的转让方案。

国有产权转让方案的核心在于转让方准备为转让投入多少交易成本,从而使转让价能达到某一个相应的价位。在这里,选择什么样的转让对象、选择多少潜在转让对象、选择什么样的转让方式,以及选择多长的谈判交易时间或交易速度等通常都可视为转让方案的基本要点,其实都可用交易成本的选择来代表。

假定国有资产分摊到每个公民身上其实际价值标准化为 1,给定转让方案,产权转让的交易成本与交易标的价值成正比,是后者的 c 倍,$0<c<1$,而转让方投入交易成本的多少决定了产权交易标的的最后成交价位,设后

者是产权交易标的实际价值①的 a 倍,$0<a<1$。可合理地设定：
$a=f(c,c_r)$,其中,c_r 为有实力购买国有产权的投资者其投入的交易成本。$f_c>0;f_{cc}<0$

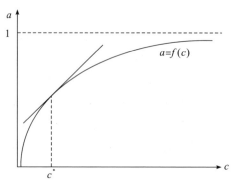

图 3-3　国有产权转让的最优交易成本投入

假定国有产权原来的报酬率为 r1(且全体公民平均分享国有产权的经营回报),转让给私人投资者后其报酬率为 r2,r2＞r1,又假定对私人投资者的投资利润征税的税率为 t,市场上的资金利率为 i,这样在国有产权转让结果不平等的情形中,作为最少受惠者的没有参与购买国有产权的个体预期收益为：

i(a－c)+r2 * t－r1

这里 i,r1,r2,t 均视为外生给定,因此一阶最大化条件为：

$df/dc=1$

如图 3-3 所示,满足这一条件的 c 记为 c*,它代表了体现罗尔斯范式之公平正义原则的国有产权转让方案。

从而得出结论,如果从公平正义的角度考虑国资管理的改革,那么这一改革就应该是：

1. 国有产权的转让应尽可能公开地进行,使更多的人获得机会；

2. 国有产权的转让应付出适度的交易成本代价,以换取适度高的转让价格,从而使最少受惠者的利益最大化。

20 世纪 90 年代以来的国企改革,在涉及国有产权转让时应遵循审慎的、渐进的和速度适宜的原则,而不是大规模的、快速的私有化。其具体操作性原则是权衡作为产权改革对象的部分国有企业经营的低效率所带来的损失,与国有产权快速集中转让所带来的资产流失的损失。

---

① 这里的实际价值可视为当双方均是私人利益主体时交易的均衡价格。

三、实际政策的解读:以《企业国有资产交易监督管理办法》为例

(一)2003年国务院国资委成立以来企业国有产权转让监管政策的发展

自2003年国务院国资委成立以来,一直高度重视企业国有产权转让的监管。国资委在成立的当年,就针对之前国有企业改制工作中出现的一些因不够规范而造成国有资产流失问题,专门出台了相关文件进行规范(《国务院办公厅转发国务院国有资产监督管理委员会关于规范国有企业改制工作意见的通知》国办发[2003]96号),该文件的核心内容之一就是对企业国有产权转让的规范与监管。之后,国务院国资委与财政部又联合发文,专门对企业国有产权转让作出监管方面的详细规定,这就是2003年年底公布、2004年初施行的《企业国有产权转让管理暂行办法》(国务院国资委、财政部第3号令)。2005年,国务院国资委与财政部又联合发布了补充性文件对企业国有产权向管理层转让进行了规范(《关于印发〈企业国有产权向管理层转让暂行规定〉的通知》国资发产权[2005]78号)。

与企业国有产权转让监管相关的规章制度中,目前最新的核心文件是2016年发布的《企业国有资产交易监督管理办法》(国务院国资委、财政部第32号令)。文件性质由之前的"管理暂行办法"向现在的"管理办法"的转变,表明有关企业国有产权转让监管的规章制度已趋于成熟和稳定。

(二)《企业国有资产交易监督管理办法》对交易程序及规则的设置

从内容上看,该文件在涉及企业国有产权转让方面,为达到一个合理的转让结果,作出了一系列有关转让交易程序方面的规定。若按照前述的分析逻辑来解读,即为了达到合理的交易价格,该文件特别设置了一些具有一定交易成本的交易程序及规则。文件中与此相关的规定可概括如下。

1.关于转让交易的决策程序,为防止企业内部人控制,文件规定,产权转让应当由转让方按照企业章程和企业内部管理制度进行决策,并形成书面决议,而企业国有资产出资人则委派股东代表对其发表意见并进行表决。

2.引入第三方中介参与,以避免转让交易中的国有资产流失,这其中包括:由转让方委托会计师事务所对转让标的企业进行审计;对按规定要求必须进行资产评估的产权转让事项,转让方应当委托具有相应资质的评估机构对转让标的进行资产评估,产权转让价格应以经核准或备案的评估结果为基础来确定。

3.引入第三方交易平台,以确保交易的公开、公平与公正。文件规定,产权转让原则上应通过产权市场公开进行。其中,转让方应当按照要求向产权交易机构提供披露信息内容的有关材料,并对披露内容和所提供材料的真实性、完整性、准确性负责;而产权交易机构应当对信息披露的规范性负责。

4.确保充分的信息披露时间,以获得满意的交易对象。文件规定,转让方可以根据企业的实际情况和工作进度来安排,采取信息预披露和正式披露相结合的方式,通过产权交易机构网站分阶段对外披露产权转让信息,公开征集受让方。其中,正式披露信息时间不得少于20个工作日。

5.尽量不针对受让方设置资格条件,以达到公平竞争的效果,从而有助于形成对转让方有利的交易价格。文件规定,产权转让原则上不得针对受让方设置资格条件,确需设置的,不得有明确指向性或违反公平竞争原则,且所设资格条件的相关内容应在信息披露前报同级国资监管机构备案。

6.对转让底价下限的限制,为转让方利益建立防火墙。具体而言,产权转让项目首次正式信息披露的转让底价,不得低于经核准或备案的转让标的评估结果;信息披露期满未征集到意向受让方的,可以延期或在降低转让底价、变更受让条件后重新进行信息披露,新的转让底价低于评估结果的90%时,应当经转让行为批准单位书面同意。

7.要求对转让结果进行信息公开,以形成更广泛的监督机制。文件规定,产权交易合同生效后,产权交易机构应当将交易结果通过交易机构网站对外公告,公告内容包括交易标的名称、转让标的评估结果、转让底价、交易价格等。

由上可见,上述这些交易程序及规则的设置必然意味着企业国有产权在转让过程中一定的交易成本的付出。不过,这些交易成本的付出是防止国有资产流失、使企业国有产权转让获得合理的交易价格所必需的,同时,这也与本节前面从公平正义角度对国有产权转让所作理论分析的规范性结论一致。

第四章　国有经济最优比重及国资收益最优分配的一个理论模型

第二、三章从质的方面讨论了我国国有经济合理的边界范围问题,本章将从量的方面来讨论这一问题,即国有经济在整个国民经济中的合理比重。

在我国向市场经济转型的过程中,调整国有经济的相对规模一直是一个核心问题。诚然,之前的纯国有经济系统虽不是一种最优选择,但因此转变为纯私有经济系统必然会导致走向另外一个极端。本章主要是从理论上回答,在特定的理论假定前提下,一个经济系统中的国有经济最优比重是多少,同时,如果最优比重大于零,则基于本书前面所述的复合财政框架,国有资本收益的最优分配又是如何?本章对这些问题的讨论主要是基于理论模型的,并且本章对国有经济最优比重的讨论与关于此问题已有的各种研究在分析视角上有很大不同,即本章在模型建构中原创性地引入了哈耶克的"分散信息论",对国有经济存在合理性及其数量边界提供了全新的理论分析。

本章的论证将从我国初始的纯国有经济禀赋出发,试图通过理论模型演绎找到国有经济在社会全部经济中的最优比重。本章对国有经济比重将从国有企业经济比重和国有资本经济比重两个方面来界定。本章的分析思路可简要概括如下。

从国有企业来看,与私有经济能充分利用社会分散信息的优势相对照,国有企业经济总体上存在信息局限,这导致在市场竞争下国有企业经济比重会落至某一均衡水平,该水平构成了规范意义上的国有企业经济比重上限。当国有资本经济最优比重超过这一上限时,超出部分的国有资本应以参股私有企业的方式即混合所有制的形式存在。

而国有资本经济比重的确定则取决于对国有资本经济优势的发挥,后者通过国有资本收益的公共福利性分配来实现,这一分配既可以替代部分税收从而节省税收成本,又可以为政府优化长期经济提供一个与税收互补的新手段。该水平确定了国有资本经济比重的下限。通过上述两类比重的确定,可以得到一个最优均衡时的国有经济的水平。

基于上述思路,本章构造了一个混合经济的 Ramsey 模型,以求解政府为引导出最优增长而选择的最优税率,以及由其决定的最优公共支出和国有资本经济最优比重等。另外,混合经济与纯私有经济的福利比较还表明,有税收成本时,前者不论在加总消费水平还是消费结构方面均优于后者。本章的研究结果表明,从我国的初始禀赋点出发,转型为纯私有经济系统绝非一种最优选择,而选择一个最优的国有经济比重才能达到全民福利的最大化。

第一节　问题背景、主要概念与分析逻辑

一、我国国有经济比重与国资收益分配问题提出的背景

在我国几千年的文明历史长河中,国有资产的存在同样也可以追溯到千年之前。在过去几千年的封建皇权社会中,"国有资产"可以说是国家中的统治阶级为满足其个人私欲和政治意图占用和利用的资产,那时候的国有资产只是"皇权所有"而非真正"国家所有"的资产。新中国成立以后,我国完成社会主义改造,此时才逐渐形成了大量的国有资产。当时国有资产的所有权以及使用权都集中在整个社会的统一管理者——国家手中,这在当时与我国所实施的计划经济体制相适应。

但随着时间的推移,我国旧的国有资产管理体制暴露出越来越多的问题。从主流经济学的角度分析,政府存在是为了弥补市场失灵,而不是替代市场去实现资源配置的功能。政府的集中计划导致了市场运行的低效率。随着我国进入20世纪80年代的经济衰退期,国有企业效率普遍低下、人员冗余,正是这一时期国有企业的各类问题导致了我们对国有企业的印象一直负面居多。鉴于当时国有企业盈利能力不佳,政府与国有企业之间的收益分配发生过许多次的改变。国有企业在1994年之前需要将其经营所得的利润上缴给政府,同时,其自身仍然需要承担国家规定的各类公共福利支出,包括其员工的教育、医疗、住房等一系列支出,这在当时给国有企业的自身盈利造成了很大的障碍。国有企业的低效率也掀起了对国有企业的减负论和私有化理论,国有企业改革的呼声也愈演愈盛。

这其中最主要的分界点即1994年的收益分配改革,由于1994年后我国开始实施新的分税制财政管理体制,其将国家的全部税种在中央和地方政府之间进行划分,借以确定中央财政和地方财政的收入范围。在这一时

期,由于国有企业低效率问题的存在,国家同时也调整了国有企业的收益分配政策,同时积极推行了国有企业的改制和重组。这一时期国家主要采取的措施是渐进式的市场化改革和渐进产权改革。在这一时期的改革过程中,虽然大量国有企业破产重组,但剩下的国有企业也基本卸去了其之前所承担的压力。同时,这一时期由于考虑到国有企业之前的盈利负担过重,且负担有很多的非经济类型的指标,政府开始允许国有企业暂停其营业利润的上缴,其所有的营业利润都作为国有企业自身的留存收益。国家的初衷是这部分利润主要用于弥补国有企业的亏损和其员工福利。国有企业这一利润的暂停上缴制度一直持续到2007年。2007年之后,由于国有企业经营大幅好转,国家才开始重新采用新的介于5%~15%之间的利润上缴比例。

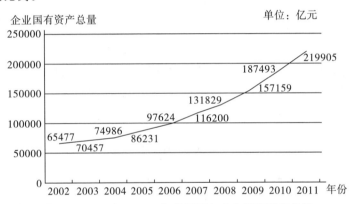

图 4-1　2002 年—2011 年我国历年企业国有资产总量

注:数据来自国务院国有资产监督管理委员会公布的历年数据。

图 4-2　2012 年—2017 年我国历年国有企业所有者权益

注:数据来自财政部公布的历年数据。

由于1994年至2007年这段时间,国有企业减负的改革大大地增强了企业的经济活力,目前剩下的大部分国有企业效益已经改善。在过去的几年时间里,我国国有企业无论是营业收入、利润总额乃至纳税额都有了巨大的增长。现今的国企中尤以中央企业为代表,很多都在竞争中取得了巨大的成功。从图4-1可见,2002年,我国的企业国有资产总量为65477亿元,到2011年企业国有资产总量已达219905亿元,后5年每年的增长率都在10%以上。从图4-2可见,2012年我国的国有企业所有者权益合计为286114亿元,到2017年该数值已达519958亿元,年均增长率也都在10%以上。

伴随着国有企业效率的改善和国有经济的不断发展,但国有企业与国有经济的比重却在不断下降。这样最终国有经济的比例是否会降低到很少乃至消亡？国有企业与私有企业、国有经济与私有经济是否会在将来达到一个相对均衡的水平？显然这一系列的问题都值得我们思考。在考虑这些问题的同时,我们更应该了解到,我国过去的国情是国有经济占主导,这一制度存在明显的路径依赖,正是这一初始点禀赋的不同可能会让我们最终达到的均衡大相径庭。

二、主要概念的说明

（一）国有经济比重的分类

在我们当前的市场经济背景条件下,本章的观点是考察我们的国有经济在社会全部经济中的比重可以从以下两个角度来衡量,即国有企业经济比重和国有资本经济比重这两个角度。在具体分析问题时,我们可以分别从这两个不同的角度来得出国有经济所占的比例。

国有企业经济比重是指国有独资或国有控股企业（本章统称为"国有企业"）所占用的总资产（包括资本与负债）占社会总资本的比例。显然,如果在竞争均衡的条件下,国有企业的效率应与私有企业持平,否则必然由于竞争导致一方所占比例下降,对这一比重的合理性分析自然会与对国有企业的效率评价相关。

国有资本经济比重是指国有资本在整个社会总资本中所占的比例。这里的国有资本既可能存在于国有企业中,也可能以参股的形式存在于私人控制企业中——就如同一些发达市场经济国家的部分国有经济存在形式那样。因此,对这一比重的合理性分析就与国企效率评价无关,因为如果国企效率确实较低,则国有资本可全部采取参股私人企业的形式。这里真正有关的是国有资本的存在及其收益的分配能否增进社会福利以及增进多少。

显然,国有企业经济比重和国有资本经济比重的划分为我们区别出了国有经济的两类作用。一方面,本章可以通过国有企业比重来评价国有企业效率;另一方面,本章将通过国有资本经济比重来评价其收益分配是否促进了社会福利的增加与改善。

(二)三类经济体的定义与比较

在分析国有经济比例的问题之前,我们需要首先定义本章后面提到的三类经济体,即混合经济系统、单纯私有经济系统、单纯国有经济系统。

如果该经济除了私有企业,还存在国有资本,那么不管国有资本是以国有企业为载体还是以参股私有企业的形式存在,该经济都被称为"混合经济"。这也是我国目前混合所有制经济的情况。

而如果一个经济除了私有企业,不存在国有资本,则该经济被称为"单纯私有经济";另外,如果一个经济不存在私有企业,只存在国有企业,则该经济被称为"单纯国有经济"。

这三类经济体的划分为我们的比较提供了一个借鉴,我们之后的研究对比也是主要是在这三类经济体的对比中展开。本章论述会从我们当前的经济背景出发,毫无疑问选择单纯国有经济虽已被事实检验是不可取的,但是否由于这个原因我们一定要选择单纯私有经济呢,是否存在国有经济与私有经济的均衡?这将是本章要解决的主要问题之一。

(三)国有资本收益分配

国有资本是资本的一种,而资本的运营主要是为了实现资本增值。国有资本收益是指我们所有的国有资本在生产中所实现的增值部分,实际上这种增值主要是以国有企业的利润来体现。国有资本收益产生后,尤其是国有企业上缴的利润部分,国家应将其作为政府的预算收入纳入,并主要运用于各类福利的支出和人民生活水平的改善。国有资本收益的实现主要包括国内大型国有独资企业利润的上缴和国有参股企业的股息股利等红利。

从国有企业利润上缴政策的提出来看,由于国有企业的本质是全民所有,所以国有资本收益上缴有利于我们全民利益的实现。国有资本收益建立其上缴机制才能让全民共享国有企业所带来的利润实现,同时也能使国有企业在公平竞争中发展。国有企业尤其是大型国有能源企业多数都是垄断性行业内的企业,比如煤炭、石油、电力,这些能源行业的企业占据着大量的公共资源,这些资源本应该是全社会共有的财产。由于国有企业垄断行业地位的先天条件存在,这决定了这些企业在市场经济中建起了高高的壁垒,从而能在经济的竞争中尽显优势。

同时,从国有企业的属性来看,其是全民所有政府投资兴办的,国务院国有资产监督管理委员会受托行使监管职责。国有企业的国有资本收益上缴后,剩余的留存企业利润应该作为企业的留存收益进行再投资。

从我们目前国有资本收益的上缴比例确定上来看,这些比例能否真正体现国有企业的全民所有的属性?这显然值得我们进行具体的考量。我们也希望通过本章的论述,提出一个较为合理的国有资本的上缴比例。当然,本章的论述未考虑其中的垄断因素,不过这将在我们最后的结论论述部分有所涉及。

三、本章分析逻辑

本章认为,由于国有企业经济信息局限的存在,单纯国有经济系统的宏观效率必然会低于社会分散信息被充分利用的单纯私有经济系统或混合经济系统。如果在单纯国有经济系统中引入私有企业经济的竞争,则必然会导致国有经济部门的资源向私有企业经济的转移,从而国有企业经济的比重随之下降。不过这一比重不一定会下降到零,而是可能会稳定在某一竞争性均衡水平。

本章分析国有资本的优势引入了税收替代这一新的视角,即国有资本经济的优势在于通过将部分国有资本收益用于公共福利性支出可以对税收产生替代效应,从而减少税收的征管成本和无谓损失。同时,国有资本的存在及其收益分配还为政府提供了新的宏观调控手段,与税收调控相互补充。但如果国有资本以国有企业为载体,则面临国有企业经济存在的信息局限,因此单纯国有经济系统的宏观效率较低。而引入私有企业经济则可以弥补这一缺陷,因为该经济的优势就在于可利用全社会的分散信息,发现并利用更多的投资机会。因此,理想的经济系统应当是一种混合经济系统,政府通过调控税率和国有资本收益的分配将该经济系统引导至最优均衡状态。

四、本章的内容结构安排

如上所述,本章的研究通过建立一个基本的国有经济最优比重的理论模型,来分析我国当前的国有经济最优比重和国有资本收益分配的使用问题。希望通过模型数据与当前实际数据的对比,提供一定的政策建议。本章接下来的具体内容如下:

第二节是与之相关的研究综述,以及本章的研究思路。

第三节是国有企业经济最优比重的研究。通过信息局限的假设,在单纯国有经济系统中引入私有企业经济的竞争,导致国有经济部门的资源向私有企业经济的转移,从而国有企业经济的比重随之下降,但这一比重不一定会下降到零,而可能会稳定在某一竞争性均衡水平。这就是我们所讨论的国有企业经济比重的上限。

第四节是国有资本收益的均衡分析。国有资本经济的优势在于通过将部分国有资本收益用于公共福利性支出可以对税收产生替代效应,从而减少税收的征管成本和无谓损失;但如果国有资本以国有企业为载体,则面临国有企业经济存在的信息局限,因此单纯国有经济系统的宏观效率较低。而引入私有企业经济则可弥补这一缺陷,因为该经济的优势就在于可利用全社会的分散信息,发现并利用更多投资机会。综上构建相应模型来求解均衡解。

第五节是在第四节理论建模的基础上进一步通过模型分析来对混合经济与纯私有经济这两类经济体进行社会福利比较,以说明混合经济体的优势。

第六节通过初步的经验数据和部分的实际数据代入理论模型,以分析我国当前国有经济比重所处的状况。

第七节是达到国有经济最优比重可以采取的措施和政策建议,以期能够尽快达到本章模型所提出的最优国有经济的比重。

第二节 文献梳理与本章分析思路的引出

关于国有经济比重的讨论,本章将区分出国有企业经济比重和国有资本经济比重两部分进行研究。国有企业经济比重主要是从信息局限的角度入手,即国有企业与私有企业的信息不对称导致了两者的并存并达到相对的最优均衡。而国有资本经济比重主要从税收替代成本入手,即国有经济的存在减少了税收的征管成本,从而有利于福利的最优化。最终得到的最优经济系统应由以上两个比重的相对关系决定,从而达到全社会的最优均衡。本章的上述分析思路在一定程度上也是对已有相关研究的梳理与反思后得出的。

一、企业微观效率与所有制关系的文献回顾

(一)已有理论研究多是从道德风险视角探讨国企效率问题:目前并未取得共识

1. 认为国有产权制度导致了国企的低效率

关于对国有企业的印象,我们首先印入脑海的可能是其低效率和人员冗余等一系列问题,但这些印象是否可信,这些问题很值得我们深究。理论界关于这方面的研究也层出不穷,关于企业微观效率和所有制的关系众说纷纭,很多学者从不同的角度如国有产权、预算软约束等阐述国有企业与私营企业的效率差异,不过到目前为止,这些观点仍未有定论。

关于如何理解和评价市场经济背景下的国有经济,较多学者从道德风险的角度强调国有产权的制度安排对国企经济效率的不利影响。例如:张维迎(1995)认为,国有企业因其产权制度上公有化程度高,从初始委托到最终代理之间的委托代理层次多,故而监督效率低。

也有学者从预算软约束的角度分析国有产权制度导致国企低效率的内在机制。最早开展这一分析的科尔奈(Kornai,1986)认为,社会主义国家中的政府与国企之间存在着父子般的依赖关系,而国企的预算软约束就是源于政府的这种"父爱主义"(Paternalism)。Shleifer 和 Vishny(1994)、白重恩和王一江(Bai and Wang,1998)还从其他角度讨论了社会主义国家国企预算软约束形成的原因,这些分析最终都将原因指向了公有制以及政府与国有企业间的政企不分问题。Dewatripont 和 Maskin(1995)则从时间动态不一致的角度为企业预算软约束问题提供了一个基本的理论框架。预算软约束不仅在微观上导致了企业低效率,钱颖一(Qian,1994)认为它还是宏观上社会主义国家曾长期存在的短缺经济问题的深层原因。郑江淮(2001)基于经验实证分析,认为截至 21 世纪初,国有企业预算软约束问题实际上仍未根本解决。直到最近,一些学者仍试图从预算软约束角度来挖掘国有经济的效率损失(刘瑞明和石磊,2010)。

2. 认为政策性负担过重导致了国企的低效率

与以上观点不同的是,林毅夫等(林毅夫、蔡昉和李周,1997;Lin and Tan,1999;林毅夫、刘培林 2001;林毅夫、李志赟,2004)虽也认为预算软约束是国企低效率的重要原因,但他们判断预算软约束本身与所有制并无必然联系。就中国而言,由于计划经济时期实行的是违背自身比较优势的技术赶超战略,导致国有企业没有自生能力,在市场经济条件下就显性化为企业的政策性负担,从而需要政府对其进行保护或补贴,而在信息不对称的背景下就导致了预算软约束。因此,只要消除政策性负担,重视比较优势原则,提高企业自生能力,国企预算软约束及低效率问题就能迎刃而解。

(二)关于国有企业与非国有企业之间效率差异的经验实证研究:也未达成共识

首先是众多学者基于 20 世纪 90 年代以及之前数据的经验分析也力图表明:国有企业的效率明显低于非国有企业(姚洋、章奇,2001;姚洋,1998;刘小玄,2000;林青松,1995);而国有企业的民营化产权改革则会带来明显的效率改进(胡一帆等,2006;白重恩等,2006;刘小玄、李利英,2005;宋立刚、姚洋,2005)。

然而必须指出的是,上述关于国企低效率实证分析的文献大多建立在 20 世纪 90 年代及之前数据的基础上。随着 2003 年之后各级国资委的成立,国有资产出资人制度的建立与完善,再加上国有企业政策性负担的逐步剥离,国有企业的绩效确实已有了明显改观。已有部分学者基于这一时期数据的实证研究得出结论,认为国有企业绩效已明显好转,与非国有经济中较好的三资企业相比也不逊色(李楠、乔榛,2010)。不过,也有研究认为,新世纪以来国企绩效提高主要依靠的是国企的垄断地位而不是效率的提高(天则经济研究所,2011;韩朝华、周晓艳,2009)。当然,也有学者认为,"国企绩效提高主要来源于垄断"这一说法并不符合实际,即使在一些由国有资产占绝对优势地位的行业中,往往也存在着多家国企间的激烈竞争,同时这些企业还面临着全球性的竞争(张晨,2010)。

综上所述,从实践来看,国有企业与非国有企业在市场竞争中并未分出高下。从理论来看,关于国有企业是否因其产权制度而必然低效率和低竞争力的问题,仍未辩出对错。纵观西方先发国家的市场经济发展历史,企业制度上的实践创新总是领先于相应的经济学理论创新,也许在中国的国企产权制度问题上也会如此。

可见,仅仅从经营者道德风险角度,并不能立即给出关于企业效率与所有制关系的确定性结果。因此,如果需要提供一个理解国企效率与所有制关系的理论框架,也许应采纳一种更加包容、灵活的进化论的理解框架:面临市场竞争,国有企业将探索国有产权制度的不同实现方式和企业治理结构,而优胜劣汰机制将会筛选出有竞争力的模式,或者经过各种探索后国有企业作为国有产权制度的载体在竞争性行业最终被淘汰,至于最终结果具体如何,理论很难事先预测。

二、本章关于国有企业经济比重的思考角度:分散信息论

基于以上文献,在理论上关于国有企业是否因其产权制度而必然低效率和低竞争力的问题,仍未辩出对错。在实践上关于国有企业与非国有企业在市场竞争中也未分出高下。本章将越过这一问题,不再纠缠于微观上的国有企业与非国有企业是否存在因产权制度的差别而导致的企业效率的差异,而是假定在微观个体意义上二者是效率无差异的。在此假定下,本章进而讨论从宏观总量上看国有企业经济的合理比重问题。

在持国有产权低效率观点的学者看来,国有经济与非国有经济的合理关系应表现为国有经济从竞争性行业中逐步退出。而在那些持企业效率无关所有制的观点的学者看来,国有经济与非国有经济的最优关系是由市场竞争自发决定的。本章则试图进一步从国有企业经济与非国有经济的不同特质出发,对于二者的最优比例关系给出一个理论说明。

(一)国有企业经济与私有经济在市场信息利用上的不同特质:国有企业经济的信息局限

关于国有企业经济比重分析的主要理论基础是哈耶克的"分散信息论"(哈耶克,2003)。哈耶克认为,每一个人的认知能力都是有限的,市场经济中有用的信息与知识是分散在无数个体中的,只有市场机制才能将这些零散的、不全面的信息整合并加以利用。

将上述分散信息论应用于国有企业经济与私有经济的比较分析,可看出二者总体而言在信息利用上的不同特质。虽然按本章的假定,就企业个体意义而言,在适合的经营项目上国企的经营效率与私企相比并没有系统性差距,但从总体意义上看,与私有经济相比,国有企业经济在选择经营项目上存在一定的信息局限。

具体而言,私有经济的决策主体是民间分散的个人,其优势在于可利

用全社会的分散信息,发现并实施更多更好的投资经营项目。而国有企业经济只能发现并实施其中的一部分,因为国有企业经济的决策主体只限于各国有企业的经营管理人员,即其所能利用的知识与信息局限在国企各级经营管理人群中,非经营管理人员及普通职工如发现有新的项目信息并想实施,则只能退出国企进行私有经济性质的创业。此即国有企业经济在市场商机信息利用上的信息局限。

(二)国有企业经济的信息局限决定了国有企业经济比重的合理上限

正是上述国有企业经济的信息局限,内在地决定了国有企业经济之合理比重的上限。也就是说,超过这一上限,上述信息局限将导致宏观经济效率的损失,而且在市场竞争机制的自发作用下,也会形成经济比重上的"国退民进"趋势,直到国有企业经济比重收缩到这一合理上限水平。

(三)关键因素的引入:市场商机信息分布的不对称程度(反过来说即公开性或公共性程度)

上述信息局限对国有企业经济之合理比重的决定,还受到一个背景性因素的影响,这就是市场商机信息分布的不对称程度。这里的信息不对称性的含义与信息经济学的理解相类似,即指市场人群中的不同个体所了解市场商机信息的差异性,如果信息分布在人群中是完全对称的,即信息是完全公开或完全公共性的,则国有企业经济系统中有限的经营管理人员即可掌握全体市场人群所了解的全部市场商机信息,这样即使国有企业经济的比重达到100%,也不会导致宏观经济效率的损失,同时在市场竞争中私有经济系统也就不具有信息优势。

反之,如果信息分布的不对称程度越高,即信息越是隐藏的、分散私密的,则国有企业经济系统中有限的经营管理人员所能发现的市场商机信息占全部信息的比例就越小。相应地,国有企业经济合理比重的上限就越低,同时在市场竞争中私有经济系统的相对信息优势就越大。

可见,市场商机信息的不对称程度其实就是市场商机信息的发现难度,或者说是市场商场信息可发现程度的反向含义。本章后面对于上述的市场商机信息分布不对称程度,将设计一个衰减指数,即市场未发现商机项目数量随市场寻机者人数增加而衰减的指数来反向刻画。显然,若此衰减指数越大,就说明市场未发现商机项目数随寻机者人数增加会越快地衰减,从而意味着市场商机信息的隐藏程度越低,即市场商机信息分布不对称程度越低,可发现程度越高。

(四)本章关于国有企业经济比重的理论分析逻辑与改革开放以来相关改革思路及实际经济演化轨迹更为契合

自改革开放以来,我国政府在提出发展非公有制经济的改革思路时,其出发点主要是基于非公有制经济与公有制经济之间总体上的互补性,而不是不同所有制经济在企业微观效率上是否存在优劣之分。

1.20世纪80年代:非公有制经济是公有制经济必要的、有益的补充

1982年党的十二大报告正式把非公有制经济视为公有制经济的补充:"在农村和城市,都要鼓励劳动者个体经济在国家规定的范围内和工商行政管理下适当发展,作为公有制经济的必要的、有益的补充。"1987年党的十三大报告对这里"必要的、有益的补充"从内涵上进行了进一步阐述,其中内涵之一与能发现更多的市场信息有关:"实践证明,私营经济一定程度的发展,有利于促进生产,活跃市场,扩大就业,更好地满足人民多方面的生活需求,是公有制经济必要的和有益的补充。"而在这段时期,学界也把非公有制经济对公有制经济的补充具体阐释为"拾遗补缺"的功能。

由上可见,在改革开放开始的20世纪80年代,我国政府提出发展非公有制经济的改革思路,其背后的理由就是在市场中还存在着大量的公有制经济未能兼顾到的空白、未能挖掘到或满足到的需求,因而需要由非公有制经济来"补缺"。显然这些与本章有关国有企业经济存在信息局限的理论逻辑是内在一致的。

2.20世纪90年代:多种所有制经济共同发展是基本经济制度的一部分

随着非公有制经济的发展、其在国民经济中的比重的增加和重要性的提高,国家开始从基本经济制度层面来看待非公有制经济。1992年党的十四大报告提出:"社会主义市场经济体制是同社会主义基本制度结合在一起的。在所有制结构上,以公有制包括全民所有制和集体所有制经济为主体,个体经济、私营经济、外资经济为补充,多种经济成分长期共同发展……"十五大报告进一步明确:"公有制为主体、多种所有制经济共同发展,是我国社会主义初级阶段的一项基本经济制度。""非公有制经济是我国社会主义市场经济的重要组成部分。"

上述改革思路既然提出不同所有制经济需要长期共同发展,就说明其并不认为公有制经济与非公有制经济之间在企业微观效率上存在优劣,而是认为二者因各自性质不同而存在着各自的发展空间。本章的理论逻辑则进一步阐释了该性质的不同就在于二者在市场信息利用上的不同特质。

3. 新世纪以来:"两个毫不动摇"以及让不同所有制发挥各自优势、相互促进、平等竞争

2002年党的十六大报告提出"两个毫不动摇",即:毫不动摇地巩固和发展公有制经济,毫不动摇地鼓励、支持、引导非公有制经济发展。此后的历次党代会均对此进行了重申。另外,十六大报告还提出不能把公有制与非公有制两者对立起来:"各种所有制经济完全可以在市场竞争中发挥各自优势,相互促进,共同发展。"而十七大、十八大则提出不同所有制之间平等竞争的要求:"坚持平等保护物权,形成各种所有制经济平等竞争、相互促进新格局"(十七大报告);"保证各种所有制经济依法平等使用生产要素、公平参与市场竞争、同等受到法律保护"(十八大报告)。

上述"两个毫不动摇"的提出以及认为不同所有制之间不是对立而是各有优势、相互促进和共同发展的关系,可视为对我国实际经济演化轨迹进入一个新阶段的反映。如第二章所指出,自改革开放以来,我国民营经济GDP占比经过20世纪八九十年代的快速提升,自2005年前后开始趋于稳定(汪立鑫等,2019)。这表明,公有制与非公有制经济之间的结构性关系已进入相对均衡状态,"两个毫不动摇"等政策主张的提出可视为是对这一均衡状态的认知与肯定。而上述我国实际经济演化轨迹也基本契合本章关于国有企业经济比重的理论模型的一个推论,即在一个单纯国有经济系统中引入私有经济的市场竞争,则一开始会出现国有企业经济比重的下降直至其收敛到某一竞争性均衡水平。

此外,十七大、十八大所提出的不同所有制之间平等竞争的要求,实际上指向了竞争中性的原则,而这一原则后来在2019年4月的中央文件《关于促进中小企业健康发展的指导意见》(中办发〔2019〕24号)中被明确提出。显然,这一竞争中性原则与本章的理论逻辑也是基本一致的,因为本章后面的理论模型表明,国有企业经济的信息局限导致其在一般竞争性行业的比重有一个合理上限,而这一合理上限是通过市场竞争自发形成的,如果依赖行政干预来拔高该比重,则会损害宏观经济效率。

(五)本章关于国有企业经济比重研究的内容安排及说明

本章将首先以前述的衰减指数为基础,构建一个理论模型来描述以上关于国有企业经济合理比重的竞争性均衡;然后展开相应的经验分析,得出理论模型中国有企业经济合理比重的具体的均衡数值解;最后根据分析的结果得出有关国有经济的政策启示。

需要特别指出的是,本章基于分散信息论对国有经济比重的讨论主要是从资源配置效率且不考虑外部性的角度展开的,没有引入国家利益如国家经济安全或国家整体经济竞争力等更高层面的考虑。而后一方面的考虑,解释了为何国有经济需要在那些非一般竞争性行业,如在关系国家安全、国民经济命脉及国家整体经济竞争力的重要行业和关键领域,保持主导控制力,甚至在其中个别行业拥有必要的垄断地位。有关这方面的讨论可参见汪立鑫(2018)及本书第二、三章的内容。

既然本章主要是基于资源配置效率且不考虑外部性的视角来研究国有经济的合理比重,因此为了分析的简化与聚焦,本章就不考虑上述基于国家利益视角的国有企业垄断因素,而假定经济是充分竞争的。因此,本章后面关于国有企业经济比重的讨论所适用范围应限定于一般竞争性领域的国有企业经济比重问题。

三、本章关于国有资本经济比重的思考角度:税收替代论

如果只是从主流经济学的资源配置效率角度来考虑国有资本经济比重,则不难看出,其分析的关键在于揭示国有资本的存在及其收益分配能否产生社会福利净增量。

Barro(1990)以内生增长为框架讨论了政府公共支出规模与经济增长之间的关系。他认为,政府公共支出与资本是可以相互替代的,政府公共支出规模与资本的边际回报率呈现正相关的关系。而另一方面政府公共支出主要是通过税收取得,支出规模的加大意味着税率的上升,这又降低了资本的边际回报率。为使经济达到最优化,上述两者之间即存在一个最优值的选择问题。这也是现今人们思考政府公共支出的主要思路之一。Turnovsky(1996)等人认为,政府在制定财政政策的前提下,家庭在政府财政政策和利率、工资水平既定的情况下作出最优化选择。而这中间由于家庭、政府、企业分别决策,最终形成的是分散决策和中央计划者的决策最优问题的求解。Zou(1996)的文献中关于公共支出两步法的分别计算也为我们的求解和研究提供了一个重要的指导方向。

杨俊等(2006)将国有股权收益分配与社会保障制度相联系,通过模型证明了如果保留一定的国有资本并将国有资本收益用于社会保障支出,以替代对年轻人征收社会保障税,则可促进年轻人对资本积累的贡献,最终会提高年轻人和老年人的福利。

本章将进一步扩展国有资本收益分配影响社会福利的分析。首先,本章将国有资本收益的非资本性支出的方向更广义地理解为一般公共福利性支出。其次,关于国有资本收益的这一分配方向如何能增进社会福利。本章的理解是,通过将国有资本收益分配于公共福利性支出,可以对税收产生替代效应,从而节省税收的征管成本和无谓损失。

四、其他文献回顾:关于国有经济最优比重及其建模

国内的文献中关于国有经济比重的讨论一向是热门话题。廖楚辉、刘鹏(2005)通过建立动态最优化模型,认为公共资本和私有资本存在替代关系,这其中关于两者替代关系的建立模型的思路很值得我们参考。解明(2007)认为,关于经济转轨中最优国有资本的选择,应分别考虑政府和私人部门效用最大化,并通过对转轨成本的分析来说明经济中国有资本的最优比重问题。杨俊等(2008)建立了一个关于国有资本收益划归社会保障制度的研究框架,在一般均衡的条件下求出最大化的国有资本收益划归社会保障的比例。汪立鑫等(2009)的研究是在生产函数中引入国有资本和非国有资本,构造线性社会福利函数进行最优化求解,从而确定最优的国有资本收益支出结构。杨子晖(2011)认为,随着政府规模的逐步增大,由于税负增加等因素的影响,使政府支出增加产生的负效应影响逐步凸显,并且通过计量发现由于基础设施落后、公共物品与公共服务供给仍然相对不足,政府支出的增加仍有助于促进经济的进一步发展。

通过搜集这些关于国有经济比重的研究文献我们发现,从理论模型角度研究国有经济比重问题的文献都处于较早的时期,近期少有人对这方面进行深入讨论。

本章通过引入新的思考角度——税收替代和信息局限,以构造一个混合经济的 Ramsey 模型,深入讨论该经济中的国有资本最优比例、国有资本收益公共福利性分配的最优比例,以及该经济的最优税率水平等,并与纯私有经济系统相对照,以说明如果存在税收成本,则在混合经济情形中,不仅最优均衡时的加总消费水平(即私人消费与公共消费之和)较高,而且私人消费与公共消费之间的消费结构也更为合理。

显然,如果按照上述思路对国有经济两方面比重的讨论有了具体结果,则立即对如何调整国有经济的相对规模形成明确的指导,即首先国有企业的总体规模要调整到国有企业经济比重的上限以内;当国有资本经济

最优比重超过国有企业经济比重上限时,则至少超过的部分必须以参股私有企业的方式存在;当国有资本经济最优比重低于国有企业经济比重上限时,则国有资本可全部采取国有企业的载体形式,且国有企业经济的实际比重必须调整到使企业国有资本数量符合国有资本经济最优比重的要求。

本章接下来将就国有企业经济比重上限及国有资本经济最优比重问题分别构造理论模型展开分析,还将基于我国经济的实际数据,得出理论模型的一些具体的数值解。在理论与经验分析的同时,还将展开对混合经济与单纯私有经济、单纯国有经济这三者的福利效果比较分析。最后根据全文分析的结果得出有关国有经济的政策启示。

需要特别指出的是,本章对国有经济比重的讨论主要是从主流经济学的资源配置效率角度展开的。这其中包括没有引入国家利益如国家经济安全或国家整体经济竞争力等更高层面的考虑。同时,为了分析的简化,本章假定经济是充分竞争的,在模型中不考虑企业垄断的因素。

第三节　国有企业经济比重的上限:信息局限约束下的竞争性均衡

由于前文中我们提到的国有企业经济的信息局限,单纯国有经济系统的宏观效率肯定会低于社会分散信息被充分利用的单纯私有经济或混合经济。如果在单纯国有经济系统中引入私有企业经济的竞争,则必然会导致国有经济部门的资源向私有企业经济转移,国有企业经济的比重随之下降。但从我们的分析中可以看出,这一比重不一定会下降到零,而很有可能会稳定在某一竞争性均衡水平。

一、国有企业经济之信息局限对单纯国有经济系统之宏观生产函数的影响

假定在某一社会中,具有某一投资回报水平的项目潜在数量有 H 个,每个项目可吸纳资本数量标准化为 1。而这些项目的信息隐藏程度各异,即虽然关于这些项目的信息分散在社会成员中,但其中有些项目容易被发现,即对这些项目信息有充分认知的人较多,而有些项目其信息较具隐蔽性,能发现的人较少,即信息分布的不对称程度较高。

换个角度说,这有些类似于寻宝的情形:有些宝物没有隐藏、暴露在外,大家几乎都能看见,还有些宝物是隐藏的。故随着参与寻宝者的增加,被发现的宝物依次是:未隐藏的宝物、隐藏程度浅的宝物、隐藏程度深的宝

物。同时,随着寻宝者的增加,寻宝的难度在提高(因为待发现宝物的隐藏程度的加深),所以虽然已发现宝物的总量在增加(不断趋近于潜在宝物总量),但却是边际递减的。

具体到这里的商机项目信息隐藏及发现的主题,也可作类似假定,即随着社会中参与经济活动的成员数量(设为n)的增加,被发现项目的总数量(设为h)在增加,但却是边际递减的,而实际发现项目数(h)将无限趋近于项目潜在数(H)。

因此,可进一步合理假定,随着上述参与经商成员数量n的增加,未发现项目数(H−h)呈指数式衰减,则他们所能发现的项目数h将符合以下公式:

$$h = H(1 - e^{-\beta \cdot n}), \beta > 0 \tag{1}$$

β参数的精确含义是指,随着参与经商成员数量n的增加,未发现项目的边际下降比率$\left(\beta = -\frac{d(H-h)}{H-h}/dn\right)$,或者说是未发现项目数随n增加的衰减指数。而其较为形象的经济学含义是指所有项目总体上的信息可发现程度,其反向含义就是项目信息分布的不对称程度或项目信息的隐藏程度与私密程度。即β值越大,潜在项目越容易被发现。当$\beta \to 0$时,$h = 0$,表示所有项目信息对所有社会成员都是隐藏的,即项目可发现程度最低(为零);而当$\beta \to \infty$时,$h = H$,表示所有项目信息对所有社会成员都是暴露的,即项目可发现程度最高。

为了模拟计划经济国家的转型初始条件,本章假定社会一开始的经济系统是单纯的国有经济系统,其中没有私有企业,即全社会的劳动力、资本均被国有企业经济所吸纳。

假定对企业经营管理决策具有主导或参与权的各级经营管理人员数占企业员工数的平均比例为$b < 1$,则一开始的单纯国有经济体系中的企业各级经营管理人员数为$b \cdot n$。而在上述H个潜在项目中,国有企业经济所能发现并可实施的项目数h_{SE}将只与全部国有企业中的这部分经营管理人员数量相关,因为普通职工乃至非经营管理人员并无投资决策参与权。如果其发现有新的项目信息,除非自己离开国有经济体系单独创业来实施,一般并不能说服经营管理人员从而令其相信并付诸实施,这既缘于个人关于项目的信息中存在某些无法表达的"静默知识(tacit knowledge)",也缘于项目实施的未来结果存在不确定性风险。

通过上述的假定可以得出,一开始的国有企业经济所能发现并实施的

项目数由下式决定:

$$h_{SE_0} = H(1-e^{-\beta \cdot b \cdot n}) \tag{2}$$

因此,就上述特定的投资回报水平而言,国有企业经济并不能发现所有的项目。国有企业经济所能发现并实施的项目相较全社会分散信息充分发挥利用时所发现项目比例如下:

$$\xi = \frac{H_{SE_0}}{h} = \frac{1-e^{-\beta \cdot b \cdot n}}{1-e^{-\beta \cdot n}} < 1 \tag{3}$$

为了简化,可以假定在所有投资回报水平上,国有企业经济所发现并实施项目与利用全社会信息所能发现项目之间的比例都由上式决定。

现假定社会中的企业对投资项目根据投资回报率水平由高到低来选择,在全社会分散信息得以充分利用的情况下,生产函数采用科布——道格拉斯生产函数,这样宏观的生产函数为:

$$Y = AK^\alpha L^{1-\alpha}, 0 < \alpha < 1 \tag{4}$$

上式中的 Y, K, L, A 分别表示产出、资本、劳动和全要素生产率。由上式可知,宏观的资本边际产出即微观意义上的投资回报率为:

$$Y_K = \frac{\partial Y}{\partial K} = A\alpha K^{\alpha-1} L^{1-\alpha} \tag{5}$$

上式也可变换为相对于某一投资回报率,全社会所发现并实施的项目上的资本投放数量:

$$K = \left(\frac{Y_K}{A\alpha L^{1-\alpha}}\right)^{\frac{1}{\alpha-1}} \tag{6}$$

而根据前面关于国有企业经济信息局限的分析,国有企业经济在同一投资回报率的投资机会上的发现只相当于全社会所发现的一部分:

$$K_{SE} = \xi K = \xi \left(\frac{\partial Y/\partial K_{SE}}{A\alpha L^{1-\alpha}}\right)^{\frac{1}{\alpha-1}} \tag{7}$$

注意:这里的 K_{SE} 指的是国有企业经济的总资本占用,一般而言它大于国有企业经济中的国有资本,因为在国有企业总资产中,除了国有资本外,还有负债。另外,对于国有控股但非独资的企业而言还有非国有资本的参股,后两者均有可能来自于私人的投资。

由上式可得到,在国有企业经济信息局限假定下,单纯国有经济系统的宏观生产函数如下:

$$Y = A\xi^{1-\alpha} K_{SE}^\alpha L^{1-\alpha} = A_{SE} K_{SE}^\alpha L^{1-\alpha}, A_{SE} = A\xi^{1-\alpha} < A \tag{8}$$

可见,国有企业经济的信息局限对其宏观生产函数的影响相当于导致其宏观要素生产效率的下降。不过从微观角度看，这并不意味着某一国有企业与选择同类项目的其他企业相比在生产效率上就一定较低。

二、私有经济的进入与混合经济的竞争性均衡

接下来假定社会实行市场经济体制并放开私有经济的发展，这与我们的改革开放的事实背景相符。即在国有经济的背景下放开私有经济进行市场经济的改革，放松这样的假设会带来什么样的新变化呢？值得注意的是，私有经济在这一新的条件下只能在国有企业之外寻找新的项目，换言之，只能作为国有经济的补充。

与上一部分相似，在特定的投资回报水平上，私有经济将在国有企业经济已发现的项目之外寻找新的项目。私有经济可将全社会分散信息积极地利用起来，因此其第一期所发现的"剩余"项目数可以由下式给出：

$$h_{p1} = H(1-e^{-\beta \cdot n}) - h_{SE_0} = H(e^{-\beta \cdot b \cdot n} - e^{-\beta \cdot n})$$

随着私有经济的进入及对新发现项目的投资，原来全部被国有企业经济吸收的劳动力也被部分转移到私有经济部门。假定不论是国有企业经济还是私有经济，单位资本所吸纳的劳动力数量都是一样的，这样在混合经济的第一期，国有企业经济相对于全社会经济，其吸纳劳动力占比或资本占用的占比 d，都可用下式表示：

$$d_1 = \frac{n_{SE_1}}{n} = \frac{K_{SE_1}}{K} = \frac{h_{SE_0}}{h} = \frac{1-e^{-\beta \cdot b \cdot n}}{1-e^{-\beta \cdot n}} = \xi < 1$$

因此，在第一期末，国有企业经济中的各级经营管理人员数量将减少至 $b \cdot n_{SE_1} = b \cdot d_1 \cdot n$。同时，本章又假定市场投资机会是不断变化的，这样就要求经营管理者不断寻找并更新投资项目。在接下来的第二期，由经营管理人员数量决定的国有企业经济实际能发现并实施的项目数将比第一期有所减少：

$$h_{SE_2} = H(1-e^{-\beta \cdot b \cdot d_1 \cdot n})$$

于是，在混合经济的第二期，国有企业经济相对于全社会经济的占比（吸纳劳动力意义上或资本占用意义上）也将有所下降：

$$d_2 = \frac{n_{SE_2}}{n} = \frac{K_{SE_2}}{K} = \frac{h_{SE_2}}{h} = \frac{1-e^{-\beta \cdot b \cdot d_1 \cdot n}}{1-e^{-\beta \cdot n}} = \xi < 1$$

同理，在接下来的第三期，国有企业经济相对于全社会经济的占比又会有所下降：

$$d_3 = \frac{1-e^{-\beta \cdot b \cdot d_2 \cdot n}}{1-e^{-\beta \cdot n}}$$

由此可见,随着时间推移,各期国有企业经济相对于全社会经济的占比值 d 形成一个递归定义数列,容易证明,该数列满足单调性和有界性的收敛条件。这样,最终的国有企业经济相对于全社会经济占比会呈现数列的收敛。最终的竞争性均衡值可以由下式决定:

$$d^* = \frac{1-e^{-\beta n \cdot d^*}}{1-e^{-\beta n}}$$

或 $(1-e^{-\beta n})d^* = 1-e^{-\beta n \times d^*}$ (9)

将上述(9)式中第二个等式的左边 $(1-e^{-\beta n})d^*$ 与右边 $(1-e^{-\beta n \times d^*})$ 分别在同一个图像坐标系中(以 d 为横轴)中表示出来,如图4-3 或图4-4 所示。显然,该等式左边在图中原点处的斜率为 $1-e^{-\beta n}$,等式右边在图中原点处的斜率为 βbn。

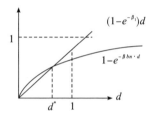

图 4-3 国有企业经济比重收敛值大于零

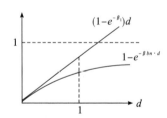

图 4-4 国有企业经济比重收敛值等于零

令 $\beta = \bar{\beta}$ 时,上述两个斜率相等,即满足下式:$1-e^{-\bar{\beta} n} = \beta bn$,这里的 $\bar{\beta}$ 值可理解为经济系统中项目信息可发现程度的临界值,容易证明:

当且仅当 $\beta > \bar{\beta}$ 时,即经济系统中项目信息可发现程度大于上述临界值,此时 $1-e^{-\beta n} < \beta bn$,则国有企业经济比重 d 收敛于大于零的值,如图4-3 所示;否则,即如果 $\beta \leqslant \bar{\beta}$,则国有企业经济比重将收敛于零(见图4-4),即在市场竞争中国有企业将逐渐消失。

按照前面的设定,β 值代表的是某经济体中未发现项目数随着参与经济活动成员人数的增加而衰减的指数,其经济学含义就是全部潜在项目总体上的信息可发现程度。显然,它与信息技术水平正相关,即随着信息技术的进步,每个成员能够发现和认知更多的项目信息,从而随着成员人数的增加,未发现项目数会更快地衰减。因此,上述模型推论意味着,当信息条件和信息技术低于一定水平,市场中的 β 值低于临界值 $\bar{\beta}$ 时,市场竞争的结果同时也是社会福利最优的结果可能是国有企业趋于消失。反之,随着信息技术水平的提高,国有企业经济比重的合理上限也会随之上升。

类似地,容易证明:当且仅当 $b > (1-e^{-\beta n})/(\beta n)$ 时,国有企业经济比重 d 才收敛于大于零的值;否则,即如果 $b \leqslant (1-e^{-\beta n})/(\beta n)$,则国有企业经济比重将收敛于零。另外,对(9)式运用隐函数求导法则还容易得到:$\frac{\partial d^*}{\partial b} > 0$。如前所设,$b$ 值表示的是企业中经营管理人员的人数占比,显然它与企业的劳动密集程度呈负相关,而与资本密集程度和技术密集程度呈正相关。因此,随着一个经济体的产业结构的升级演进,即由劳动密集型向资本密集型和技术密集型的升级演进,则国有企业经济比重的合理上限也会相应地提高。

此外,上述推论还意味着,在国有经济范围内推行企业民主管理,对国有经济在市场中的生存与发展具有尤为重要的意义。因为推行企业民主管理,将使得更多的员工参与到企业的管理及决策中来,这带来上述 b 值实质性的提升,进而导致国有企业经济比重合理上限的提高。

第四节 国有资本经济的最优均衡:税收替代与补充

从全社会福利角度而言,国有资本经济的主要优势在于通过将部分国有资本收益用于公共福利性支出可以对税收产生一定的替代效应,从这方面来减少税收的征管成本和无谓损失(汪立鑫、谈少鹏,2013)。同时,国有资本的存在及其收益分配还为政府提供了新的宏观调控手段,与税收调控相互补充(谈少鹏,2014)。

但如果国有资本以国有企业为载体,则面临国有企业经济所存在的信息局限,因此单纯的国有经济系统的宏观效率相对较低。而引入私有企业经济则可弥补这一缺陷,因为该经济的优势就在于可利用全社会的分散信息,发现并利用更多的投资机会。本章接下来希望用模型证明,理想的经济系统应当是一种混合经济系统,而政府的主要责任是通过调控税率和国有资本收益的分配来将该经济系统引导至最优均衡状态。

一、模型基本结构

接下来的模型设计是通过构建一个混合经济系统下的 Ramsey 模型，并对企业部门、个人部门、政府部门的三个部门分别的最优化，来深入讨论该经济中的国有资本最优比例、国有资本收益公共福利性分配的最优比例，以及该经济系统下的最优税率水平等。最后再通过两个模型的特例：单纯私有经济系统与单纯国有经济系统相对照，以说明如果存在税收成本，则在混合经济情形中，不仅最优均衡时的加总消费水平（即私人消费与公共消费之和）较高，而且私人消费与公共消费之间的消费结构也更为合理。

（一）企业部门

在全社会分散信息充分利用的前提背景下，生产函数我们仍采用科布——道格拉斯生产函数，全社会的人均生产函数由（4）式可变换表示为如下：

$$y = f(k) = Ak^\alpha, 0 < \alpha < 1 \tag{10}$$

其中，全社会人均资本由人均国有资本和人均私人资本构成：

$$k \equiv k_g + k_p \tag{11}$$

假定国有企业经济在投资项目上的信息不完全，错失了部分回报良好的投资项目，因而其宏观经济意义上的人均生产函数由（8）式可变换表示为：

$$y = f_{SE}(k_{SE}) = A_{SE} k_{SE}^\alpha \tag{12}$$

假定国有企业先进入市场，或者说在市场化开始时国有企业已经存在（这一假设主要是从我国的实际情况出发，模拟我国的初始情况），然后非国有经济进入该经济体，其主要通过利用自己的分散化信息优势，抓住那些国有企业经济未发现的市场机会，从而使全社会分散信息全部利用情况下的投资机会均被抓住，这样全社会的生产函数最终能达到公式（10）所表示的水平。

由于假定市场是竞争性的，因此在达到市场的均衡水平时，国有资本的边际报酬与公式（10）所代表的全社会生产函数的边际报酬应相等，即 $f'_{SE}(k_{SE}) = f'(k)$，因此有：$A_{SE} k_{SE}^{\alpha-1} = Ak^{\alpha-1}$，显然，这与前面的（7）式和（8）式是完全一致的。

令折旧率为 δ，则资本回报率为：

$$r = f'(k) - \delta = \alpha A k^{\alpha-1} - \delta \tag{13}$$

劳动力人均工资为：

$$w = (1-\alpha) A k^{\alpha} \tag{14}$$

(二)个人部门

假定个人效用是其所享用的私人消费及公共消费的函数，并取如下的常数相对风险回避系数的效用函数形式：

$$u = \int_{=0}^{\infty} e^{-(\rho-n)t} \frac{(c_p c_g^{\varepsilon})^{1-\theta}}{1-\theta} dt \tag{15}$$

在上式中，$\theta > 0$，ρ 为贴现率，n 为人口增长率，c_p 和 c_g 分别为个人享用的私人消费和公共消费，ε 为公共消费和私人消费的替代率。

假定家庭在决策时将政府决策变量如税率等以及宏观经济变量如工资水平、资本回报率等视为外生给定。这一变量只是在个人看来是外生给定的，而在后续的政府部门这一变量的决定会有所变化。

(三)政府

上述个人所享用的公共消费是由政府提供的，其资金来源包括税收和国有资本收益划拨公共消费两部分。令国有资本收益划拨公共消费的比率为 $\lambda \in [0,1]$，而税收方面假定由于存在税收成本，政府最终实际能获得的税收收入为 $\gamma \tau \omega$，$\tau \in [0,1)$ 为税率，$\gamma \in (0,1)$，即税收方面的损耗成本为 $(1-\gamma)\tau \omega$。因此，有下列恒等式：

$$c_g \equiv \gamma \tau \omega + \lambda r k_g \tag{16}$$

假定政府在决策时会考虑到对宏观经济的影响，即：把宏观经济变量如工资水平、资本回报率等视为受自己决策影响的内生变量。

二、基准模型：混合经济背景下的最优均衡

假定某一社会为混合经济背景下的市场经济体系，即：既允许国有经济的存在，也允许私人企业的自由发展。这即是我们之前所假设的混合经济系统。在这一情况下最优均衡将会发生较大的变化。

(一)私人部门的最优问题

私人部门的资本约束方程如下：

$$\dot{k}_p = (1-\tau)\omega + r k_p - n k_p - c_p + g_{tr} \tag{17}$$

在上式中，g_{tr} 是指为了达到个人效用最大化，可能需要将部分国有资本收益分配给个人用于其私人消费的人均值。对于私人部门决策而言，该值为外生给定。另外，如前所述，对私人部门而言，τ、ω、r 也均为外生给定。

因此,通过构建现值汉密尔顿函数,可得到如下结果:

$$\frac{u_{11}}{u_1}\dot{c}_p = \rho - r = \rho + \delta - \alpha A k^{\alpha-1} \qquad (18)$$

其中,u_1 和 u_{11} 分别为效用函数对 c_p 的一阶偏导和二阶偏导。

(二)政府部门(公共品供给及国有经济)的最优问题

设在前述国有资本收益分配于私人消费时,其分配比例为 $\eta \in [0,1]$,即:$g_{tr} = \eta r k_g$。同时,为简便起见,还设定:$\min(\eta,\tau) = 0$,即如果有一个正的国有资本收益对私人消费的分配,则税率为 0。反之,如果有一个正的税率,则国有资本收益对私人消费的分配为 0。

政府部门的资本约束方程如下:

$$\dot{k}_g = rk_g - nk_g - \lambda rk_g - \eta rk_g = \gamma\tau\omega + rk_g - nk_g - c_g - \eta rk_g$$
$$= \gamma\tau(1-\alpha)A(k_p+k_g)^\alpha + \{(1-\eta)[\alpha A(k_p+k_g)^{\alpha-1} - \delta] - n\}k_g - c_g$$

注意在上式中,虽然对于私人来说,ω 和 r 被视为外生变量,这主要是由于我们基于私人部门不能对其产生影响。但由于政府可以通过其政策对这些变量产生影响,显然对政府部门而言,ω 和 r 被视为内生性的,即是 k_g 的函数。因此,同样通过构建现值汉密尔顿函数,我们通过方程可以求得:

$$\frac{u_{22}}{u_2}\dot{c}_g = \rho + (1-\eta)\delta - \left\{\gamma\tau(1-\alpha) + (1-\eta)\left[1 - \frac{(1-\alpha)k_g}{k}\right]\right\}\alpha A k^{\alpha-1}$$

其中,u_2 和 u_{22} 分别为效用函数对 c_g 的一阶和二阶偏导。

(三)模型的均衡解

在经济实现其稳定增长时,有 $\dot{c}_p = 0, \dot{c}_g = 0$,可得:

$$\rho + \delta = \alpha A k^{\alpha-1}$$

$$\rho + (1-\eta)\delta = \left\{\gamma\tau(1-\alpha) + (1-\eta)\left[1 - \frac{(1-\alpha)k_g}{k}\right]\right\}\alpha A k^{\alpha-1}$$

利用上述我们求解出的两式,我们可以证明税率 $\tau = 0$ 不成立。此时,我们令两式中的 $\tau = 0$ 并将两式左边与右边分别同时相除,可得:

$$\frac{\rho+\delta}{\rho+(1-\eta)\delta} = \frac{1}{(1-\eta)\left[1-\frac{(1-\alpha)k_g}{k}\right]}$$

上式可变换表示如下:

$$\left[\rho - \frac{1-\alpha}{k}k_g(\rho+\delta)\right](1-\eta) = \rho$$

由上式亦不难证明:如果 $k_g = 0$,则 $\eta = 0$,其实此时经济系统已成为纯私有经济系统,η 取任何值对该系统都没有影响,而关于纯私有经济系统的最优均衡,后面将有专门讨论,这里则关注的是混合经济即 $0<k_g/k<1$ 的情形;如果 $k_g>0$,则或者 $1-\eta>1$,或者 $1-\eta<0$,显然按照前面关于 η 取值范围的设定,这两者均不成立。这实际上表明,如果没有来自私人部门的税收支持,公共消费将不断萎缩(即 $\dot{c}_g<0$),难以达到一个稳定均衡值。

因此,$\tau=0$ 不成立,即 $\tau>0$,从而按照前面设定应有 $\eta=0$,即没有国有资本收益对私人消费的分配。

这样我们利用稳定增长时的 $\dot{c}_p=0, \dot{c}_g=0, \dot{k}_p=0, \dot{k}_g=0$,再与(11)、(16)式联立起来,得出如下方程组:

$$\rho+\delta=\alpha A k^{\alpha-1}$$

$$\rho+\delta=\left[1+\gamma\tau(1-\alpha)-\frac{(1-\alpha)k_g}{k}\right]\alpha A k^{\alpha-1}$$

$$c_p=(1-\tau)(1-\alpha)A k^{\alpha}+[\alpha A k^{\alpha-1}-\delta]k_p-nk_p$$

$$c_g=\gamma\tau(1-\alpha)A k^{\alpha}+[\alpha A k^{\alpha-1}-\delta-n]k_g$$

$$k\equiv k_g+k_p$$

$$c_g\equiv\gamma\tau\omega+\lambda r k_g$$

求解上述方程组,可得到 c_p^* 和 c_g^* 关于 τ 的函数,代入效用函数(15)式并求最大化条件可得到最优税率 τ^*,进而利用上述方程组可求解 k_p^*,k_g^*,k^*,以及 c_p^*,c_g^* 和 λ^*。结果如下:

均衡的资本水平、均衡的国有资本收益划拨公共消费的比率与税率、税收成本无关:

$$k^*\Big|_{\text{混合经济}}=\left(\frac{\alpha A}{\rho+\delta}\right)^{\frac{1}{1-\alpha}} \tag{19}$$

$$\lambda^*\Big|_{\text{混合经济}}=1-\frac{n}{\rho} \tag{20}$$

最优税率以及最优税率下的均衡消费水平即最优均衡消费水平为:

$$\tau^*\Big|_{\text{混合经济}}=\frac{\rho+\delta-(n+\delta)\alpha}{(1-\alpha)(\rho+\delta)+(\rho-n)\alpha\gamma}\cdot\frac{\varepsilon}{1+\varepsilon} \tag{21}$$

$$c_p^*\Big|_{\text{混合经济}}=\frac{1}{1+\varepsilon}\left(\frac{\rho+\delta}{\alpha}-n-\delta\right)\left(\frac{\alpha A}{\rho+\delta}\right)^{\frac{1}{1-\alpha}} \tag{22}$$

$$c_g^*\Big|_{\substack{\gamma=1\\\text{混合经济}}}=\gamma\cdot\frac{\alpha\left(\frac{\rho+\delta}{\alpha}-n-\delta\right)^2}{(1-\alpha)(\rho+\delta)+(\rho-n)\alpha\gamma}\cdot\frac{\varepsilon}{1+\varepsilon}\left(\frac{\alpha A}{\rho+\delta}\right)^{\frac{1}{1-\alpha}} \tag{23}$$

最优税率下的国有资本比重均衡水平即最优均衡水平：

$$\left.\frac{k_g^*}{k^*}\right|_{混合经济} = \gamma_\tau = \gamma \cdot \frac{\rho+\delta-(n+\delta)\alpha}{(1-\alpha)(\rho+\delta)+(\rho-n)\alpha\gamma} \cdot \frac{\varepsilon}{1+\varepsilon} \qquad (24)$$

三、模型特例1：单纯私有经济背景下的最优均衡

考虑一个特殊情形的市场经济系统，即只存在私有经济，而国有经济乃至国有资本均被禁止，这即是前文我们定义的单纯私有经济，这一经济体的假设有利于我们作更直观的对比。

在此纯私有经济背景下，我们新的资本约束方程为：

$$\dot{k}_p \equiv \dot{k} = (1-\tau)\omega + rk - nk - c_p \qquad (25)$$

同样，利用效用函数（15）式，通过构建现值汉密尔顿函数，可求解得出：

$$\frac{u_{11}}{u_1}\dot{c}_p = \rho - r = \rho + \delta - \alpha A k^{\alpha-1} \qquad (26)$$

与前面的模型类似，利用稳定增长时有 $\dot{c}_p = 0, \dot{k}_p \equiv \dot{k} = 0$，可得出如下结果：

$$k_p^* \equiv k^* = \left(\frac{\alpha A}{\rho+\delta}\right)^{\frac{1}{1-\alpha}} \qquad (27)$$

$$c_p^* = \left[\frac{\rho+\delta}{\alpha} - n - \delta - (1-\alpha)\frac{\rho+\delta}{\alpha}\tau\right] \cdot \left(\frac{\alpha A}{\rho+\delta}\right)^{\frac{1}{1-\alpha}} \qquad (28)$$

而在纯私人经济背景下，公共消费的恒等式将简化为：$c_g \equiv \gamma\tau\omega$，因此可得：

$$c_g^* = \gamma\tau(1-\alpha)\frac{\rho+\delta}{\alpha}k^* = \gamma\tau(1-\alpha)\frac{\rho+\delta}{\alpha}\left(\frac{\alpha A}{\rho+\delta}\right)^{\frac{1}{1-\alpha}} \qquad (29)$$

将上述 c_p^* 和 c_g^* 关于 τ 的函数，代入效用函数（15）并求最大化条件可得到最优税率 τ^*，进而可求解 c_p^* 和 c_g^*。容易求出，最优税率及相应的均衡消费水平为：

$$\tau^*|_{纯私有经济} = \frac{\rho+\delta-(n+\delta)\alpha}{(1-\alpha)(\rho+\delta)} \cdot \frac{\varepsilon}{1+\varepsilon} \qquad (30)$$

$$c_p^*|_{纯私有经济} = \frac{1}{1+\varepsilon}\left(\frac{\rho+\delta}{\alpha} - n - \delta\right)\left(\frac{\alpha A}{\rho+\delta}\right)^{\frac{1}{1-\alpha}} \qquad (31)$$

$$c_g^*|_{纯私有经济} = \gamma\frac{\varepsilon}{1+\varepsilon}\left(\frac{\rho+\delta}{\alpha} - n - \delta\right)\left(\frac{\alpha A}{\rho+\delta}\right)^{\frac{1}{1-\alpha}} \qquad (32)$$

可见，由于此时的国有经济以及国有资本被禁止，我们模型发生了如下的变化。相比混合经济系统中税收成本的存在会在一定程度上减少私

人消费,此时单纯私有经济系统中税收成本的存在及提高虽对最优稳定增长时的私人消费没有影响,但会导致公共消费水平的下降($\partial c_g^* / \partial \gamma > 0$)。

四、模型特例2:单纯国有经济背景下的最优均衡

接下来考虑另一特殊的市场经济体系。假定某一社会只允许国有经济的存在,禁止私人企业的发展,除此之外,经济调节仍然实行市场机制。那么,在此纯国有经济背景下,由于信息局限的约束,社会的生产函数由前面的(12)式所表示。

(一)私人部门

私人部门的资本约束方程如下:

$$\dot{k}_p = (1-\tau)\omega + rk_p - nk_p - c_p$$
$$= (1-\tau)(1-\alpha)A_{SE}(k_p+k_g)^\alpha + [\alpha A_{SE}(k_p+k_g)^{\alpha-1} - \delta]k_p - nk_p - c_p \quad (33)$$

由于没有私人企业,上式中 k_p 虽然仍指的是私人资本,但已通过借贷或参股的方式被投入于国有企业经济中。

(二)政府部门(公共品供给及国有经济)

政府部门的资本约束方程如下:

$$\dot{k}_g = rk_g - nk_g - \lambda rk_g = \gamma \tau \omega + rk_g - nk_g - c_g$$
$$= \gamma \tau (1-\alpha)A_{SE}(k_p+k_g)^\alpha + [\alpha A_{SE}(k_p+k_g)^{\alpha-1} - \delta - n]k_g - c_g \quad (34)$$

(三)均衡解

容易看出,纯国有经济模型在数学形式上与前面的混合经济模型完全同构,只是将全要素生产率由原来的 A 调整为 A_{SE},其他变量符号不变,因此该模型最优均衡的求解过程及结果可完全参照后一模型,故在此从略。从单纯的效率来看,国有经济的绝对效率由于我们所假定的信息局限而低于纯私有经济,最终的结果将会导致整个社会的福利低于单纯私有经济系统。

五、模型求解结果总表

本章模型中关于混合经济与纯私有经济的 Ramsey 模型均衡求解结果,可以用表4-1来总结。

表 4-1 混合经济与纯私有经济的 Ramsey 模型均衡解

	混合经济	纯私有经济
最优税率 τ^*	$\dfrac{\rho+\delta-(n+\delta)\alpha}{(1-\alpha)(\rho+\delta)+(\rho-n)\alpha\gamma} \cdot \dfrac{\varepsilon}{1+\varepsilon}$	$\dfrac{\rho+\delta-(n+\delta)\alpha}{(1-\alpha)(\rho+\delta)} \cdot \dfrac{\varepsilon}{1+\varepsilon}$
资本 k^*	$k^* = \left(\dfrac{\alpha A}{\rho+\delta}\right)^{\frac{1}{1-\alpha}}$,与税率无关	$k^* = \left(\dfrac{\alpha A}{\rho+\delta}\right)^{\frac{1}{1-\alpha}}$,与税率无关
国有资本收益分配率 λ^*	$\lambda^* = 1 - \dfrac{n}{\rho}$,与税率无关	/
最优税率下私人消费 $c_p^*(\tau^*)$	$\dfrac{1}{1+\varepsilon}\left(\dfrac{\rho+\delta}{\alpha} - n - \delta\right)\left(\dfrac{\alpha A}{\rho+\delta}\right)^{\frac{1}{1-\alpha}}$	$\dfrac{1}{1+\varepsilon}\left(\dfrac{\rho+\delta}{\alpha} - n - \delta\right)\left(\dfrac{\alpha A}{\rho+\delta}\right)^{\frac{1}{1-\alpha}}$
最优税率下公共消费 $c_g^*(\tau^*)$	$\gamma \cdot \dfrac{\alpha\left(\dfrac{\rho+\delta}{\alpha}-n-\delta\right)^2}{(1-\alpha)(\rho+\delta)+(\rho-n)\alpha\gamma} \cdot \dfrac{\varepsilon}{1+\varepsilon}\left(\dfrac{\alpha A}{\rho+\delta}\right)^{\frac{1}{1-\alpha}}$	$\gamma \cdot \dfrac{\varepsilon}{1+\varepsilon}\left(\dfrac{\rho+\delta}{\alpha}-n-\delta\right)\left(\dfrac{\alpha A}{\rho+\delta}\right)^{\frac{1}{1-\alpha}}$
最优税率下国有资本经济比重 $k_g^*(\tau^*)/k^*$	$\gamma \cdot \dfrac{\rho+\delta-(n+\delta)\alpha}{(1-\alpha)(\rho+\delta)+(\rho-n)\alpha\gamma} \cdot \dfrac{\varepsilon}{1+\varepsilon}$	/

显然在有税收成本情形下,混合经济系统与单纯私有经济系统相比,最优稳定增长时两个经济系统的私人消费仍相等,但由于混合经济系统的公共消费水平更高,这样混合经济系统的最终加总消费水平也更高。

第五节 混合经济与纯私有经济的社会福利比较分析

基于上述有关国有资本经济最优均衡的模型分析结果,现在本章对混合经济与单一私有经济的社会福利效果进行比较。这一比较分两个方面进行:一是经济达到最优稳定增长时的加总消费水平($c_p^* + c_g^*$)的大小比较;二是最优稳定增长状态时的消费配比(c_p^*/c_g^*)的合理性比较。

一、最优稳定增长时的加总消费水平($c_p^* + c_g^*$)的比较

根据前面的混合经济模型与纯私有经济模型的最优均衡求解结果,容易得出:

$(c_p^* + c_g^*)|_{混合经济} \geqslant (c_p^* + c_g^*)|_{纯私有经济}$

且我们可以看出:

$c_p^*|_{混合经济} = c_p^*|_{纯私有经济},c_g^*|_{混合经济} \geqslant c_g^*|_{纯私有经济}$

当且仅当 $\gamma=1$，即没有税收成本时，上述各非严格不等式中的等号才成立。可见，在有税收成本情形下，混合经济与纯私有经济相比，最优稳定增长时的私人消费虽相等，但公共消费水平更高些，因此加总消费水平也更高些。

二、最优稳定增长时消费配比（c_p^*/c_g^*）的比较

根据(15)式所表示的效用函数，容易证明，当 $c_p^* + c_g^*$ 给定时，福利最大化的消费配比为 $c_p^*/c_g^* = 1/\varepsilon$。以此为基准可比较分析混合经济及纯私有经济最优稳定增长时的消费配比合理性。

由上节的模型均衡求解结果，容易证明：

$$\frac{1}{\gamma} \cdot \frac{1}{\varepsilon} = \frac{c_p^*}{c_g^*}\bigg|_{\text{纯私有经济}} \geq \frac{c_p^*}{c_g^*}\bigg|_{\text{混合经济}} \geq \frac{1}{\varepsilon}$$

当且仅当 $\gamma=1$，即没有税收成本时，上述非严格不等式中的等号成立。

可见，在有税收成本时，混合经济与纯私有经济相比，最优稳定增长时的私人消费与公共消费比例更接近社会福利最大化的消费配比标准。而且，税收成本越大（即 γ 越小），纯私有经济的消费配比相对最优标准 $1/\varepsilon$ 的偏离越大。

此外，由上节的结果还容易证明：

$$\frac{c_g^*|_{\text{混合经济}}}{c_g^*|_{\text{纯私有经济}}} = \frac{\rho + \delta - (n+\delta)\alpha}{(1-\alpha)(\rho+\delta) + (\rho-n)\alpha\gamma}$$

显然，上式的值与 γ 负相关，这意味着税收成本越大（即 γ 越小），则混合经济最优均衡的公共消费水平超出纯私有经济的幅度会越大，从而后者的社会福利效果与前者的差距就越大。

其实，混合经济的最优税率还低于纯私有经济，由上节的结果容易证明得出下列公式：

$$\tau^*|_{\text{混合经济}} \leq \tau^*|_{\text{纯私有经济}}.$$

但最优均衡时混合经济的公共消费却能高于纯私有经济，这是因为在混合经济中，政府除了征税之外，还有国有资本收益的公共性分配这一替代和补充的手段。

第六节 经验分析与模型数值解

一、关于国有企业经济比重上限的数值模拟计算

以下将基于我国现实经济的相关数据,来尝试估计在上述理论模型中,国有企业经济比重合理上限的具体值。当然正如本章前面所强调的,这里的讨论结果主要适用的是一般竞争性行业的国有经济。

(一)首先估计理论模型中的关键指标 β 值

1. 计量模型

如前所述,β 值可理解为市场中有商机项目信息的可发现程度或者说未发现项目数随市场寻机者人数增加的衰减指数。对前面(1)式进行变换得到如下以 β 为系数的线性方程:

$$\ln\left(1-\frac{h}{H}\right) = -\beta \cdot n \tag{35}$$

我们将从上式出发来构建计量方程,以便估计出 β 值。计量方程具体设定如下。

$$y = \ln\left(1-\frac{h}{H}\right) = \alpha - \beta \times n + \gamma_1 \times DB + \gamma_2 \times \ln UFC + \varepsilon \tag{36}$$

2. 变量解释与数据来源

上式中的 h/H 按前面理论模型定义是指某经济体中的实际发现项目数与潜在项目数的吸纳资本量之比,而在这里我们用我国 1990 年至 2019 年历年人均 GDP 与美国 2019 年的人均 GDP 之比来替代。做出这样的指标选择与替代的理由有以下四点:第一,发现及实施项目所吸纳的资本量与其所创造 GDP 可视为近似成正比[①];第二,我们这里是将理论模型应用于中国经济,因此对应于某经济体实际发现项目数的 h,我们就用我国市场化改革以来历年的人均 GDP 来代表;第三,从实际表现及增长理论原理看,成熟发达市场经济体的人均 GDP 较为接近并趋于收敛("俱乐部收敛"),可视其为接近于潜在项目均已被发现挖掘的情形,再考虑到美国在发达经济体中与我国在国家规模上最为接近,因此对应于某经济体(这里

---

① 假定一国宏观生产函数短期内为规模报酬不变的,$Y = F(K, L) = K * F(1, L/K) = K * F(1, 1/k)$,这里 Y、K、L 分别为产出、资本和劳动力的总量,k 为人均资本,若再假定 k 短期内不变或变化忽略不计,则显然 Y 与 K 二者之间成正比关系。

即中国经济体)潜在项目数的 H,我们就用最新一期即2019年的美国人均GDP来代表;第四,数据之所以选取从1990年开始,是因为关于中、美的人均GDP数据,为便于合理比较,我们用的是按购买力平价(PPP)计算的人均GDP,此数据来源于世界银行数据库(https://data.worldbank.org.cn),而其中关于中国的数据起始于1990年。

式(36)中的解释变量 n 用1990年至2019年我国历年的全国企业法人单位数来替代,这是考虑到此阶段我国市场经济一直处于向完全成熟市场经济的发育过程中,社会成员中只有部分人在自己发现商机时有条件去实施,这部分的人数就用企业法人单位数来代替,当然,企业法人的设立并不意味着其投资经营会成功,即不意味着当初所发现的是真正有效的商机信息。全国企业法人单位数的数据来源于国家统计局,不过其年份数据提供得并不齐全,而年份数据提供较为齐全的是工业企业单位数。因此,我们又基于后者利用比例相似法对于企业法人单位数的缺失年份数据进行了推测。

关于式(36)中的控制变量 DB 和 $lnUFC$,DB 是指同期我国内部的营商环境指数(Doing Business),$lnUFC$ 是同期我国实际利用外资(Utilization of Foreign Capital)的对数。之所以设置了这两个控制变量,是因为就商机发现及实施的程度而言,其影响因素除了市场中的寻机者人数 n 这一关键变量之外,DB 和 $lnUFC$ 分别代表了能产生系统性影响的我国经济系统的内部和外部背景性因素:内部营商环境(DB)与市场发育程度及营商便利度等相关,因而对商机的形成及具体实施均产生系统性影响;而改革开放以来,我国作为发展中国家曾在很长一段时间内处于资本相对稀缺状态,因此可利用外资(UFC)的多少就系统性地影响了全国商机的多少。

DB(营商环境指数)的数据来源于世界银行关于各国营商环境的资料网站(https://www.doingbusiness.org),为了数据的可获得性特别是数据年份的齐全性,我们选取的是上海的营商便利度指标中的开办企业便利度这一分项指标,其相对于全国的总体营商环境指数具有比例相似性,因而不失代表性。另外,对于该分项指标的缺失年份数据我们还运用线性模拟法进行了推测。UFC(我国实际利用外资)的数据来源于国家统计局。

3. 计量结果

$$\hat{y} = 0.037551 - 7.89 \times 10^{-5} \times n - 0.001042 \times DB - 6.09 \times 10^{-9} \times lnUFC$$
$$(0.00642) \quad (0.985 \times 10^{-5}) \quad (0.000396) \quad (2.56 \times 10^{-9})$$
$$*** \qquad *** \qquad ** \qquad **$$

$R^2=0.9799, \bar{R}^2=0.9776$

括号内的数值为标准误;＊＊＊表示在1%的置信水平下显著,＊＊表示在5%的置信水平下显著。由此得出β的估计值:$\hat{\beta}=7.89\times10^{-5}$。

(二)接下来估算一般竞争性行业国有企业经济比重的合理上限(即该比重的收敛性均衡值)d^*

将上述β的估计值$\hat{\beta}$代入(9)式,再结合对该式中n及b的适当取值,即可计算出国有企业经济比重的收敛性均衡值d^*。

1. n的取值

关于(9)式中的n,拟在我国最近的(即2019年)的人口数据中选取相应的值来代表。2019年我国15～64岁人口98914万,65岁以上人口17599万。考虑到我们分析是理想的目标状态,而在成熟市场经济中,理论上所有的有权利参与经济活动的社会成员在发现商机后都能去实施,同时,假定未来我国的退休年龄也趋同于国际上多数国家,即延迟到65岁,这样原(9)式中n的取值有三种方案:

国有经济的经营管理人员受退休年龄限制,而私有经济的经营管理人员则不受退休年龄限制,即在下面的由原(9)式衍生而来的(37)式中,$n_1=98914(万),n_2=98914+17599=116513(万)$;国有经济与私有经济的经营管理人员均受退休年龄限制,即$n_1=n_2=98914(万)$;国有经济与私有经济的经营管理人员均不受退休年龄限制,即$n_1=n_2=116513(万)$。

$$d^*=(1-e^{-\beta n_1\times d^*})/(1-e^{-\beta n_2}) \tag{37}$$

2. b的取值

关于(37)式中的b,即国有企业的各级经营管理人员占企业人数中的平均比重,我们利用上市公司的相关数据来推算。根据WIND数据库,2019年我国3589家A股上市公司一共有54608位高管,员工人数共有2415.9万,由此得出上市公司的企业平均的高管人数占比＝5.4608/2415.9＝0.00226。假定国有企业的高管人数占比也与此相近。

同时,假定国有企业经营管理人员分为三个层级:基层、中层和高层,又假定这三个层级的管理幅度都是一样的,即如果某国有企业员工总数设为1个单位,基层经营管理人员人数为x,则中层和高层的经营管理人员人数将分别为x^2,x^3,而x^3即为国有企业的高管人数占比,按前面假定有$x^3=0.00226$。于是,我们可以测算出国有企业的各级经营管理人员在企业中的人数占比：$b=x+x^2+x^3=0.1507$。

3. 对d^*的估算结果

将以上各取值代入(37)式可得出关于d^*的估算结果，如表4-2所示。

表4-2 一般竞争性行业国有企业经济比重收敛性均衡值的估算结果d^*

n的取值情形(单位：万)	$n_1=98914, n_2=116513$	$n_1=n_2=98914$	$n_1=n_2=116513$
d^*	0.28391	0.28446	0.49941

(三) 一般竞争性行业国有企业经济比重合理上限估算结果与经济现实的对照

上述表4-2中关于d^*的估算结果反映的是市场竞争机制作用下的均衡结果，也就是说，假设在某个一般竞争性行业，初始点是单纯国有企业经济的系统（即国有企业经济的行业占比为100%），则在引入市场机制后，该行业的企业经济结构一开始将呈现出"国退民进"的趋势，直到国有企业经济比重下降到d^*才达到稳定的均衡。可见这一均衡性的比重是市场竞争与选择的结果，体现了资源的优化配置，从这一意义上说，d^*可视为一般竞争性行业国有企业经济比重合理上限。

未来，我国的国有企业经营管理人员很大可能仍会受到较严格的退休年龄限制，考虑到这一点，则由表4-2可知，未来一般竞争性行业的国有企业经济比重其合理上限约为28%。那么，现实中我国目前的国有经济比重大致多少？其处于经济演化的哪个阶段？即是已经达到了上述的企业经济结构的均衡还是处在向这一均衡演进的过程中？

本书第二章曾基于历年的民营经济蓝皮书《中国民营经济发展报告》中的数据，对改革开放以来民营经济GDP占比的演化规律进行了经验总结，简单来说就是，2005年之前这一占比一直呈增长趋势，从改革开放初的极低水平增长到2005年的65%左右，但自2005年之后这一占比的变化趋于水平化，基本在60%到65%之间水平波动。

因此，如果从经济成分角度看，把对我国GDP的贡献主要归功于国有经济与民营经济的话，那么由上述的研究结果大致可推断出，我国目前阶段的国有企业经济平均比重约在35%到40%之间水平波动。如果考虑到在一些关系国家安全和国民经济命脉的重要行业和关键领域，要求国有经济保持较高比重以确保控制力，则可推断在一般竞争性行业，国有企业经济的比重要比上述平均比重明显要低，应该会接近前述关于该比重之合理上限的估算结果(28%)。

另外,由 2005 以来民营经济 GDP 占比趋于稳定的事实还可推断,我国的国有与民营之间的企业经济结构已趋于均衡,相应地,国有企业经济的比重也趋于稳定,且稳定于前面基于理论分析对这一比重之合理上限的数值模拟估算结果。

可见,以上与国有企业经济比重之实际变化轨迹的对照,较大概率地验证了本章前面关于国有企业经济比重的理论模型分析及其数值解估算结果。

二、关于国有资本经济最优比重的数值模拟计算

(一)参数选择

人口增长率取自 2008 年以来平均值:$n=0.005$,数据来源于历年中国统计年鉴。

主观贴现率及消费跨期替代弹性的取值均参照 Turnovsky(2000):$\rho=0.04, \theta=2$。

税收成本参照张秀莲(2005),占征税额的 6%,即在模型中取 $\gamma=0.94$。

折旧率参照 Hall & Jones(1999)、Young(2003):$\delta=0.06$。

关于生产函数表达式,我们首先参照王小鲁和樊纲(2000)的估算,将其写为:$f(k)=Ak^{0.6}=A(k_g+k_p)^{0.6}$,即 $\alpha=0.6$。然后我们利用李宾、曾志雄(2009)的数据,以 2005 年的经济运行情况来估算 A 值,按 2000 年价格,2005 年实际 GDP 为 156779.7 亿元,固定资本存量(年中数)为 332048.8 亿元,就业人员(年中数)为 755121.5 万人。在上式中代入这些数值可得到 $A=0.8538$。

基于上述估算出的 A 值,以及前面的估计值 $\hat{\beta}$,再结合(3)式和(8)式,可得到纯国有经济背景下的全要素生产率 A_{SE} 的估算值$=0.7403$。

(二)数值模拟计算结果

表 4-3 给出了具体的计算结果,其中,对于公共消费与私人消费替代率列出了四个不同的取值,并针对每一替代率取值,给出了混合经济、纯私有经济和纯国有经济各自的模型数值解,即主要经济指标的均衡值。

表 4-3 有税收成本情形下($\gamma=0.94<1$)混合经济与其他类经济的 Ramsey 模型数值解

消费替代率 ε	经济体制	最优税率 τ^*	私人消费（万元）$c_p^*(\tau^*)$	公共消费（万元）$c_g^*(\tau^*)$	国有资本经济比重 $k_g^*(\tau^*)/k^*$	国有资本收益分配率 λ^*
0.9	混合经济	0.483675	3.178263	2.745539	0.454655	0.875
	纯私有	0.722368	3.178263	2.688811	0	/
	纯国有	0.483675	2.224943	1.922015	0.454655	0.875
0.8	混合经济	0.453818	3.354833	2.576061	0.426589	0.875
	纯私有	0.677778	3.354833	2.522835	0	/
	纯国有	0.453818	2.348551	1.803372	0.426589	0.875
0.7	混合经济	0.420449	3.552176	2.386645	0.395222	0.875
	纯私有	0.627941	3.552176	2.337332	0	/
	纯国有	0.420449	2.486701	1.670771	0.395222	0.875
0.6	混合经济	0.382909	3.774188	2.173551	0.359935	0.875
	纯私有	0.571875	3.774188	2.128642	0	/
	纯国有	0.382909	2.642120	1.521594	0.359935	0.875

(三)对数值计算结果的分析

1. 混合经济与纯私有经济的比较

按照本章前面的参数设定,从表 4-3 看,由于没有国有资本收益分配手段的补充,纯私有经济在最优均衡时的税率要比混合经济高约 20 个百分点,同时,由于税收成本的成本存在所导致的效率损失,前者在最优均衡时的公共消费水平要比后者低约两个百分点,而两者的私人消费水平是相等的。因此,混合经济所实现的社会福利水平要高于纯私有经济。

2. 纯国有经济与纯私有经济的比较

虽然从消费配比(c_p^*/c_g^*)来看,纯国有经济与混合经济是一致的,因而也优于纯私有经济,这体现了国有资本收益分配手段对税收手段的补充所产生的积极效应。但是从表 4-3 看,纯国有经济因其较低的全要素生产率,其不论是私人消费还是公共消费的水平均低于纯私有经济,因此其最终所达到的社会福利水平自然也低于纯私有经济。

3. 国有资本经济最优比重与国有企业经济比重合理上限的大小比较

从表 4-3 可看出,当公共消费对私人消费的替代率设为较低的值 0.6 时,混合经济的国有资本经济比重最优均衡值为 35.9935%,且随着替代率的设值的提高,这一比重也随之提高,当替代率设为 0.9 时,这一比重为 45.4655%。显然,这些比重值都明显超过了前面模拟计算出的国有企业经济比重合理上限值 28%,这意味着有一部分国有资本必须以参股私有企业的形式存在。

三、理论模型数值解与实际数据对比分析

虽然我们得到的理论值可以揭示我们国有经济比重的最优值,但实际值到底是如何的? 我们也希望能够找出具体的数据分析一二。出于数据的可得性,我们找到了 2011 年以前的国有企业的工业产值方面的数据,未有农业和第三产业的数据,但这些有限的数据也可以为我们的研究提供一定的参照和比较。基于数据的可获得性和估算的可行性,我们这里主要进行的是国有企业经济比重的理论最优值与实际值的比较。

本节开始部分我们曾测算出,就我国国有企业经济比重而言,在一般竞争性行业其合理上限应是 28%,接下来我们就来推算,从目前的情况看,我国国有企业经济比重的实际值约为多少?

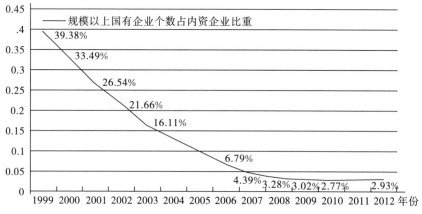

图 4-5　历年国有企业个数占全部内资企业比重

注:本图的国有企业数据均来自各年份的《中国经济贸易年鉴》,国有企业数值总额数据为国有企业、国有联营企业、国有与集体联营企业、国有独资企业四类企业数值加总计算得出。后续图表中出现的国有企业工业总产值数据也是以此种方法计算得出。

从图 4-5 中历年的国有企业个数占全部内资企业比重来看,国有企业的单位数目前出于相对的低位,2012 年其个数仅占 2.93%,但由于我们之前提到的剩下的国有企业是在改革以后形成的竞争力较强的企业,故目前工业方面国有经济的实际比重肯定显著大于 2.93% 这一数值。

第四章　国有经济最优比重及国资收益最优分配的一个理论模型　99

图 4-6　历年国有企业工业总产值占全部内资企业比例

注：国有企业数据为国有企业、国有联营企业、国有与集体联营企业、国有独资企业四类企业数值加总计算得出。本图中数据来自对《中国统计年鉴》《中国经济贸易年鉴》中的数据整理而得，2012年以后数据暂无法获得。

如图4-6所示，我们再从工业总产值的占比来看，国有企业占所有内资企业的工业总产值的比重近十多年来呈现了明显持续下滑趋势，从1999年的48.24%下降到2011年的15.63%。这一比例值的下滑与我国这期间国有经济布局结构调整，以及国有企业改制的政策导向较相符，同时也间接说明了私营经济在工业生产领域中的迅速扩张。那么，如何由这些数据推算出我国工业部门国有企业总资产在工业部门全部企业总资产中的实际占比？下面我们就将推算这一占比值，并将其近似地当作国有企业经济比重的实际值。

按照我们之前的混合经济模型的假定，生产函数采用科布——道格拉斯生产函数，这样宏观的生产函数为：

$$Y = AK^{\alpha}L^{1-\alpha}, 0 < \alpha < 1$$

根据我们之前的假定，国有企业与私有企业的效率无差别，于是国有企业总产值占全社会的总产值可以用如下公式表达得出：

$$F(K_{SE})/F(K) = (AK_{SE}^{\alpha}L_{SE}^{1-\alpha})/(AK^{\alpha}L^{1-\alpha}) = (K_{SE}^{\alpha}L_{SE}^{1-\alpha})/(K^{\alpha}L^{1-\alpha})$$

于是可近似得出国有企业经济比重推算公式如下：

$$K_{SE}/K = [F(K_{SE})/F(K)]^{\frac{1}{\alpha}}[L/L_{SE}]^{\frac{1-\alpha}{\alpha}}$$

根据我们2011年的数据来看，国有企业工业总产值占全部内资企业总产值的比例为15.63%，由于我们全部的工业国有企业在2011年的从业人员为907.45万人（这也是国有企业、国有联营企业、国有与集体联营企业、国有独资企业四类企业数据相加得出），当年的工业企业中内资企业的从业人口为 6593.15 万人。上述数据与图 4-5 数据出自同一来源。由于国有企业的从业人员相比全国就业人口的比例较低,因此将上述数据以及 $\alpha=0.6$ 带入上式,所得到的我国的国有企业总资产在全社会企业总资产中的实际占比为 34.56%。

显然,上述我国国有企业经济实际比重的测算值已接近我们本节之前关于国有企业经济比重合理上限的测算值 28%,虽然 34.56% 比 28% 还是高出一些,但考虑到二者测算的行业范围的差异,则基本可以判断,我国国有企业经济实际比重已经在合理范围之内。具体而言,根据前面理论模型的公式(9)而测算出的国有企业经济比重合理上限值 28%,按原来理论模型的含义其适用的行业范围指的是一般竞争性行业;而我们关于我国国有企业经济实际比重的测算值 34.56%,其测算的行业范围则包括了所有的工业部门,即除了一般竞争性行业外,还包括了关系国家安全和国民经济命脉以及国家核心经济竞争力的重要行业和关键领域。对于这些重要行业和关键领域,正如本书前面曾论证的,国有经济显然需要而且实际上正在保持主导地位。因此,要推算一般竞争性行业中国有企业经济的实际比重,则在要上述测算值 34.56% 中扣除国有企业经济在上述重要行业和关键领域中占比较高这一因素,显然,扣除这一因素后国有企业经济实际比重值将自然会落在我们关于国有企业经济比重合理上限测算值 28% 以下。

此外,本书第二章第四节中关于国有经济与民营经济之间结构比例变化的分析结果也在一定程度上佐证了我们的上述判断。在该节中,我们基于理论分析及经验数据的验证得出,从改革开放开始到 2005 年以前,民营经济的 GDP 占比呈快速上升趋势,而自 2005 年以来,民营经济与国有经济之间的结构性比例已渐趋稳定,并初步形成了产业分工及市场竞争的均衡。这一结论实际上意味着,在市场竞争机制的自发作用下,国有经济在全部国民经济中的比重先是自改革开放初期的较高水平逐渐回落,而后在本世纪初开始转入一个合理的稳定水平横向波动。这在一定程度上支持了本节基于测算结果的结论,即我国国有企业经济比重实际值已经处于市场竞争机制下的合理范围之内,因而从中长期来说,这一比重值将是合理且趋于稳定的。

第七节 结论、政策含义与进一步讨论

本章前面主要通过构造一个混合经济的国有经济最优比重的 Ramsey 模型,讨论了混合经济、单纯国有经济、单纯私人经济中的国有资本最优比例、国有资本收益公共福利性分配的最优比例,以及国家选择的最优税率水平等。通过混合经济与纯私有经济系统相对照,我们可以得出如果存在税收成本,则在混合经济情形中,不仅最优均衡时的加总消费水平(即私人消费与公共消费之和)较高,而且私人消费与公共消费之间的消费结构也更为合理。

我们主要的结论将仍然是从国有经济的比重的两个方面来归纳,一是国有企业经济的比重即国有企业所占用总资产在社会总资本中的比重;二是国有资本经济比重即国有资本占社会总资本的比重。这两方面的结论将让我们得以一窥国有经济比重的全貌,同时我们通过这些结论对国有经济今后的发展提供了一定的政策建议。

一、主要结论

(一)关于国有企业经济的比重

1. 关于理论模型

本章借鉴哈耶克的分散信息论思想提出假定,即相比于私有经济能充分利用社会分散信息的优势,国有企业经济则存在信息局限。本章基于这一假定建立模型分析了国有企业与私有企业并存的竞争性均衡,其中引入了一个关键变量,即某一经济系统中未发现商机数量随寻机者人数的增加而衰减的指数 β,理论模型表明:

如果在一个单纯国有经济系统中引入私有企业的竞争,则一开始由于国有企业经济的信息局限会形成"国退民进"的市场自发趋势,但这一趋势即国有企业经济比重的下降趋势会逐渐趋缓,直至收敛到某一竞争性均衡水平 d^*。这一均衡水平构成了规范意义上的国有企业经济比重上限,超过这一上限,国有企业经济的信息局限就会显现,导致宏观经济效率受损。

模型的进一步推论还意味着:

当一个经济体内的信息条件和信息技术足够低时,或其产业中劳动相对资本和技术的密集程度足够高时,市场竞争结果亦即社会福利最优结果

可能是国有企业趋于消失;反之,随着该经济体内信息技术水平的提高,或者其产业中资本密集及技术密集程度的提高,国有企业经济比重的合理上限也会上移。

在国有经济范围内推行企业民主管理,使更多员工参与企业的管理及决策,令企业的经营管理活动获得更广泛的信息输入,这也会使得国有企业经济比重的合理上限提高。

2.关于经验分析及对理论模型的数值解

本章首先基于我国1990年至2019年的相关数据对理论模型中的关键变量 β 进行了估计,然后基于我国未来经济前景对于能够参与市场经济活动的潜在人数 n、国有企业中各级经营管理人员的平均占比 b 分别进行了适当取值,最后代入理论模型求得数值解。结果表明:若考虑到国有企业经营管理人员均受较严格的退休年龄限制,则我国未来一般竞争性行业的国有企业经济比重其合理上限约为28%。

根据已有研究结果可推断,我国的国有与民营之间的企业经济结构自2005年开始就已趋于稳定。其中,一般竞争性行业的国有企业经济占比应该已接近上述的理论模型数值解结果,且已达到模型中所指的收敛性均衡状态。

(二)关于国有资本经济的比重

本章认为国有资本经济比重的确定取决于对国有资本经济优势与私有企业经济优势的权衡与综合,这种均衡主要通过全民的福利最大化来实现。

其中,国有资本经济的优势通过国有资本收益的公共福利性分配来实现,这一分配一方面可以替代部分税收从而节省税收成本,另一方面也为政府优化长期经济提供了一个与税收互补的新手段;而私人企业经济的优势在于能充分利用全社会的分散信息。

为了深入分析,本章构造了一个混合经济的 Ramsey 模型,在该经济中,私人部门在选择私人消费 $c_p(t)$ 及相应的私人资本积累 $k_p(t)$ 时将政府的税率 τ 及相应的公共支出 $c_g(t)$ 看成是给定的,而政府部门选择最优税率 τ^* 与相应的公共支出 $c_g(t)$ 以及由之决定的国有资本收益分配比例 $\lambda(t)$,以引导该混合经济在达到稳定均衡增长时满足即期效用最大化,此即最优均衡增长。

通过对这一最优均衡的求解,可得到混合经济的最优税率,以及相应的国有资本比重最优均衡值、私人消费及公共消费的最优均衡。其解析解和数值解分别见表 4-1 和表 4-3。

(三)混合经济与纯私有经济的社会福利效果比较

将上述混合经济的最优均衡与纯私有经济的最优均衡进行社会福利效果比较后发现,当没有税收成本时,混合经济与纯私有经济的社会福利效果没有差别,因为二者不论是均衡的私人消费还是均衡的公共消费都相等。但如果存在税收成本,则混合经济将优于纯私有经济:

如果按最优均衡时的加总消费水平即私人消费与公共消费之和(c_p^* + c_g^*)来比较,混合经济高于纯私有经济。其中,二者的私人消费虽是相等的,但混合经济的公共消费水平要高于纯私人经济。

如果按最优均衡时的消费配比即私人消费与公共消费的比值(c_p^*/c_g^*)来衡量,混合经济的消费结构也优于纯私有经济。因为根据效用函数,(c_p^* + c_g^*)给定时的社会最优消费配比为 $c_p^*/c_g^* = 1/\varepsilon$,而混合经济最优均衡时的消费配比要比纯私有经济更接近该基准值。

相对于上述消费配比基准值,纯私有经济最优均衡时消费配比的偏离具体表现为私人消费相对于公共消费偏高,而且税收成本越大(即 γ 越小),这一偏离就越大。此外,税收成本越大(即 γ 越小),则混合经济最优均衡的公共消费水平超出纯私有经济的幅度会越大,从而后者的社会福利效果与前者的差距就越大。

另外,还需要指出的是,如果出于政治经济学的考虑,则可推测,在票选民主制度下,政府政策可能会偏离本章模型所求解出的全社会最优基准,而更多向本期选民利益倾斜,即会采取抑制税率和增加政府借债的政策,以期同时增进本期选民的私人消费和公共消费水平,但从长期一般均衡的角度看,这会削弱一国均衡的资本积累水平,进而降低其未来社会成员的私人消费与公共消费水平。因此,从长远看,政府的这种有偏行为,只会进一步削弱纯私有经济的社会福利效果。2007 年全球金融危机以来,西方很多国家所面临的经济困境部分验证了这一点。

而关于纯私有经济与纯国有经济之间的社会福利效果比较,本章的模型数值解表明前者要优于后者,这是因为纯国有经济的全要素生产率较低,使其不论是私人消费还是公共消费的水平均低于纯私有经济。

(四)国有企业经济比重与国有资本经济比重的综合考虑

如前所述,国有企业经济比重的上限取决于该经济信息局限约束下的市场竞争均衡,而国有资本经济比重的最优均衡水平取决于国有资本收益分配对社会福利的增进,可见这两个比重的影响因素及决定机制是不同的,因此,两者并不必然相等。

而本章基于我国经济数据初步的数值解结果显示,国有企业经济比重上限通常小于国有资本经济比重的最优均衡水平。因此,对这两个比重的综合考虑就意味着,国有资本只能有一部分以独资或控股国有企业的方式存在,其约束条件是国有企业规模不能突破国有企业经济比重上限,而另一部分国有资本应以参股私有企业的方式存在。

二、政策含义

从之前的分析我们可以看出,政府是在全民的委托下管理全民的国有资本,其最优目标应是全民的福利最大化,故由此合理确定我们文中所提出的国有企业经济比重和国有资本经济比重这两个比例。从当前来看,我们的国有经济中处于盈利状态的企业范围很广,尤其是国有独资企业和大型中央企业的营业状况和效益普遍较好。而经过多年的国有企业改革以后,我们的国有企业经济比重和国有资本经济比重也处于不断变化的格局中。新的时期我们如何达到本章所提出的最优国有经济比重,本节也希望能提供一定的政策建议。

(一)厘清国有企业改革目标和国有资本保值增值目标

从上述的结论我们可以看出,在一般竞争性行业,国有企业改革的目的是培育国有企业在公平市场规则下的竞争能力,而不是保护国有企业使其不断"做大",因为一般竞争性行业的国有企业经济的比重应由市场竞争决定,如果依赖政府保护和倾斜政策来人为拔高国有企业经济比重,这样的政策也只会使行业的充分竞争受到破坏,这样的结果最终只会损害宏观经济的整体运行效率。

同时,我们应注意的是国有资本的保值增值目标不仅体现在国有企业中的国有资本保值增值,还指向了政府所参股私有企业中的国有资本保值增值,即国有资本应参股私有企业从而有利于整个经济的均衡发展,因此它也与保护国有企业无关。

与上述政策含义相一致,在一般竞争性行业,政府应该对企业间的竞争应保持中立,即要遵循通常所说的竞争中性原则。这是因为,只有通过市场竞争自发形成的国有企业经济比重才是其合理的上限。

(二)加大国有资本收益分配力度以发挥混合经济优势

混合经济的优势在于增加了国有资本收益的公共福利性分配这一选项,混合经济可以看成是在原本的财政收支体系中扩充了对发展经济和改善民生的政府支出。

目前的国有资本收益上缴中仍有部分的地方国有企业尚未纳入预算,如何处理中央和地方对国有企业的利润分配仍是非常值得关注的问题。对不同的国有企业利润上缴如何选择不同的比例,如对垄断性行业如能源行业可能需要征收比较多的国有资本收益,而对竞争性较强的企业,我们可以按竞争水平和行业分红比例等其他数据征收较低的国有资本收益。国有企业利润按比例上缴也存在一定的缺点,其中最可能导致的就是谁创造利润多谁就上缴多的问题,这容易导致企业偏离利润最大化的目标,也将不利于我们全民的福利最大化。那么,按照什么原则上缴好呢?我们可以从以下两点出发:

第一,以行业的平均水平为基准,同时进行一定的比较和细分。大型国有企业提出稳定的追赶计划和大批投资的项目,如在规划时期内无法实现,应让其具体的管理者对其相关的部分负责。这样能够构成更为有效的监督和管理机制。

第二,国有企业的盈亏需要我们充分考虑其机会成本。我们可以这样认为,政府办盈利性企业目的就是为了创造利润,否则我们把钱存银行也能得到一定的收入,这就是经济中的机会成本。

伴随着国有企业利润的上缴和分红,这部分上缴的国有资本收益的用途问题也随之产生。本章认为,未来的国有资本的收益应该更多用于民生支出,如社会保障支出、教育支出、医疗卫生支出等,这样才能实现我们所提出的全民福利最大化。而从我们的数值解中关于最优分配率的结果来看,我国目前的国有资本收益分配还明显不足,因此应当加大国有资本收益分配力度,这样才能真正发挥混合所有制经济的优势。

(三)丰富国有资本的企业载体形式

目前,我国国有资本主要存在于国有企业中,而从前面的数值解来看,最优国有资本经济比重明显超过国有企业经济比重的合理上限。我们可以系统区分公益性和竞争性国有企业,这样才能理顺国家作为出资人和监管者的关系。同时,国家还需要尽快探索政府参股私有企业这一国有资本经济实现方式,从而丰富国有资本的企业载体形式。

三、进一步讨论

本章主要跳过了企业所有制与效率关系之纷争，通过引入两个新的思考角度，即税收替代和信息局限，以构造一个混合经济的 Ramsey 模型，其中主要深入讨论了在该经济系统中的国有经济最优比例、国有资本收益公共福利性分配的最优比例，以及该经济的最优税率水平等，并与单纯国有经济系统和单纯私有经济系统进行比较，以说明如果存在税收成本，则在混合经济情形中，不仅最优均衡时的加总消费水平（即私人消费与公共消费之和）较高，而且私人消费与公共消费之间的消费结构也更为合理。

显然由于信息局限的存在，如果在单纯国有经济系统中引入私有企业经济的竞争，则必然会导致国有经济部门的资源向私有企业经济的转移，从而国有企业经济的比重随之下降，即首先国有企业的总体规模要调整到国有企业经济比重的上限以内，而当国有资本经济最优比重超过国有企业经济比重上限时，则超过的部分至少必须以参股私有企业的方式存在；当国有资本经济最优比重低于国有企业经济比重上限时，则国有资本可全部采取国有企业的载体形式，且国有企业经济的实际比重必须调整到使企业国有资本数量符合国有资本经济最优比重的要求。

本章还基于我国经济的实际数据，得出理论模型的一些具体的数值解。在理论与经验分析的同时，还展开对混合经济与单纯私有经济、单纯国有经济这三者的福利效果比较分析。这主要是以我国的工业经济为例进行探讨，具体的国内国有经济比重的数据目前仍有所欠缺。由于本章的模型只是初步的研究，对本章所讨论主题也是进行了高度简化的处理，因此显然会有一些重要因素未纳入考虑，同时也会有很多有待拓展及深化的空间。

第一，如本章一开始就指出的，本章在讨论国有经济比重时，未涉及对国家利益如国家经济安全或国家整体经济竞争力等更高层面因素的考虑，只是基于主流经济学资源配置效率的角度。但我国作为一个后发大国，在决定国有经济比重时，首先必然要从上述更高层面来考虑，即考虑在非一般竞争性行业如关系国家安全、国民经济命脉及国家整体经济竞争力的重要行业和关键领域如何保持国有经济的主导控制力，这一层面的考虑需要一种政治经济学视角，对此可参见本书第二、三章以及汪立鑫（2018）所做的理论阐释。

第二,本章的模型数值解部分,其结果的参考价值取决于模型参数估计的合理性。就本章的模型参数估计而言,其中部分参数的估计值仍然有待于基于更多信息来源进行进一步推敲,特别是国有企业经济比重均衡值决定公式中的 β 参数,还需要寻求新数据对其进行多角度估计并比较,以获得更精准的估计值。同时,还需指出,随着经济系统相关背景的变化,如信息技术条件、行业资本密集度或国有企业自身管理民主化程度的变化等,模型各参数的估计值及模型数值解的结果也会有相应的变化。

第三,就政府的操作层面而言,国有资本收益的分配具体可分为两个环节,一是企业上缴一定比例的国有资本收益给国有资产监管机构,二是该机构将所收国有资本收益的一定比例上缴国家用于公共支出。在此过程中,如何处理中央和地方对国有企业的利润分配仍是非常值得关注的问题。随着我国国有资本预算的完善,国有企业整体经营效益的提高,如何在不影响企业发展的前提下逐步提高国有企业税后利润的上缴比例,在上缴比例的选择过程中如何对不同国有企业的利润上缴选择不同的比例,是否考虑其所处行业和机会成本?本章所供参考的国有资本收益最优分配率,如何通过以上两个环节具体分解和落实,则是另一个有待研究的课题。

第四,关于上缴国家的国有资本收益的使用方向。伴随着我国国有企业盈利的不断增强,加上我们之前提到的国有企业利润的上缴和分红,这部分国有资本收益的用途问题也随之产生。国有资本收益是用于一般公共支出即一般性的税收替代,还是专用于公共福利性支出,或更具体的专用于社保支出?这些支出对我们的福利的具体影响,同样需要以后的分析来进行进一步的探讨和分析。

第五,本章构建的国有资本最优比重模型是一种最优化的结果,虽然本章给出了混合经济系统的最优目标状态,这其中包括最优税率、最优国有经济比重、国有资本收益分配率,等等。但从我国特定的初始条件出发如何达到这一目标状态,以及走向这一目标状态的时间路径是怎样的?本章在这方面的讨论仍有所欠缺,这也可能是我们将来所要面临的重要课题。

第五章 微观实证：国有企业利润最优上缴比例（以央企为例）

前面第二、三、四章主要是分析国有经济存量配置问题即我国国有经济存在与发展的合理或应有的边界范围问题。从本章开始，我们将转向讨论国有经济的流量分配问题即国有资本所形成的收益如何分配的问题。而本章主要研究其中微观层面的问题，即履行国有资产出资人职责的机构应要求所出资的国有企业上交多少利润。

长期以来，有关我国国有企业利润分配的问题一直都备受社会各界关注。早在国有资本经营预算制度正式在全国范围内施行之前，国内外学术界对有关问题的讨论就一直在持续。2007年国有资本经营预算制度推行之后，国内学者对国有企业利润上缴比例即国有企业利润分配制度的讨论更加热烈。学术界对国有资本经营预算制度下以中央国有企业为代表的国有企业利润上缴比例的一个普遍看法是，现有的对央企利润上缴比例的划分在某种程度上说过于直接和简化，并缺少相应的理论依据。同时，现有的对以中央企业为代表的国有企业利润上缴的研究更多的是从制度层面着手，对相关问题进行定性研究。也有部分学者尝试从理论框架构建的角度作出创新，进而对国有企业的利润上缴比例进行实证分析，但相关研究并没有持续深入下去。

基于此，本章尝试从中央国有企业在我国社会、经济地位的特殊性出发，以中央企业集团为具体研究对象，综合考虑政府及国资监管机构对中央国有企业在企业目标和企业治理上的具体要求，同时借鉴西方企业利润分配制度的相关理论，构建我国以中央企业为代表的国有企业利润分配的理论分析框架，建立初步的理论模型，并根据理论模型进一步对央企最优利润上缴比例进行经验研究，得出经验估计结果。

本章在国有资产监督管理委员会相关监管标准的基础上，将中央国有企业划分为三个类别。其中，一般竞争性行业中央企业的利润上缴比例问题是本章研究的一个重点。借助 Rozeff(1982) 的股利代理成本理论，本章在企业内外部成本最小化的前提下构建了最优利润上缴比例的表达式，并根据该表达式对 2012 年初由国有资产监督管理委员会履行出资人义务的 117 家中央企业中不涉及垄断等特殊情况的 62 家一般竞争性行业企业的最优利润上缴比例作出了经验估计。

针对其他类型的中央国有企业,本章借助资本成本理论进行了分析。分析认为就垄断行业中的国有企业而言,利润分配的一个基本前提是其凭借垄断地位及垄断资源获取的超额利润都应当上缴,具体上交比例应当结合社会资本成本,即国有资本的必要回报率,以及国家对该类型企业治理目标的综合考虑。对于自然资源垄断类型企业而言,超过社会平均资本成本部分的超额利润均应当上缴;对于技术垄断型企业而言,由于其企业目标上的特殊性,需要国家留给企业足够的留存利润供其推进技术进步等相关发展,对超额利润的收缴不要影响企业应有的成长速度,至少要确保企业的成长不低于 GDP 的增长率;对于寡头垄断型企业而言,在行业内能够获得持续发展是尤为重要的,因此对超额利润的收缴的界限是,至少要确保企业的成长不低于行业的增长率。

第一节　问题的现实背景与本章研究特色

一、央企利润分配的现实背景

2003 年国务院国有资产监督管理委员会(下文简称"国资委")成立以来,国企改革不断深化,以中央国有企业为代表的大中型国有企业经营状况逐渐开始好转并实现了总体盈利。然而由于历史及政策沿革原因,国家作为企业所有者并没有分享到国企改革以来企业盈利的果实。2005 年,世界银行发布了一份题为《国有企业分红:分多少?分给谁?》[①]的报告,其中对我国 1993 年到 2005 年对各国有企业暂不上缴利润的暂行办法进行了讨论,引发了国内外各界对我国以中央国有企业为代表的国有企业利润上缴问题的广泛关注和讨论,国有企业该不该分红,该如何分红由此进一步成为各方争论的焦点。

在社会各界持续讨论的同时,国务院在相关主管部门的推动下,决定

---

① 世界银行(张春霖,Louis Kuijs,高伟彦等),国有企业分红:分多少?分给谁?2005 年 10 月。http://www.worldbank.org/Chinese/content/SOE_cn_bill.pdf,世界银行网站

自2007年起在中央国有企业①范围内实行国有资本经营预算制度,同时决定收取部分企业2006年的国有资本经营收益②。《国务院关于试行国有资本经营预算的意见》的颁布,标志着国家决定在中央国有企业范围内正式进行国有资本经营预算试点,也意味着我国1993年后多数国有企业税后利润不上缴的"过渡"办法的废止,国家将以企业所有者身份获取国有资本收益。在随后财政部与国资委联合下发的文件中,各中央企业利润上缴比例得到了进一步明确和细化:"第一类10%;第二类5%;第三类暂缓三年上缴或者免交"③(详细分类见下文)。在该上缴比例实行三年后,财政部于2011年进一步将中央国有企业国有资本收益收取比例提高为:"第一类为企业税后利润的15%;第二类为企业税后利润的10%;第三类为企业税后利润的5%;第四类免交国有资本收益"④。国有资本经营预算制度推行后,各界对其的关注与讨论持续升温,尤其对于各类型企业上缴比例的确定,学术界一直存在相关讨论和争议。

2012年5月,在第四轮中美战略与经济对话后,中美两国政府在强化双方宏观经济层面的合作方面取得了一系列共识,我国政府明确表示我国未来将进一步提高以中央企业为代表的国有企业利润上缴比例,同时还将增加国有资本经营预算制度的覆盖范围,另外针对由国家及相关国有企业作为最终实际控制人的国有企业上市子公司,也将在利润分红问题上采用市场化的方式,逐步提高相关企业利润分红水平⑤。一直以来都备受关注的国企利润分配问题再度处在了风口浪尖。

二、本章关于央企利润分配研究的特色

早在国有资本经营预算制度推行之前,国内外学术界对有关我国国有企业利润分配问题的关注就一直在持续。目前,对于国有资本经营预算制

---

① 此处中央国有企业涵盖范围包括了各中央部委下属企业,范围大于本章研究的国务院国有资产监督管理委员会履行出资人义务的中央国有企业。
② 《国务院关于试行国有资本经营预算的意见》(国发〔2007〕26号)http://www.gov.cn/xxgk/pub/govpublic/mrlm/200803/t20080328_32760.html,中华人民共和国政府网站
③ 《财政部国资委关于印发〈中央企业国有资本收益收取管理暂行办法〉的通知》(财企〔2007〕309号)http://www.gov.cn/zwgk/2007-12/17/content_836608.htm,中华人民共和国政府网站
④ 《关于完善中央国有资本经营预算有关事项的通知》(财企〔2010〕392号)http://qys.mof.gov.cn/zhengwuxinxi/zhengcefabu/201012/t20101229_393241.html,财政部网站
⑤ 《第四轮中美战略与经济对话框架下经济对话联合成果情况说明》,http://news.xinhuanet.com/world/2012-05/05/c_123080847.htm,新华网

度下我国中央国有企业利润上缴比例,学术界的一个普遍观点和共识是现有框架对央企利润上缴比例的划分在一定程度上过于直接和简化,同时利润上缴比例的确定缺少相应的理论依据。另外,截至目前,学术界对以中央国有企业为代表的国有企业利润上缴问题的研究尚未得到相关定论。基于此,本章的研究办法应当说是一种新的尝试。

具体来说,本章可能的创新之处如下:

1. 目前现有的对以中央企业为代表的国有企业利润上缴的研究更多的是从制度层面着手,对相关问题进行定性研究。本章在西方股利政策研究的基础上,尝试建立一个适用于中央企业为代表的国有企业利润分配分析框架,该框架包括理论分析和具体对上缴比例的经验估计。

2. 本章在进行具体中央企业利润上缴比例研究时,将中央国有企业根据相关约束条件进行了类别划分,进而再根据行业及相关行业性质对不同类别央企进行最优上缴比例研究,避免了现有研究及相关文献将中央企业看作一个整体,较为笼统的研究方式。

3. 本章以中央企业企业集团(母公司)为具体研究对象。目前现有文献多以国有企业集团下属的上市子公司为研究对象进行相关分析框架的构建,因此难免会产生样本观察上的误差。通过对央企母公司的观察及具体分析,本章可以得出一个在行业分类的基础上,相对更为完善的针对企业集团的分析框架和经验估计结果。

三、本章的内容结构安排

如前所述,本章采用理论分析和经验估计相结合的方法,在现有相关理论的基础上根据中央企业的特殊性进行具体研究。本章首先明确将2012年年初117家中央国有企业根据自身主业及相关主管部门监管要求划分为三大类:航天军工和转制科研院所、六大行业及其他垄断行业企业,以及参与一般竞争性行业的中央企业。进而根据不同类别企业目标和企业治理等方面的差异,对最优利润上缴比例开展研究。其中,一般竞争性行业的中央企业利润分配问题是本章研究的一个重点。本章后几节内容安排如下:

第二节是对改革开放以来我国的国企利润分配历史进行梳理。

第三节是文献综述。该部分通过文献研读及思考,认为国有企业利润上缴比例的研究一方面需要借助现代西方股利分配理论进行研究,同时还需从国有企业存在的特殊性进行着手。因此,该章节又进一步对股利分配理论和国有企业相关治理问题的文献也进行了梳理。

第四节,分析框架的初步构建。根据中央企业的主业及不同监管要求对117家进行分类。随后针对每一个类别中央企业的利润分配制度提出初步分析思路。

第五节,一般竞争性行业中央国有企业利润分配的研究。该部分是本章的核心章节。借助于Rozeff(1982)的股利代理理论,本章建立了该类型企业利润上缴比例的理论模型及扩展,进而根据2002年至2011年中央企业的相关数据对最优上缴比例进行了经验估计。

第六节,其他类型中央国有企业利润上缴比例的初步分析。该部分充分借助于西方的资本成本等相关理论对处于该行业的中央国有企业利润的最优比例进行了理论分析,并也对应作出了经验估计。

第七节,本章结论及政策建议。针对前文的理论分析及经验估计得出了各中央企业最优利润上缴比例,讨论该比例的意义及与现有政策的不同,进而对现有政策提出改进意见。

第二节 我国国有企业利润分配制度历史沿革分析

一、国企利润分配历史沿革梳理(1979年—2006年)

新中国成立以来,我国国有企业的利润分配制度经历了多次变迁。改革开放前,计划经济体制下国有企业利润基本上施行全额上缴,统支统收。当然,具体的上缴制度在国家不同发展阶段也曾有过不同政策导向,比如,"一五"期间就曾有过超计划利润分成制,而到了社会主义改造完成后就取消了相关奖励制度。篇幅所限,这里不作分析。

改革开放后,国有企业管理经历了一系列的探索与改革。从国有资产管理体制改革的宏观层面看,改革的指导思想基本上包括了"放权让利"、"两权分离"、"国有资产管理专门化",以及国资委成立后的"国有资本经营预算制度"四个阶段。从具体的国有企业利润分配制度角度看,改革开放后的国有企业利润分配制度主要可以划分为放权让利阶段、税利分流阶段和国有资本经营预算下的分类上缴利润阶段。

1978年—1993年,国家主要的政策制定出发点是在国有企业利润大部分上缴之外,国家通过适当地让利将部分企业利润留给企业,进而激发国有企业积极性。具体的制度措施包括企业基金制度、利润留成制度、利改税制度和含税承包制度。具体制度的实施在时间跨度上并非简单的相继推行,而是在不同时期根据国家调整目标有所重合。

(一)企业基金制度

1978年11月,我国开始在国有企业全面实行企业基金制度,各行业国有企业盈亏相抵后,超出国家利润指标的部分,可以根据不同生产部门按照不同比例进行企业基金的提取[1],提取出的企业基金将主要用于职工集体福利事业。当然,"发生计划外亏损的企业,一律不能提取企业基金"。在具体落实过程中,各地根据自身情况,对政策执行力度进行了控制和调整。企业基金的推行一定程度上调动了企业的积极性,但问题在于基金的提取没有完全同企业经营成果和业绩挂钩,仅简单区分了盈利和亏损,对企业及企业管理层激励作用有限。

(二)利润留成制度

早在1958年5月国务院就颁布过《关于实行企业利润留成制度的几项规定》,其中规定中央经济各部所属企业实行利润留成制度,但当时的利润留成按照规定需大部分用于生产,"同时适当照顾职工福利",与改革开放后的利润留成制度在制度的设计出发点上有本质区别。

1979年7月,国务院颁布的相关文件明确了利润留成制度的目的是要"把国家、企业和个人三者的利益结合起来,以利于进一步调动企业和职工群众的主动性和积极性"[2]。1980年,国家将之前"全额利润留成"改为"基数利润留成加增长利润留成",同时提高了企业增长利润留成比例,相应比例的提升较企业基金制度下的基金比例几乎翻了一番[3]。相对高比

---

[1] 国务院转批的财政部《关于国营企业试行企业基金的规定》:石油、电力、外贸部门可提取百分之五;冶金、机械、化工、轻工、纺织、森工、建材、建筑安装、邮电、交通运输、商业、水产、物资供销和其他部门百分之十;煤炭、军工、粮食、农牧部门百分之十五,来源人民日报网络版,法律法规库,http://www.people.com.cn/item/flfgk/gwyfg/1978/L35801197806.html

[2] 《国务院关于国营企业实行利润留成的规定》,来源:商务部全球法律网站,http://policy.mofcom.gov.cn/blank/claw!fetch.action?id=G000134364

[3] 《国务院批转国家经委、财政部的〈关于国营工业企业利润留成试行办法〉的通知》(国发[1980]第23号):石油、电力、石油化工和国外引进成套设备等盈利水平较高的企业10%;冶金、机械、电子、化工、轻工、纺织、建材、森工、铁路、交通运输和其他企业20%;煤炭、邮电、民航、农机企业30%。来源:商务部全球法律网站,http://policy.mofcom.gov.cn/blank/claw!fetch.action?id=G000134355

例的利润留成对企业的激励效果是明显的,但由于利润留成比例的制定过程中并没有完全考虑企业个体的特殊性,因此出现了学术界一直诟病的"鞭打快牛、苦乐不均"的现象。另外,由于企业在当时相对宽松的政策环境及放权让利的政策导向下有较强的议价能力,企业出于自身利益驱动隐藏利润,以及运用自身议价能力与政府讨价还价,想方设法增加企业自身的利润留成,进而减少了政府从企业利润增长中获取的收益,造成了政府财政收入下滑。

(三)利改税制度

利改税制度的主导思想是将原先由国有企业上缴利润改为缴纳相应的企业所得税,将过去国家以经济权力从企业获得收益的形式转化为国家凭借政治权力从企业获取收益的方式。利改税的出发点一方面是进一步减轻企业负担,另一方面是维持较为稳定的国家收益。从整体上看,我国利改税制度的推行可以分为两个阶段,即学术界总结归纳的"两步走"。1983年4月,国务院明确了各类型国有企业的所得税比例[①],这一阶段往往被称为"税利并存"阶段,即多数企业在上缴所得税的同时,仍需要将税后利润的一部分上缴国家。1984年9月,国家通过对相应税种及其他税收制度的调整,实现了利改税第二阶段的过渡[②]。第二阶段的利改税的指导思想则希望达到将国家应该从国有企业获取的各种受益,完全统一通过企业所得税以及其他各类流转税收形式获取,从而达到真正"以税代利"的目的。这一阶段尽管还有部分企业采用包干的形式进行分配,但多数国有企业基本推行了第二步利改税,逐步达到"独立经营,自负盈亏"的改革目标。总的来说,利改税稳定了国家财政收入,同时极大地调动了企业积极性,增加了企业的活力,各类税种的调整和增加也为国家通过税收杠杆调节经济奠定了基础。但随之而来的问题也较为明显,一方面,国有企业的税收负担加重,不利于企业自身的发展;另一方面,减少了国家对企业利润

---

① 《关于国营企业利改税试行办法》规定:有盈利的国营大中型企业(包括金融保险组织),按百分之55%的税率交纳所得税;有盈利的国营小型企业则按照八级累进税率上缴所得税,大中型国有企业税后利润采用递增包干等办法部分上缴,小型企业税后利润较多,可适当收取一定承包费用或按照固定比例上缴一定利润,来源:商务部全球法律网,http://policy.mofcom.gov.cn/blank/claw!fetch.action?id=G000134288

② 《国营企业第二步利改税试行办法》,明确将过去的工商税细化为产品税、增值税、盐税和营业税,同时将第一阶段利改税设置的所得税和调节税进一步调整,增加了资源税、城市维护建设税、房产税、土地使用税和车船使用税等。来源:人民网法律法规库,http://www.people.com.cn/item/flfgk/gwyfg/1984/215453198402.html

的分享,同时也使得部分企业通过减少税前利润来规避所得税上缴。更为重要的是,国家放弃了以资产所有权为依据的企业收入分享方式,转而单纯采用政治权力为依据的税收方式,无疑没有做到"两条腿走路"。

(四)含税承包

1987年开始,国家对部分国有企业实行了承包经营责任制,即含税承包制,这在一定意义上实现了国有企业的"两权分离"。对企业生产积极性的促进产生了极大的作用。但承包制下企业行为短期化,同时产生了企业管理层通过低估国有资产等方式获取个人乃至非法收益等严重的权力寻租行为,国有资产流失的问题非常明显。

(五)税利分流

1994年开始,我国财税体制经历了一系列意义深远的重大改革。国务院在国有企业利润分配制度改革方面施行了"税利分流"制度。"税利分流"实际上是将过去一段时间推行的"以税代利"过程中国家放弃利润分红的制度缺陷进行调整,以期重新回到国家凭借所有权(经济权力)获得企业分红的方式上来。在具体推行方式上,国家在参与国有企业利润分配过程中,统一开征所得税,而后再以适当的形式参与企业税后利润的分配。实际上关于税利分流的试点早在1988年开始就已经在部分地区开展。在税利分流中,国家将企业所得税税率设定为33%;同时考虑到部分企业利润上缴水平一直较低,税负承受力相对较弱,国家增设了27%、18%两档照顾税率。此外,在企业上缴的具体税种中取消了调节税和能源交通重点建设基金等[①]。

然而在具体实施过程中,考虑到当时很多国有企业处于亏损或经营不善的情况,同时国有企业正在经历改制等重大调整,相关政策在出台时也明确了可以根据具体情况,对1993年以前注册的多数国有全资老企业暂时施行税后利润不上缴的办法,作为过渡,即国家"暂停"收缴国有企业税后利润。这也意味着尽管国家已经意识到在利改税阶段放弃所有者获取企业经营收益分享的方式、完全转由以税收为代表的政治权力获得企业利润分享并不可取,但由于现实因素,国家还无法完全推行通过国有资本所有权获取所有者应获得的企业利润分享。所谓的"过渡"措施实际上到了2007年国家决心推行国有资本经营预算制度才宣告结束。

---

① 《国务院关于实行分税制财政管理体制的决定》,第四条,来源:人民网法律法规库,http://www.people.com.cn/item/flfgk/gwyfg/1993/112202199301.html

二、2007年以来的中央国有企业利润分配

随着国有企业改革的深化,以中央企业为代表的国有企业逐渐走出困境。2003年以后,大中型国有企业经营状况开始好转并实现总体盈利。2003年到2006年,即国家推行国有资本经营预算前一年,"中央企业主营业务收入由4.47万亿元增加到8.14万亿元,增长81.9%;净利润由3,006亿元增加到7,547亿元,增长151.1%。2003年,中央国有企业中只有6家进入世界500强排名,2006年这一数量增加到了16家"①。以中央企业为代表的国有企业实力的增强,企业利润的增长,这意味如果1993年年末以来对国有企业利润暂不上缴的过渡办法继续执行,将不再适宜。基于此,2007年9月,国务院公布了《关于试行国有资本经营预算的意见》,决定自2007年进行国有资本经营预算试点,收取部分企业2006年实现的国有资本收益;2008年起开始实施中央级国有资本经营预算,对实施范围内企业收取2007年的国有资本收益。2007年12月,经国务院批准,财政部与国资委发布了《中央企业国有资本收益收取管理办法》,正式收取国资委履行出资人职责企业实现的国有资本收益,同时国有资本收益属于国家的比例也终于得到明确。各中央企业税后利润上缴比例按照三个类别具体执行:"第一类为烟草、石油石化、电力、电信、煤炭等具有资源型特征的企业,上缴比例为10%;第二类为钢铁、机械制造、汽车、贸易等一般竞争性企业,上缴比例为5%;第三类为军工企业、转制科研院所企业,暂缓上缴,相关比例3年后再定。其他国有控股、参股企业应付国有投资者股利股息按照股东大会决议通过的利润分配政策进行利润分配。"2011年,财政部又发布了《关于完善中央国有资本经营预算有关事项的通知》,提高了中央国有企业国有资本收益收取比例提高,同时新增一个中央企业类别。具体上缴政策为:"第一类为企业税后利润的15%;第二类为企业税后利润的10%;第三类为企业税后利润的5%;第四类免交国有资本收益。"(第四类一般指中国储备粮管理总公司和中国储备棉管理总公司)

国有资本经营预算下的中央企业利润上缴,意味着1993年以来的"过渡"办法退出国有企业利润分配制度的历史舞台,标志着国家开始以国有企业"股东"的身份获取收益。国家作为国有资本的所有者,凭借资本的所

---

① 新华网,2003~2006年中央企业主营业务收入增长81.9%,2007年6月5日,http://news3.xinhuanet.com/fortune/2007-06/05/content_6202249.htm

有权获取资本收益权即剩余利润索取权将逐步得到强化和体现,其进步意义十分明显。

第三节　与本章研究相关的文献梳理

一、中央国有企业利润分配存在问题及相关研究

早在 2007 年国家开始推行中央企业国有资本经营预算制度之前,国内外学者就已经对 1993 年以来多数国有企业暂缓上缴利润的方式提出了一些观点。OECD《国有企业公司治理指引》(2005)对国有企业及其国家作为股东的职责进行过专门论述,认为国家应当通过适当的履行所有者职责,甚至适当使用其他非国有部门(private sector)的治理手段,提升国有企业治理水平,提高国有企业资产价值,从而获得国家利益。其中提到的对国有企业进行市场化的治理,就包括了对企业收益的分红。邓子基和陈少晖(2006)提出应当建立一种双重(元)的财政模式,在公共财政之外建立"国家资本财政",国家以资产所有者的身份,凭借资产所有权进行财政分配。世界银行(2005)认为,加强对国有企业公司治理的管控,特别是通过提高国有企业分红水平,将有助于对资本进行更为严格的审核监督,有助于改善资本使用效率。另外,在国有企业改革阶段,政府实际上承担了很大的企业重组成本,随着国有企业经营的好转,国家更有理由通过获取企业利润分红的方式获得这些成本的补偿。

2007 年国有资本经营预算制度推行,国家以所有者("股东")身份获取收益,意味着国家对国有企业的管理开始引入市场的治理手段。这是一个良好的开始,但从目前相关讨论的结果来看,目前阶段的国有资本经营预算制度并非完全没有问题。譬如,现行的四类企业的划分标准是什么?如何界定利润的具体上缴比例?学术界针对这些问题的讨论自国有资本经营预算制度推行伊始就一直在讨论。目前一个较为普遍的观点是,国有企业利润上缴比例的确定和划分缺乏某种内生的理论基础,在一定程度上过于简化。

陈少强(2009)曾就石油石化等资源特征性企业的特点提出,目前推行的国有资本经营预算制度利润分配方案混淆了作为成本的租金和作为所有者权益的利润,应当将资源要素租金从国有企业利润中扣除(即上缴租

金)后再进行利润分配。诸如此类认为应当特别针对资源特征性企业征收一定的"资源费用"的观点较为普遍。而针对具体的上缴比例,也有学者提出自己的看法。蔡立新(2011)提出,对国有企业利润上缴问题的研究应当回归到国有企业本身的企业属性上来,可以将西方常用的股东价值最大化作为理财目标,并与我国的实际情况相结合,来确定分红的理论基础与分红比例。汪平(2011)等学者认为应当在央企基准收益率的基础上确定上缴比例,他们认为只有留存在企业的利润再投资回报足够高,将利润留成才有意义,国有企业利润上缴的问题才有意义。周炜(2011)提出利润上缴比例的确定应当给予"净资产利润率越高、利润上缴比例越低"的原则。当央企净资产收益率低于基准利率时,政府应当通过高分红和高上缴比例的方式退出该企业,而净资产收益率高的企业,国家应当制定较低的上缴比例,将净利润留在企业以确保增长。以上几种国有企业(央企)利润上缴比例划分的思路,均提出了较为宏观的政策制定方向,但没有较为明确的理论基础和更为深入的研究。罗宏,黄文华(2008)在股利代理理论基础上,对我国A股市场上国有上市公司现金分红与高管在职消费进行了研究,认为通过现金股利的支付可以有效降低我国国有企业管理层的在职消费行为,有效降低国有企业内部代理成本,因此国有企业股利支付政策的制定应当从降低国企代理成本出发。汪平,李光贵(2009)则在现代股利分配理论的基础上,提出了一个基于国有股权资本成本和可持续增长考量因素基础上的国有企业分红比例估算原则。本章认为罗宏、黄文华以及汪平、李光贵的研究是对国有资本经营预算制度下国有企业利润上缴研究的突破和创新。但本章认为,考虑到国有企业特别是中央国有企业集团基本上由国资委百分之百实际控股,A股市场上市公司的研究或许尚不能完全涵盖国有企业,也并不能完全代表国有企业在利润分配上的特殊性。同时汪平等人的研究将国有企业作为一个整体,本章认为对国有企业利润上缴的研究需要针对各行业企业的具体情况,譬如国有企业的治理目标、所在行业特点,等等。

  本章将在上述学者研究思路的基础上,结合现代西方股利分配理论观点和我国以中央企业为代表的国有企业包括企业目标、治理等方面的特点,对我国国有资本经营收益的分配和上缴进行探讨。

二、企业利润分配的相关理论

我们认为,国有企业利润的分配首先基于国有企业的"企业性",因此本章对其利润上缴比例的研究需要立足于现代企业股利分配理论的基础之上。

一般而言,股利政策主要指企业在股利支付比例、留存收益比例以及权益性融资和债务融资乃至股利发放方式之间作出的权衡与取舍,以期达到企业价值最大的目的。西方学术界对股利政策的理论研究自 20 世纪 50 年代开始,60 年来有了长足的发展,已形成了一系列较为完整的研究体系和框架。国内对西方股利政策理论的沿革的梳理,一般将股利政策理论划分为"古典"或"传统"学派以及"现代"学派,如魏刚(2001)和李常青(2001),他们将早期的"一鸟在手"理论、MM 理论,以及税差理论归结为"古典"或"传统"理论,而将包括客户(追随者)效应理论、信号传递理论、股利代理成本理论、股权结构理论、剩余股利理论、交易成本理论等概括进股利政策理论的现代观点中。汤洪波(2006)进一步梳理了股利政策理论发展脉络,提出 MM 定理、代理成本理论和融资契约理论存在渐进相承的关系。也有学者(吕长江、王克敏,1999)认为,国外对股利政策理论的研究主要还是从股利信号传递理论、代理成本理论和股利客户(追随者)效应理论三方面着手进行的。

尽管从提出伊始,国内外学术界论对 MM 定理就争议不断,较有分量的譬如 Gordon(1963)曾提出,投资者偏好获得现金股利("一鸟在手"),股票价格与股利分配率之间存在相关关系,最优的股利,以及融资政策的目标是公司价值最大化,即为股东投资的边际回报等于企业的边际融资成本,这与 MM 定理的观点恰好是相反的。但学术界一般还是认为,MM 定理是现代公司金融理论的起点。Miller 和 Modigliani(1961)提出,在完全资本市场(Perfect capital market,意味着买卖双方为价格接受者,信息对称,无税收和交易费用)、理性行为(Rational behavior,投资者追求价值最大化)和完全确定性(Perfect certainty)假设前提下,投资者对获得的是股利还是留存收益没有显著偏好。因此,股利政策不会影响公司的价值,即股利无关理论,公司的价值增加与否完全由其投资政策和净利润决定。随后,Modigliani 和 Miller 又进一步放宽了假设,加入了具有公司税和个人所得税等考量因素,认为企业负债越高,其加权资本成本越低(税盾),公司价值就越高,当企业资产负债率达100%时,企业价值最大。修正后的定理的意义在于它尝试寻找企业的资本结构与企业价值之间的关系,为之后的期权定价、股票市场的有限最优以及公共财政和宏观经济学的应用奠定了基础(MM第一定理和MM第二定理)。但MM定理对资本结构和企业价值的关系的分析是建立在一系列严格假设基础之上的,同时MM定理没有考虑到所有者目标和激励这一重要因素对企业融资、对实现企业市场价值最大化目标的作用,随后发展起来的代理成本理论和融资契约理论就建立在这个考量因素之上。

Jensen和Meckling(1976)认为企业的代理成本应当包括委托人的监督支出、代理人的保证支出和剩余损失(residual loss),而股利的发放一方面能够减少代理人对现金的支配,减少剩余损失;另一方面通过股利发放降低留存收益比例,使得企业进行权益或者债务融资,外部融资严格的监督便于股东节省监督支出。Rozeff(1982)进一步对企业股利分配政策与代理成本进行描述,他认为利润分配虽然能够有效降低代理成本,但无疑会增加外部融资的交易费用,因此,最优的股利分配比例应当基于代理成本与交易费用最小化这个前提。他认为直接影响企业股利分配比例的因素有三个,一是Higgins(1972)认为的企业的投资资金需求和企业的债务融资情况;二是McCabe(1979)提出的企业长期负债余额[①];三是代理成本。Easterbrook(1984)分析了股利能够有效减少代理成本,以及企业分配股利的同时进行债务融资的原理,与Jensen的理论类似,企业通过发放股利使得企业进行债务融资,进而使得企业受到资本市场更为严格的监督,减少代理成本,降低代理风险。代理成本理论随后的一些发展以及其他股利政策理论与本章关联相对较小,在此不展开论述。

综上所述,学术界对股利政策理论研究和实证分析的成果虽比较多,但未达成共识,正如布雷利(Brealey)等(2008)在《公司财务原理》中将股利政策列为公司财务的十大难题之一。

从更为微观的层面入手,国内学术界也对影响股利分配政策的因素进行了归纳,杨淑娥等(2000)将国内外有关文献罗列的影响企业利润分配的常见因素总结为法律因素、企业因素、企业内部管理及股东意愿、公司经营状况及成长性等。

---

① McCabe认为企业长期负债余额与企业代理成本呈反比。

同时,国内一些学者在以上经典理论的基础上,对具体影响到我国企业股利分配政策的一些因素进行了实证研究。其中较有代表性的有赵春光等(2001),他们认为是否分配股票股利与企业的股权集中度、是否分配现金股利及资产负债率有关,而具体的每股股票股利则与净资产收益率、是否分配现金股利、每股净资产及企业规模有关。吕长江等(1999)进行实证研究后认为,公司规模、股东权益、盈利能力、流动能力、代理成本、国有及法人控股程度及负债率等因素是影响我国上市公司股利政策制定的主要因素。其中值得注意的是,吕长江等人的研究同时还表明,国有及法人股占比越大,一般也就越容易形成内部人控制,因此发放股利的意愿越小。而原红旗(2001)则对代理成本问题提出了新的观点,认为只有在成熟的市场,股利政策才是解决公司代理问题的有效工具。不过,在中国恰好相反,严重的代理问题反而影响了股利政策。这就解释前面几位学者提出的股利政策为何受到股权集中度影响以及管理层偏好过度投资的问题。廖理和方芳(2004)通过研究管理层持股对高代理成本及低代理成本公司之间股利政策的不同影响,提出高国有股比例的公司代理成本较高,因此需要通过扩大管理层持股同时增加股利支付以减少代理成本。

我们认为,虽然通过股权分置改革,非流通股的问题逐渐得到解决,上述文献中就非流通股对企业股利分配政策影响的研究仍具有非常大的参考价值,特别是国有股和法人股带来的问题分析无疑对我们分析国有企业利润分配有很大的借鉴意义。此外,公司的规模、股东权益比例和流动性越高,股利支付水平就越高,这意味着良好的财务状况(譬如资产负债率)对企业利润分配也有积极影响。以上对企业股利分配政策的理论及实证研究,对我们研究国有企业利润分配问题具有十分重要的借鉴意义。

三、与企业利润分配考虑相关的国有企业目标和效率问题

在思考国有企业利润的分配问题时,我们会发现对该问题的研究往往无法绕开关于国有企业的存在目的、其运作的效率,以及与目的和效率相对应的治理问题。我们可以认为,国有企业目标是决定利润分配的根本问题,效率是国有企业利润分配的约束,而国有企业的治理则包括了利润分配等一系列具体措施,受国有企业目标和效率的制约,同时又是实现目标和效率的具体手段(图5-1)。

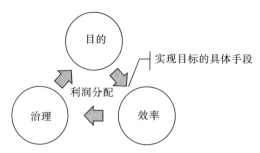

图 5-1　国有企业目标、效率和治理之间的关系

因此,对国有企业目标的设定,对国有企业效率的要求,以及国有企业具体的治理措施,在某种程度上直接决定着企业利润分配制度,因而对国有企业的利润分配研究划定了边界。正如余菁(2008)所认为的,涉足国有企业问题的研究者,必然会在上述三个问题(目标、效率和治理)上进行假设,进而展开研究。

(一)国有企业目标

在传统的新古典主义经济学中,企业以追求利润最大化为根本目标。在现代公司金融和财务管理理论中,将企业目标等同于企业财务管理目标,认为企业价值最大化即股东财富最大化是企业的根本目标。而无论哪种观点,都没有充分考虑国有企业的特殊性。

一类观点认为,国有企业与私营企业有本质的区别,国有属性意味着不能将追求经济目标作为其存在和发展的动因,国有企业应当有其"公共目标"的存在。国内外持该观点的学者很多,比如:Yair Aharoni(1981)曾指出,国有企业存在的一个重要目标即推行公共政策,国有企业是政府推行公共政策的有效载体。国内吕政府等(1995)也认为,国有企业通常不能把追求企业利润作为其唯一目标,国有企业往往被政府赋予了其政策目标,要求企业达到某些"公益"目的。

另一类观点则认为,传统意义上认为的国有企业所担当的各类包括教育、医疗等在内的社会目标完全可以由私营企业提供。Andrei Shleifer(1998)甚至提出,当厂商的市场竞争足够充分时,会出现名誉机制(reputational mechanism)以及所谓的非盈利企业(non-for-profit firms),各类公共服务均能由企业提供,同时由于市场竞争的充分性,这些公共服务将更为廉价。另外,国有企业从根本上仍旧是经济组织,需要服从经济组织的一般规律,因此仍旧应当将企业价值最大化作为其存在和发展的重要目标。

此外,学术界还有一类观点,认为国有企业存在多重目标。这种观点一方面承认国有企业在追寻利润的同时还应当承担一部分的社会目标,同时又认为类似于社会目标的非利润目标的存在会造成企业利润目标的难以实现。睢国余等(2004)提出,正是由于国有企业利润目标与非利润目标并存的局面造成并加剧了国有经济的萎缩和消亡。在持有这种观点的前提下,企业目标单一化是国有企业存在和发展首先要明确和解决的问题。如果进一步将国有企业的多重目标具体化为国有资产的保值增值和提供社会产品,那么可以考虑将国有企业划分为两部分,归属不同政府机构管理,采用不同的运作机制。提供社会公共产品的国有企业可以直接归属于政府管理,而以利润为目标的国有企业则应当归属于一个独立与政府的专门机构。

(二)国有企业绩效问题

如果将国有企业效率(绩效)明确为经济效率,那么对国有企业效率的要求即成为利润分配政策制定的一个有效依据。对这一问题,目前有三类观点。国内学术界的一个普遍观点是国有企业低效率。一个被普遍接受的理论即为"预算软约束"理论,即国有企业由于能够获得政府的补贴和扶持,因此没有破产危险,也没有改善绩效的动力,从而造成国有企业效率低下。同时,大量以国有企业为代表的非盈利企业因为非市场因素存在于市场上,造成了整个社会资源配置的低效率。此外,"委托代理""产权理论"等理论也对国有企业效率不高等问题进行了解释。樊纲(1995)在论述国内国有企业"非效率"时就从以上几个方面入手。胡一帆等(2006)通过对约299家民营化国有企业改制前后(1996年—2001年)的财务指标观察后认为中国国有企业的民营化提高了企业销售收入,降低企业成本,提高了企业盈利能力和生产效率;同时,彻底民营化的企业比部分民营化的企业绩效表现要好,因此证明国有企业的低效率,从而认为中国应当更加坚定推行国有企业的民营化改革。目前持此类观点的相关研究较多。

然而第二类观点与上述观点相反。即便是从全要素生产率乃至其他一些财务指标看国有企业的运营效率,也有人提出不同看法:邢俊玲等(1999)综合统计了1995年至1999年中国大中型工业企业的表现,认为国有大中型工业企业表现整体富有效率,因此"对国有经济成分占主导地位的垄断行业的企业的改革要慎之又慎"。

第三类观点则认为,国有企业效率的衡量不应当单纯从新古典经济学的"微观"分析框架出发,从而对国有企业效率作出简单的低评价。Pryke(1972)对英国1948年至1968年国有化浪潮后的国有企业进行了实证研究,认为国有企业在技术效率方面的表现优于私人企业,同时也没有明显的证据表明国有企业的经营活动导致了资源分配的低效率。整体而言,国有企业对整个国家层面的福利增长起到了积极的作用,故而国有企业应当是有效率的。刘元春(2001)认为应当从整个国家宏观经济着眼衡量国有企业效率,从中国社会经济转型和"后赶超战略"的现实进行考量,国有企业作为克服"市场失灵"和"政府失灵"的制度安排,可以成为"宏观经济的稳定器""技术扩散中心""社会福利的提供者",因而在宏观上富有效率。

四、本章研究思路的引出

综上所述,通过对我国国有企业利润分配制度相关研究的梳理,我们发现,由于研究视角和具体研究方法不同,目前现有文献中对我国以中央国有企业为代表的国有企业利润分配的研究更多还是从制度层面进行定性分析。而现有一些相对较有突破性的研究成果对国有企业利润上缴比例的分析,其研究的具体对象多是以国有企业A股市场上市子公司,或是将国有企业视为一个整体进行研究。然而,对国有企业A股市场上市子公司的研究并不能代表整体情况,同时,将国有企业视作一个整体进行研究又忽视了国有企业,特别是中央国有企业在股权结构和行业类别上的不同对国有企业利润上缴方面产生的影响。因此,我们认为对以中央企业为代表的国有企业的利润分配研究应当以中央企业集团为具体研究对象,同时区分不同中央企业的具体类别,从不同中央企业类别入手进行相关研究(刘钟元,2013)。通过对国有企业目标和治理等文献理论的梳理,本章对中央企业类别的划分有了一定意义上的理论基础和依据。

通过对股利分配制度相关文献的梳理,我们发现西方现代股利分配理论对国有企业利润分配的研究具有一定的借鉴意义(汪立鑫、刘钟元,2014)。比如,Rozeff(1982)首先提出将代理成本理论应用于公司股利分配政策上的研究方法,对我国以中央企业为代表的国有企业利润分配制度的研究具有一定的启发意义,而一些前文列举的针对我国上市企业的研究也表明股利代理理论较为符合我国实际情况。此外,Gordon(1963)的资本成本理论在本章接下来的研究中也有较为深刻的启发意义。因此,本章将试图在Gorden和Rozeff的资本成本理论和股利代理成本理论为代表的西方股利分配理论的基础上,以国资委履行出资人义务的中央国有企业为研究对象,结合我国国有企业目标、效率等具体考量因素,建立一个相对具体的中央国有企业利润上缴比例分析框架,力争求推导出一个最优上缴比例,并结合2002年以来中央国有企业的经营情况,对这个上缴比例作出经验估计。

第四节 分析框架的构建

正如前文所提,在进行中央国有企业利润上缴比例研究时,目前现有相关研究并未严格区分国有企业上市公司与国有企业集团的区别,也较少对不同国有企业集团因所处行业、所受政策监管等不同因素对国有企业集团产生的影响进行区分。因此,本节在进行分析框架构建时,第一个出发点就是对由国家国有资产监督管理委员会履行出资人义务的中央国有企业进行分类,进而根据不同类别中央国有企业的特点,针对中央企业最优上缴比例进行理论分析,构建理论模型,再通过实证研究进行验证和分析,对央企应当上缴利润的具体比例进行经验估算。

一、中央企业类别划分

本章在进行中央企业类别划分时坚持的一个出发点是观察不同央企的经营目标,或者说国家主管部门对该央企的经营目标设定。我们认为具有相同经营目标的央企,国家作为股东对其具体的治理要求应当是一致的,因此具有相同目标的国有企业可以归为一类。归纳前文不同学者对国有企业目标的论述,我们认为在国资委监管下,不同央企(国有企业)的经营目标大致可以分为如下三类:保障国有经济在重点行业的控制地位;提供公共产品,纠正市场失灵;确保国有企业的保值增值。

当我们具体到每一个中央企业对其进行企业目标的确认时,却发现对多数央企而言,目标并非是一个容易量化的指标。特别是对已经参与到一般竞争性行业中的中央企业来说,由于其参与行业的多样性和所处领域的复杂性,往往无法简单地将一个中央国有企业根据其目标进行划分。因此,在根据中央企业目标对其进行分类时,本章参考了代理国家(股东)对中央企业履行出资人义务的国有资产监督管理委员会对央企的一些具体规划和要求。2006年国务院明确提出了国有资本调整的主要目标是推进国有资本向关系国家安全和国民经济命脉的重要行业和关键领域发展[1]，同时也对重要行业和关键领域作了明确界定，认为"重要行业"和"关键领域"是指国家安全的行业，重大基础设施和重要矿产资源，提供重要公共产品和服务的行业，以及支柱产业和高新技术产业中的重要骨干企业。随后，国资委将需要重点关注的行业进一步具体为：军工、电网电力、石油石化、电信、煤炭、航运和民航七大行业。同时，对公共事业领域以及其他一些诸如食盐等保持国家主导的地位。基于此，本章认为国资委对以上七大行业在监管目标上是一致的，可以作为央企类别划分的一个依据。

另外，根据《实行国有资本经营预算中央企业税后利润上缴比例表》[2]，我们可以发现相关部门实际上已经根据中央国有企业的不同目标将中央企业划分为四个类别：资源特征型企业、一般竞争性行业企业、军工及科研院所转制企业和储备粮棉企业。七大行业中，除军工行业外的六大行业均能够和资源特征型企业归为一类。在这个思路下，本章将2012年年初由国资委履行出资人义务的117家中央企业划分为以下三个大类别（表5-1）。

表5-1 中央国有企业类别划分大类标准

类别 I		
军工企业 科研院所/国家粮食安全		
类别 II		
六大行业 及其他资源特征型企业	接近完全垄断	自然资源垄断
		其他（技术）垄断 技术/政策准入门槛
	寡头垄断	
类别 III		
一般竞争性行业	有国内民营寡头企业	
	有海外寡头企业	

---

[1] 《国务院办公厅转发国资委关于推进国有资本调整和国有企业重组指导意见的通知》，2006年，国家发展和改革委员会网站，http://www.sdpc.gov.cn/tzgg/jjlygg/t20061231_108102.htm

[2] 财政部网站，财政部、国资委2007年《关于印发〈中央企业国有资本收益收取管理暂行办法〉的通知》（财企〔2007〕309号）附件5。http://www.gov.cn/zwgk/2007-12/17/content_836608.htm

进而,在前文的思路下我们将2012年年初由国有资产监督管理委员会履行出资人义务的117家中央企业进一步细化进三个类别,具体归类如下①。

表 5-2 类别 I 中央企业名录

类别 I			
航天军工		科研院所转制	
1	中国核工业集团公司	1	机械科学研究总院
2	中国核工业建设集团公司	2	北京有色金属研究总院
3	中国航天科技集团公司	3	北京矿冶研究总院
4	中国航天科工集团公司	4	中国建筑科学研究院
5	中国航空工业集团公司	5	电信科学技术研究院
6	中国船舶工业集团公司	6	中国建筑设计研究院
7	中国船舶重工集团公司	7	中国冶金地质总局
8	中国兵器工业集团公司	8	中国煤炭地质总局
9	中国兵器装备集团公司	9	武汉邮电科学研究院
10	中国电子科技集团公司		
战略储备			
1	中国储备粮管理总公司	2	中国储备棉管理总公司

表 5-3 类别 II 中央企业名录

类别 II			
石油石化		电网电力	
1	中国石油天然气集团公司	1	国家电网公司
2	中国石油化工集团公司	2	中国南方电网有限责任公司
3	中国海洋石油总公司	3	中国华能集团公司
4	中国航空油料集团公司	4	中国大唐集团公司
5	珠海振戎公司	5	中国华电集团公司

① 中央企业名录参见国有资产监督管理委员会网站,http://www.sasac.gov.cn/n1180/n1226/n2425/index.html,2012年后有调整。

续表

煤炭		6	中国长江三峡集团公司
1	神华集团有限责任公司	7	中国国电集团公司
2	中国中煤能源集团有限公司	8	中国广东核电集团有限公司
3	中国煤炭科工集团有限公司	9	中国电力投资集团公司
贵金属及其他自然资源垄断		通信	
1	中国黄金集团公司	1	中国移动通信集团公司
2	中国盐业总公司	2	中国电信集团公司
3	中国五矿集团公司	3	中国联合网络通信集团有限公司
4	中国有色矿业集团有限公司	4	中国铁路通信信号集团公司
5	中国冶金科工集团有限公司	5	中国普天信息产业集团公司
6	中国铝业公司		
民航		航运	
1	中国航空集团公司	1	中国外运长航集团公司
2	中国南方航空集团公司	2	中国远洋运输(集团)总公司
3	中国东方航空集团公司	3	中国海运(集团)总公司

需要注意的是,尽管以中国有色矿业集团、中国铝业集团为代表的有色金属及相关加工企业在国有资产监督管理委员会的分类中被归入一般竞争性行业,具体利润上缴时也不需要如其他六大行业企业一样上缴较高的税后利润,但考虑到该类型企业实际上具有非常明显的行政准入限制及行业行政垄断特征,故本章还是将其归入类别Ⅱ企业进行研究。

在进行第三类企业的具体划分时,由于涉及一般竞争性行业,行业分类较前文七大行业划分更为复杂,因此本章以国资委先后六批次对中央国有企业主业规定的第一类为主要依据,参考了证监会、中信证券研究部等的行业分类标准,最后将 2012 年由国资委履行出资人义务的不涉及自然资源、技术及政策垄断的 62 家参与一般性竞争行业的中央企业作了具体划分①。

---

① 相关中央企业主业认定标准参见 2004~2005 年国资委先后六批次对中央企业主业的划定,《关于中央企业主业的通知》(第一至第六批),http://xxgk.sasac.gov.cn/gips/

表 5-4　类别Ⅲ一般竞争性行业企业名录①

电力及公用事业	1	中国节能环保集团公司
基础化工	2	中国中化集团公司
	3	中国化工集团公司
建材	4	中国中材集团公司
	5	中国建筑材料集团有限公司
轻工制造	6	中国轻工集团公司
机械	7	中国第一重型机械集团公司
	8	中国第二重型机械集团公司
	9	中国机械工业集团有限公司
	10	中国通用技术(集团)控股有限责任公司
	11	中国北方机车车辆工业集团公司
	12	中国南车集团公司
	13	中国商用飞机有限责任公司
餐饮旅游	14	中国港中旅集团公司[香港中旅(集团)有限公司]
	15	中国国旅集团有限公司
	16	华侨城集团公司
农林牧渔	17	中粮集团有限公司
	18	中国林业集团公司
	19	中国农业发展集团总公司
传媒	20	中国印刷集团公司
非银行金融	21	国家开发投资公司
咨询信息等服务行业	22	中国国际技术智力合作公司
	23	中国国际工程咨询公司
	24	中国民航信息集团公司
综合(其他)	25	招商局集团有限公司
	26	华润(集团)有限公司
	27	中国诚通控股集团有限公司
	28	中国保利集团公司
	29	中国国新控股有限责任公司
	30	中国恒天集团公司
	31	华诚投资管理有限公司

---

① 需特别说明的是,部分央企由于主业范围较广,国资委在划定其主业时给予了多种主业经营范围,本章为便于划分,将各央企在国资委划定主业范围内的第一种主业类别作为其主要划分依据。

续表

	32	中国钢研科技集团公司
钢铁及黑色金属冶炼	33	鞍钢集团公司
	34	宝钢集团有限公司
	35	武汉钢铁(集团)公司
	36	中国中钢集团公司
	37	新兴际华集团有限公司
建筑	38	中国建筑工程总公司
	39	中国铁路工程总公司
	40	中国铁道建筑总公司
	41	中国交通建设集团有限公司
	42	中国化学工程集团公司
	43	中国电力建设集团有限公司
	44	中国能源建设集团有限公司
电力设备	45	哈尔滨电气集团公司
	46	中国东方电气集团有限公司
	47	中国西电集团公司
汽车	48	中国第一汽车集团公司
	49	东风汽车公司
商贸零售	50	南光(集团)有限公司
	51	中国华孚贸易发展集团公司
	52	中国工艺(集团)公司
	53	中国丝绸进出口总公司
	54	中国航空器材集团公司
纺织服装	55	中国中纺集团公司
医药	56	中国医药集团总公司
交通运输	57	中国铁路物资总公司
电子元器件电子产品	58	中国电子信息产业集团有限公司
	59	上海贝尔股份有限公司
	60	中国华录集团有限公司
	61	中国普天信息产业集团公司
	62	彩虹集团公司

注:其中,中国工艺(集团)公司2007年由中国工艺品进出口总公司和中国工艺美术(集团)公司两家中央企业联合重组而成;华诚投资管理有限公司2009年宣告破产;中国商用飞机有限责任公司2008年成立;中国国新控股有限责任公司2010年成立;中国电力建设集团有限公司、中国能源建设集团有限公司2011年成立。

二、不同类别中央企业利润上缴比例分析思路

第一类中央国有企业基本为航天军工企业、转制科研院所以及涉及国家粮食安全的储备粮储备棉公司。这一类企业参与市场竞争较小，国家主管部门对其监管的主要目标并非从中获取收益，特别是储备粮及储备棉公司，而是重点考虑保持国家在该行业领域的控制能力。后文对该类型的企业进行分析时，将继续剔除情况较为特殊的储备粮及储备棉公司，其余军工企业及转制科研院所企业在确定利润上缴比例时，需考虑企业自身的增长能力在利润上缴后不受影响。

第二类中央国有企业基本涵盖了国内除航天军工以外的六大国家重点关注行业，以及一些涉及行政、技术和自然资源垄断的行业。从微观经济学角度考量，垄断将带来社会福利的损失。姜付秀和余晖(2007)通过对电力、邮电通信及石油开采与加工等六大行业的垄断制度成本和社会福利损失进行了估算，认为垄断性行业带来的福利损失至少为国民收入的5.302%左右。因此国家有必要通过获取垄断类型企业的利润分配，一方面通过利润分配政策控制垄断企业带来的福利损失，另一方面国家可以通过将获取的垄断类型企业利润以提供公共产品、增加社会保障的形式反哺，从而使社会福利损失得到补偿。前文对相关文献的梳理中谈及有学者提出要分清垄断企业中自然资源垄断企业的资源使用费与利润的区别，提出缴纳资源租金的构想。但"资源租金"应当缴纳多少难以确定。同时，通过"费"的方式进行利润上缴在某种程度上又回到过去国企利润上缴税、利、费难以明确区分的老路。另外，"费用"的上交往往不利于监管。因此，我们考虑用一个公允的基准来确认利润上缴比例。本章在进行类别二垄断行业中央国有企业利润上交比例时，一个基本的出发点即为避免中央国有企业造成的社会福利损失，应当将其通过垄断方式获取的超额利润均上缴。

由于类别Ⅰ及类别Ⅱ中，中央国有企业在国内相关行业基本处于主导和完全或接近完全垄断地位，具有较强特殊性。本章的一个分析重点将放在参与一般市场竞争的类别Ⅲ中央企业中。具体的分析框架将基于前文提到的Rozeff股利代理成本理论展开，寻找一个能使企业成本(交易费用)最小化的利润上缴比例。本章接下来将就这一部分展开详细的理论分析及经验估计。

第五节　一般竞争性行业中央国有企业最优上缴比例的研究

为便于表述,本节对参与一般竞争性行业的中央国有企业简称为"央企"或"中央企业"。

一、理论模型:基于企业内外交易成本考虑的最优利润分配

(一)基本假定

1.国有资产出资人对于企业投资回报与公共福利投资回报的权衡

即使对于一般竞争性行业中的国有企业,国有资产出资人即国资委在确定企业利润分配时所考虑的目标与普通投资人也应有所区别:普通投资人主要考虑的是投资收益的最大化,或者说是所投资产保值增值的最大化;而国资委除此之外,还要考虑企业利润分配用于公共福利支出时可能的社会福利回报率。

换言之,如果国有企业利润用于企业追加投资的回报率小于上述公共福利投资回报率,则即使前者高于社会平均资本成本例如商业贷款利率甚至高于社会平均的企业投资回报率,国资委仍应当选择将所投资企业的利润分配于公共福利支出。

2.关于投资于公共福利的社会福利回报率水平的假定

假定对目前政府在公共福利方面的投资所产生的社会福利效果,如按货币价值折算其年回报率为 r_{SW},这里为了简化,不进行边际回报率与平均回报率的区分;社会平均资本成本设为 r,约等于商业贷款利率。关于 r_{SW} 和 r 之间的关系,如果政府在公共福利方面的投资是完全服从于社会公众的集体意志,则均衡状态时 $r_{SW}=r$;而具体到中国的实际情况,假定由于改革开放以来以追求经济增长速度为核心的发展战略,中国在公共福利方面的投入相对不足,则可能会致使这方面的投资回报率大于社会平均资本成本: $r_{SW}>r$。为简化起见,后面的分析一般均假定 $r_{SW}=r$。

3.假定国有企业已上市且资本市场有效

假定一般竞争性行业央企的核心资产均已上市,且资本市场有效,即市场均衡时,上市公司的股价将会趋于满足市盈率将略低于 $1/r$ 这一条件(考虑到企业盈利波动的风险)。这意味着国资委在股权减持和增持上的不对称约束:当某个国有企业因业绩不佳导致其股价走低甚至跌破账面净资产时,国资委想转让该企业股权时也只能按资本市场价格来变现;而当某个国有企业因业绩优异导致股价不断走高、远超出账面净资产时,国资委则可对该企业以接近净资产的超低价格来增资扩股(如对老股东的定向增发的方式),以扩大自己的投资收益。

4.关于国有资产出资人对国有股权存量的重组行为

在上述假定下,国资委首先可以通过对其所管理的国有股权存量的重组来扩大广义的投资收益:例如通过资本市场减持净资产报酬率低于 r 的股权,转而通过定向增发的方式以接近净资产的价格,对净资产报酬率超过 r 的国有企业增持股权;另外,如果出现前述 $r_{SW}>r$,即公共福利投资的社会福利回报率大于商业资本平均成本的情形时,国资委可通过资本市场适量减持某些国有企业的股权,所获资金转而交由政府用于公共福利方面的投资。

5.关于国有资产出资人如何确定国有企业利润上缴比例的初步分析

本章后面主要关注的不是上述国有股权存量的优化重组问题,而是国有企业利润分配特别是其利润上交比例问题,即国资委从社会福利最大化目标出发,如何来确定这一比例。

如前所述,国资委在考虑上述比例时将要兼顾企业投资收益与公共福利投资的社会福利回报,因此,对于净资产报酬率低于 r_{SW} 的国有企业,国资委将要求利润全部上缴,因为任何比例的利润留存给这些企业,其投资回报均低于 r_{SW}。

可见,对国资委而言,只有对于净资产报酬率高于 r_{SW} 的国有企业,才存在一个相对复杂的需要仔细权衡与计算的最优利润上交比例问题,而这正是本章接下来讨论的重点。借鉴 Rozeff(1982)关于公司最优股利支付的分析思路,本章认为,国资委在考虑国有企业利润分配时需要权衡以下两方面因素。

一是由于企业利润的上交,企业需要对外融资,由此产生的融资交易成本;二是如果将企业利润留存于企业,由于代理人的道德风险导致的代理成本,例如经营层通过在职消费、增加个人津贴之类补充收入等来侵蚀公司未分配利润。

(二)与企业利润上缴相关的外部融资成本

考虑 $r_{SW}=r$ 这一简单的标准情形,设某国有企业的总资产为 K,税后利润为 π,上缴比例为 θ,该企业符合净资产报酬率 $r_{TA}>r_{SW}=r$ 的条件,故理论上可以且应当进行资本扩张。又假定宏观经济处于短期均衡状态，即平均而言，各央企没有净新增贷款，故企业对外新的融资主要依靠增发新股，设其交易成本即发行费率为λ。这样，上述企业因上缴利润而导致的对外融资之交易成本增加为：

$$C_{ex} = \lambda \theta \pi \tag{1}$$

其中，λ 被视为外生给定的参数，因为发行费率虽然有时是变化的（通常是非连续变化的），例如与融资总额负相关，但是企业上缴利润占总融资额的比例一般相对较小，从而前者的变化对后者的影响也相对较小，不足以影响发行费率的变化，故发行费率相对于企业利润上缴比例而言被视为外生给定的。

（三）与企业利润留存相关的内部代理成本

另一方面，对于留存于企业的利润$(1-\theta)\pi$，则存在前述的经营层侵占问题，且这一侵占具有隐蔽性，因为其不直接显在地损害投资者对初始资产保值的要求，同时也不会绝对降低下一年度利润，特别是在企业成长性良好的情形中，下一年度的资产报酬率也不会因之绝对下降。我们将上述经营层的侵占所导致的投资者损失称为企业内部代理成本，与企业留存利润相关的内部代理成本为：

$$C_{in} = A[(1-\theta)\pi]^{\alpha} K^{\beta} \tag{2}$$

这里 $\alpha > 0, \beta > 0$，其中，$\alpha > 0$ 表示企业经营层对留存利润的侵占额与留存利润正相关。K 表示企业总资产，代表企业规模，假定企业经营管理层人数与其成正比，$\beta > 0$ 表示经营层的规模越大，其对留存利润可能的侵占会越多。

进一步地，我们可以认为，α 和 β 的值取决于企业内部代理活动中的信息隐藏程度以及对企业经营层外部监督的有效性，在完全信息与充分监督的理解情形下，内部代理成本将回落至最低的必要代理成本：

$$C_{in}|_{\min} = A K^{\beta_0} \tag{3}$$

也就是说，最低的必要代理成本与留存利润无关，只与企业规模相关。如果对应于前面的公式(2)，则该式中的 $\alpha = 0$，且 $\beta = \beta_{\min} = \beta_0 > 0$。随着企业内部代理行为信息不对称程度的上升和外部监督有效性的下降，α 和 β 的值都将会增加。

（四）最小内外交易成本的求解

综合上述对企业利润分配中内外交易成本的分析，国资委对出资企业的利润分配决策就是选择 θ，使得下述目标函数值最小：

$$C_t(\theta) = C_{in} + C_{ex} = A[(1-\theta)\pi]^\alpha K^\beta + \lambda\theta\pi \tag{4}$$

对上式最小值的求解需要分两种情形来讨论。

1. $\alpha > 1$ 情形

该情形表示企业经营层对留存利润的侵占额不仅与留存利润正相关，而且是边际递增的。根据前面的理解，这往往意味着企业内部代理活动中的信息隐藏程度较高，以及对企业经营层的外部监督有效程度较低。

在此情形下，容易证明(4)式对 θ 的二阶导数大于零，因此可根据一阶条件，容易求出企业利润最优上缴比例为：

$$\theta^* = 1 - \left(\frac{\lambda}{\alpha A K^\beta}\right)^{\frac{1}{\alpha-1}} \frac{1}{\pi} \tag{5}$$

由(5)式容易证明，对于那些净资产报酬率高于 r_{SW} 的国有企业，当 $\alpha > 1$ 时，有：$\partial\theta^*/\partial\lambda < 0, \partial\theta^*/\partial\alpha > 0, \partial\theta^*/\partial K > 0, \partial\theta^*/\partial\pi > 0$。如图5-2所示。其中，$\tilde{\pi} = r_{SW} K$，当 $\pi < \tilde{\pi}$ 时，企业净资产报酬率小于 r_{SW}，按前面的讨论，国资委将要求该央企利润全部上缴（$\theta^* = 1$）。

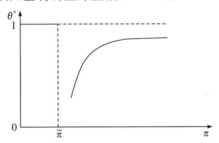

图 5-2　一般竞争性行业企业利润上缴比例（$\alpha > 1$）

2. $0 < \alpha \leq 1$ 情形

该情形表示企业经营层对留存利润的侵占额虽然与留存利润正相关，但却是边际非递增的。根据前面的理解，这可能意味着对企业内部代理活动的信息甄别技术较高，以及对企业经营层的外部监督有效程度较高。

由于在此情形下，(4)式对 θ 的二阶导数小于或等于零，因此不能再根据一阶条件求解企业利润最优上缴比例。最优解应该是：

当 $C_t|_{\theta=0} < C_t|_{\theta=1}$ 时，

即 $\pi > \left(\frac{AK^\beta}{\lambda}\right)^{\frac{1}{1-\alpha}}$，亦即 $\frac{AK^\beta}{\pi^{1-\alpha}} < \lambda$ 时，$\theta^* = 0$。

反之，则 $\theta^* = 1$。

(五)模型的扩展:对企业利润成长性的考虑

设某国有企业上年末的利润即企业利润初始值为 π_0,假定由于企业成长性或所在行业的成长性,可以预期该企业利润从现在起将会经历 T 年的增长,期间的利润年平均增长率为 ε,T 年后企业利润趋于稳定或利润变化不确定。则如果不考虑贴现因素,从现在到 T 年时企业年利润平均值为:

$$\bar{\pi} = \frac{\sum_{t=1}^{T} \pi_0 (1+\varepsilon)^t}{T} = \frac{1+\varepsilon}{\varepsilon T}[(1+\varepsilon)^T - 1]\pi_0 \qquad (6)$$

当 $\alpha > 1$,在预期企业利润有增长的情形下,即使企业净资产报酬率的初始值小于 r_{SW},即 $\pi_0 < \tilde{\pi}$,但如果预期利润增长期间内的平均利润足够大,即 $\bar{\pi} \geqslant \tilde{\pi}$,也就是 $\frac{1+\varepsilon}{\varepsilon T}[(1+\varepsilon)^T - 1]\pi_0 \geqslant \tilde{\pi}$,则该企业利润分配的最优方案就不是全部上缴国资委,而是依照类似(4)式的方案,即历年的分配方案为:

$$\theta_t^* = 1 - \left(\frac{\lambda}{\alpha A K^\beta}\right)^{\frac{1}{\alpha-1}} \frac{1}{\pi_t} \qquad (7)$$

如果再考虑到对企业利润成长性认知信息的不对称,即社会上的外部投资者相对于国资委而言在此方面处于信息劣势,则意味着企业凭借其利润增长潜力难以从社会外部投资者那里募集到足够的资金。这样,如要充分发挥企业利润的增长潜力,则可能需要更多依赖于国资委的追加投资。

但是,在需要国资委追加投资时,并不意味着企业利润完全不用上缴,正确的做法应该是,企业利润的上缴仍应按照(7)式的方案实施,而国资委的新增投资则以增资扩股的方式进行,这和将企业利润全部留在企业再酌情增资的情形相比,其对经营层的考核与约束机制是不同的。因为在前一情形中,企业实际与预期的留存利润相对较少,这将更能有效地约束经营层对企业利润可能的侵占。

当 $0 < \alpha \leqslant 1$,则需要根据国资委为代表的监管部门与国有企业之间的博弈结果来观察最优利润上缴比例。当监管有效时,在考虑企业成长性的基础上,仍可以将企业各年利润整体留存在企业中,此时带来的企业成本最小,反之,则应当完全上缴。

二、经验研究:以 40 家央企为例

(一)样本选择与数据来源

由于要完整地获取参与一般竞争性行业中央企业的相关数据几乎是

不可能的,所以对中央企业规模、利润留成及净资产回报率等央企财务数据的收集,是本章有关我国参与一般竞争性行业的中央企业最优利润上缴比例经验研究的主要困难。本章中通过整理2000年以来中央企业债券发行的相关文件资料,获得了部分的央企财务数据①。数据不足部分通过以下几种方式予以解决:1. 查询由国务院国有资产监督管理委员会主办,中国经济贸易年鉴社编辑出版的历年《中国国有资产监督管理年鉴》;2. 包括鞍钢集团公司、中国钢研科技集团公司、中国中钢集团公司、中国中材集团公司、宝钢集团有限公司、中国化学工程集团公司、中国建筑工程总公司、中国铁路工程总公司、中国铁道建筑总公司、中国交通建设集团有限公司、中国电力建设集团有限公司、哈尔滨电气集团公司、中国西电集团公司、东风汽车公司、中国国旅集团有限公司在内的15家没有以集团公司为主体发行过企业债券、中期票据及短期融资券,也没有公开可查询财务报表,同时又无法在历年《中国国有资产监督管理年鉴》中获得完整相关财务数据的中央企业,本章考虑以各中央企业上市子公司的相应指标数据情况替代对应的中央企业集团公司,该项替代在随后建立的回归方程左右两端均有体现,因此不会对回归结果造成重大误差。截至2012年12月31日,以国资委履行出资人义务的中央企业共有控股上市子公司294家②。具体而言,本章考虑以国资委最终实际控制的上市子公司总资产占该央企全体上市子公司总资产的比例作为权重,计算上市公司包括管理费用等在内的各指标的加权平均值,以该加权平均值替代对应的中央企业集团相应数据指标。

前文提及,企业外部融资的交易成本即发行费率 λ 为外生变量。本章拟基于2002年到2012年我国AB股市场上市公司IPO及增发时代理券商等中介机构收取发行费用进行估计。2002年1月1日至2012年12月31日,我国AB股市场通过IPO、公开及定向增发共募集资金330,345,293.64万元,券商佣金等各相关发行费用9,470,399.75万元,新股发行及增发发行加权费率约为2.87%,即本章中 $\lambda=0.0287$。③

对企业内部代理成本而言,我们需要在理论模型的基础上建立回归方程才能对内部成本的各个参数进行估计。关于样本公司的选取,本章根据

---

① 相关发行文件可以在中央国债登记结算公司网站、CESMAR数据库及WIND数据库获取。
② 数据来源:WIND数据库
③ 相关数据来源于部分券商年报的整理和WIND数据库对券商承销资料的统计。

国资委 2004 年起先后六批次对中央国有企业第一类主业的规定①,以中信证券研究部的行业分类标准为基础,综合考虑证监会的相关行业分类,挑选了 2012 年年初 117 家由国资委履行出资人义务中央企业中的不涉及自然资源、技术及政策垄断的 62 家参与一般性竞争行业的中央企业作为研究样本。同时,根据前文假设,只有当中央企业净资产回报率高于社会平均资本成本 r 时,才存在一个最优上交比例的问题,本章认为社会平均资本成本可以采用商业银行贷款利率来近似。在具体估算过程中,本章以 2002 年至 2012 年每月长短期贷款占贷款总额的比值作为权重,估计出 2002 年至 2012 年的加权商业银行贷款利率及社会平均资本成本 r 值约为 6.18%。②

同时,如前文提及,如果参与一般竞争性行业的中央企业净资产回报率低于社会平均资本成本,则国家可以通过减持的方式将国有资本从中提出,放入资本报酬率较高的企业,从而获取更大的国有资本经营收益。只有对资本报酬率高于社会平均资本成本的央企,一个最优上缴比例的研究才有意义。因此,在具体经验研究过程中,本章在进行回归时剔除了净资产回报率低于社会平均资本成本 6.18% 的企业,随后选取 2002 年至 2012 年加权净资产回报率高于 6.18% 的参与一般竞争性行业,且数据公开较为完整的 40 家中央企业进行经验研究。

(二)回归方程的初步建立及变量的选取

建立回归方程的目的是为了估计出企业内部成本的各个参数。因此,本章在前文理论模型基础上,对内部成本函数方程两边同时取其自然对数,同时增加部分控制变量,建立回归方程如下:

$$\ln C_{in} = A + \alpha \ln RE + \beta \ln K + \delta_1 \ln C_{in}^{c1} + \delta_2 \overline{HHI} \\ + \delta_3 AdR + \delta_4 AdD_i + \delta_5 D_i + \mu \qquad (8)$$

被解释变量。C_{in} 为内部代理成本,一般而言,管理层对企业利益的侵占(诸如管理层在职消费等)是衡量内部代理成本很好的指标。而管理层对企业利益的侵占,Singh 和 Davidson(2003)认为可以采用销售管理费用率将管理层对企业利益的侵占具体化:管理层可以通过扩大销售费用和管理费用,譬如广告营销、差旅等掩饰自身在职消费;陈冬华等(2005)将管理层在职消费作为衡量企业内部代理成本的有效指标,在具体计量过程中采

---

① 相关分类可在国务院国有资产监督管理委员会网站查询:www.sasac.gov.cn
② 数据来源:WIND 数据库

用会计报表附注中的办公费、差旅费、业务招待费、通讯费、出国培训费、董事会费、小车费和会议费八类费用来衡量企业管理层的在职消费;吕长江等(2007)则直接采用管理费用来衡量管理层对企业利益的侵占。由于中央企业集团相关公开资料较少,考虑到数据的可获得性及本章具体的函数形式,本章采用各中央企业历年的管理费用及销售费用的对数形式 $\ln C_{in}$ 作为企业内部代理成本的具体表现形式。

解释变量。根据代理理论,在企业的利润留存(用 RE 表示)越多,企业规模(用企业总资产 K 表示)越大时,管理层可以支配更多的企业资源,管理层为自己谋求更大利益的动机越强,对企业利益的侵占越大。因此,企业规模及利润留存将作为回归方程的两个最主要的解释变量。另外,在本章样本选取的 62 家中央企业中,国资委作为最终实际控制人,其持股比例一般均为 100%,央企的利润留存直接由国资委决定。根据前文对我国国有企业利润分配制度的梳理与回顾,本章假设对大多数一般竞争性行业的央企而言,2002 年至 2006 年,企业不上缴税后利润,θ 值为 0,企业利润留存即为每年净利润。2007 年至 2010 年,一般竞争性行业央企利润留存为净利润的 95%,2011 年为净利润的 90%。另外,本章用各企业总资产表示代表企业规模。

控制变量。由于本章的样本为参与一般竞争性行业的中央企业,随着国企改革和市场开放的不断推进,这些企业所在行业由于相对较低的政策等准入门槛,已基本形成良好的市场竞争格局。本章在进行一般竞争性行业内部成本研究时,参考了现有文献对上市公司相关代理成本的研究,我们假设各行业的竞争及同业内部代理成本水平对各中央企业内部代理成本也能产生一定影响。本章引入行业集中程度和行业管理费用水平作为方程的控制变量。

行业集中度:采用赫芬德尔－赫希曼(Herfindahl-Hirschman Index,HHI)指数衡量(Hirschman,1945),HHI 指数的具体计算为 $HHI = \sum_{i=1} (X_i/X)^2$,即各行业企业主营业务收入在行业中占比平方的总和,本章在具体计量中采用 HHI 的倒数 $\overline{HHI}$ 来具体作为衡量行业竞争程度和开放程度的指标,即行业集中度越低,HHI 越小,$\overline{HHI}$ 越大,行业开放程度就越高,竞争越激烈,与企业内部成本应当成负相关。

行业管理费用水平:本章采用行业管理费用率(文中用 AdR 表示)来衡量,本章假设行业管理费用水平与企业管理费用水平呈正相关。同时,考虑到国有企业的特殊性,当企业管理费用水平低于行业水平时,中央企业管理层相比行业内其他企业更有增加企业管理用的驱动以寻求"市场化"及"商业化"待遇;但当中央企业管理费用水平高于市场行业水平时,中央企业管理层往往运用中央企业"特殊性"问题避免企业管理费用水平降至市场水平。因此,本章采用结构变动模型引入虚拟变量,即企业管理费用率小于行业管理费用率与高于行业管理费用率的企业不但在回归方程截距上有所不同,而且斜率即行业管理费用率对企业内部代理成本的边际影响也应当不同。因此,本章引入的虚拟变量除在方程截距项上增加 D_i 之外,同时也在方程斜率方面增加一项虚拟变量 $AdD_i = AdR \times D_i$。当企业管理费用率小于行业管理费用率时,虚拟变量 $D_i = 1$,表明中央企业将管理费用向市场靠拢的驱动;反之,$D_i = 0$。

"粘性影响":孙铮和刘浩(2004)通过对我国上市公司数据的实证分析,认为我国上市公司的管理费用存在明显的"粘性",费用向下调整的速度较慢。因此,本章假设中央国有企业上一期的内部成本对本期内部成本也会产生一定"粘性",本章采用滞后一期内部成本 C_{in}^{t-1} 的对数形式作为控制变量来描述这种影响,并假设其与本期内部成本呈正相关。

上述变量的描述统计见表 5-5。

表 5-5　回归方程变量的统计特征

变量符号	平均值	标准差	最小值	最大值
$\ln C_{in}$	21.6285	1.346899	17.16356	24.93215
$\ln RE$	20.89703	1.77909	14.13737	23.88667
$\ln K$	24.30996	1.81235	16.19715	26.945
$\ln C_{in}^{t-1}$	21.55832	1.335726	17.16356	24.93215
HHI	0.0989509	0.1210079	0.0126588	0.9182263
AdR	0.0651046	0.0331929	0.019191	0.28687

(三)模型的回归结果和讨论

在计量分析过程中,我们考虑了面板数据的固定效应模型和随机效应模型。通过对计量结果中用以检验固定效应的 F 统计量的 P 值观察以及对整体回归的 Hausman 检验,我们最终选取的固定效应模型对方程进行回归。

表 5-6　方程回归结果

变量	系数	标准差	t 值	Pr>|t|
$\ln RE$	0.1557662	0.0535007	2.91	0.004
$\ln K$	0.4547829	0.0674053	6.75	0.000
$\ln C_{in}^{t-1}$	0.1262812	0.055879	2.26	0.025
HHI	−0.2916599	0.390272	−0.75	−0.75
AdR	−1.491519	3.645952	−0.41	0.683
$AdRD_i$	1.918925	3.553922	0.54	0.590
D_i	−0.0376284	0.2140438	−0.18	0.861

调整后 $R^2 = 0.7713$

我们发现,行业集中度、行业管理费用水平及其相应虚拟变量与中央企业管理费用的相关性并不显著,我们认为这是由于尽管这一类中央企业所在行业已经形成良好的行业竞争格局,但由于中央企业在股权结构、薪酬激励机制等方面存在的制度特殊性,中央企业在实际制定企业预算和执行预算的过程中,往往与政府部门类似,预先根据上一年相关费用匡算本年费用,在具体实施过程中存在追加预算或是年终突击花钱的情形,同时还受到相关主管部门的直接管理。因此,与上市企业不同,中央企业内部成本受同业内部成本及行业竞争程度影响较小。另外,我们发现表示企业规模的企业资产、企业上一期内部费用和企业利润留存之间存在着一定的共线性关系。以上问题都将在随后的调整中进一步解决。

鉴于行业因素对受到制度等相关因素约束的中央企业影响较小,我们考虑将这些因素剔除,对回归方程重新进行修改。同时,针对解释变量多重共线性问题,重新建立的回归方程如下:

$$\ln C_{in} = A + \alpha \ln RE + \beta \ln K + \delta \ln C_{in}^{t1} + \mu \qquad (9)$$

$$\ln C_{in} = A + \alpha \ln RE + \beta \ln K + \mu \qquad (10)$$

$$\ln C_{in} = A + \alpha \ln RE + \delta \ln C_{in}^{t1} + \mu \qquad (11)$$

$$\ln C_{in} = A + \alpha \ln RE + \mu \qquad (12)$$

调整后回归方程计量结果如表 5-7 所示。

表 5-7　方程(9)(10)(11)(12)回归结果

变量	方程(9)	方程(10)	方程(11)	方程(12)
$\ln RE$	0.1659075 (3.21)*	0.2332846 (4.91)*	0.3951778 (9.24)*	0.5316679 (15.38)*
$\ln K$	0.435387 (11.51)*	0.4674548 (8.22)*	——	——
$\ln C_{in}^{t-1}$	0.1262355 (2.28)*	——	0.2589349 (4.51)*	——
A	4.911663 (4.42)*	5.413028 (6.05)*	7.868389 (6.98)*	10.53338 (14.56)*
调整后的 R^2	0.7654	0.7463	0.7427	0.6412

注：括号中为 t 值，* 表示 1% 水平显著。

我们发现，剔除共线性变量后，方程拟合度逐渐下降，考虑到本章进行参数估计是为了进行相关上缴比例的预测，并非出于结构分析或政策评价，故多重共线性问题对本章方程并无实质性影响，后文将不再考虑该问题。因此，本章随后将采用方程(9)的回归结果进行分析。

方程(9)显示模型拟合度很好，调整后的 R^2 为 0.7654，整体解释能力较强。两个主要解释变量 $\ln RE$ 和 $\ln K$ 的系数符号为正，与预期相同，且显著。调整后的回归结果表明，利润留存，企业规模和上一期的管理费用与本期中央企业管理费用存在显著的正相关关系，表明中央企业当期利润留存越多，企业规模越大，企业管理层越能通过扩大在职消费等方式对侵占企业利益，从而增加企业内部成本。$0<\alpha<\beta$，表明企业资产规模对企业内部费用的影响更大，由于中央国有企业在管理制度方面的特殊性，单就管理层而言，中央国有企业管理层均有对应的行政级别，企业规模越大，往往意味着管理层行者级别越高，同时，国资委作为最终实际控制人在企业日常经营管理中并不能完全担负起股东的各项职能。因此，规模越大的中央国有企业管理层在经济、政治方面的权利往往越大，其所能支配的各类企业资源越多，因此对管理费用的影响相较利润留存而言更大。此外，企业上一期内部费用对本期内部费用水平显著正相关，显示了中央企业在费用管理方面存在较高"粘性"，其原因很大程度上是由于中央企业在实际制定企业预算和执行预算的过程中，往往与政府部门类似，预先根据上一年相关费用匡算本年费用，在具体实施过程中存在追加预算或是年终突击花钱的情形，因此上一年的费用水平对本年费用有较大影响。

三、本节研究结果的归纳与扩展

通过前文的参数估计,我们得到如下参数估计结果(保留四位小数):
$\lambda=0.0287; \alpha=0.1659; \beta=0.4354; A=111.2370$

回归结果显示,$0<\alpha\leqslant1$。此时,企业成本最小约束下的上缴比例应当存在于企业成本函数的两个端点。即利润完全上缴或完全不用上缴,具体取决于国资委对企业的监管是否有效。

当 $C(0)<C(1)$ 时,监管有效,利润完全留存于企业,$\theta^*=0$;

当 $C(0)>C(1)$ 时,监管不到位,利润应当完全上缴,$\theta^*=1$。

综合前文,一个充分考虑企业成本及监管机构监管是否到位情况下,62家一般竞争性行业的中央企业利润上缴情况如表5-8所示。

表5-8 一般竞争性中央企业最优利润上缴比例

序号	企业	2007	2008	2009	2010	2011
1	中国钢研科技集团公司	0	0	0	0	0
2	鞍钢集团公司	0	0	0	0	N/A
3	宝钢集团有限公司	0	0	0	0	0
4	武汉钢铁(集团)公司	0	0	0	0	0
5	中国中钢集团公司	0	0	0	N/A	N/A
6	新兴际华集团有限公司	0	0	0	0	0
7	中国中化集团公司	0	0	0	N/A	N/A
8	中国化学工程集团公司	0	0	0	0	0
9	中国建筑工程总公司	0	0	0	0	0
10	中国铁路工程总公司	0	0	0	0	0
11	中国铁道建筑总公司	0	0	0	0	0
12	中国交通建设集团有限公司	0	0	0	N/A	0
13	中国中材集团公司	0	0	0	0	0
14	中国建筑材料集团有限公司	0	0	0	0	0
15	中国电力建设集团有限公司	N/A	N/A	N/A	N/A	0
16	中国能源建设集团有限公司	N/A	N/A	N/A	N/A	0
17	中国轻工集团公司	0	0	0	0	0
18	中国第一重型机械集团公司	N/A	0	0	0	0
19	中国机械工业集团有限公司	0	0	0	0	0

续表

序号	企业	2007	2008	2009	2010	2011
20	中国通用技术(集团)控股有限责任公司	0	0	0	0	0
21	中国北方机车车辆工业集团公司	0	0	0	0	0
22	中国南车集团公司	0	0	0	0	0
23	哈尔滨电气集团公司	N/A	N/A	0	0	0
24	中国东方电气集团有限公司	0	N/A	0	0	N/A
25	中国西电集团公司	0	0	0	0	N/A
26	中国第一汽车集团公司	0	0	0	0	0
27	东风汽车公司	0	0	0	0	0
28	中国港中旅集团公司[香港中旅(集团)有限公司]	0	0	0	0	0
29	中国国旅集团有限公司	0	0	0	0	0
30	华侨城集团公司	0	0	0	0	0
31	中国中纺集团公司	0	0	0	0	0
32	中粮集团有限公司	0	0	0	0	0
33	中国医药集团总公司	0	0	0	0	0
34	中国铁路物资总公司	0	0	0	N/A	N/A
35	中国华录集团有限公司	100%	100%	100%	100%	100%
36	国家开发投资公司	0	0	0	0	0
37	中国华孚贸易发展集团公司	100%	100%	100%	100%	100%
38	招商局集团有限公司	0	0	0	0	0
39	华润(集团)有限公司	0	0	0	N/A	N/A
40	中国保利集团公司	0	0	0	0	0
41	中国节能环保集团公司	100%	100%	100%	100%	100%
42	中国化工集团公司	100%	100%	100%	100%	100%
43	中国第二重型机械集团公司	100%	100%	100%	100%	100%
44	中国商用飞机有限责任公司	N/A	100%	100%	100%	100%
45	中国林业集团公司	100%	100%	100%	100%	100%
46	中国农业发展集团总公司	100%	100%	100%	100%	100%
47	中国印刷集团公司	100%	100%	100%	100%	100%
48	中国国际技术智力合作公司	N/A	N/A	N/A	N/A	100%

续表

序号	企业	2007	2008	2009	2010	2011
49	中国国际工程咨询公司	N/A	N/A	N/A	N/A	100%
50	中国民航信息集团公司	100%	100%	100%	100%	100%
51	中国诚通控股集团有限公司	100%	100%	100%	100%	100%
52	中国国新控股有限责任公司	100%	100%	100%	100%	100%
53	中国恒天集团公司	100%	100%	100%	100%	100%
54	南光(集团)有限公司	100%	100%	100%	100%	100%
55	中国工艺(集团)公司	100%	100%	100%	100%	100%
56	中国丝绸进出口总公司	N/A	N/A	N/A	N/A	100%
57	中国航空器材集团公司	100%	100%	100%	100%	100%
58	中国电子信息产业集团有限公司	100%	100%	100%	100%	100%
59	上海贝尔股份有限公司	100%	100%	100%	100%	100%
60	中国普天信息产业集团公司	100%	100%	100%	100%	100%
61	彩虹集团公司	100%	100%	100%	100%	100%
62	华诚投资管理有限公司	100%	100%	100%	N/A	N/A

注：N/A表示该公司该年数据不足,同时,部分公司还涉及企业重组问题,具体参见表5-4注释。上缴比例为0表明国资委对该公司监管有效率,利润完全留存于企业中时企业成本最小；上缴比例为100%,则表明国资委对企业的监管不到位,企业利润应当完全上缴。另外,表中从中国节能环保集团公司开始至华诚投资管理有限公司,净资产回报率均低于平均社会资本成本(商业银行贷款利率)。因此,根据前文论述,应当全额上缴利润。

另外,通过前文的经验研究,我们发现对上市公司内部成本影响较大的行业相应指标水平和行业竞争程度对中央国有企业并不适用。

当然,本章的分析还存在一些问题,一是中央企业内部代理成本的衡量,考虑到数据的可获取性,本章采用管理费用和销售费用之和进行估计,与企业实际内部代理成本有一定差距,同时对中央企业及其子公司的代理链产生的内部代理成本没有进行深入的探讨；二是很多中央企业经营范围较广,经营主业较为复杂,本章依据国资委央企主业的规定对中央企业的行业分类进行了划分,并据此进行了经验研究,但部分企业的主业比较多样化,单纯的归类或许并不能很好反应该企业的行业特征。

本章仅从中央企业集团视角对一般竞争性行业中央企业的上缴比例

进行了较为浅层的研究,更为细致准确的研究或许还需要对样本企业进行更为个别的考察。

第六节 其他类型中央国有企业利润上缴比例的初步讨论

对于类别Ⅱ中六大行业及其他一些垄断行业利润上缴比例问题,本章在前面已给出对分析框架的思考。我们根据国有资本在市场中实际占比的情况,可将其分为接近完全垄断和寡头垄断两种类型。在接近完全垄断行业中,国有资本在这些行业中往往占据绝对主导地位,比如电网电力行业(特别是其中的核电行业)、煤炭行业等。另外,我们可以根据其取得垄断地位的原因将该行业进一步划分为自然资源垄断类型和其他(包括技术、政策等因素)垄断。对于类别Ⅱ和类别Ⅰ中的军工企业,本章在前文所述文献研究结果的基础上进行进一步细化。借鉴股利资本成本理论等对其进行分析。

一、自然资源垄断型企业

对于通过国家自然资源获得垄断地位的企业,前文提到有学者提出缴纳资源租金的构想。本章前面也认为,所谓"资源租金"方案,不利于建立一个国家其股东身份分享企业经营利润的现代企业治理制度,另外,"费用"的上交也不利于监管。故而对该类型企业最优上交比例的研究应当回归到该类型企业的设立及治理目标上来。在资源垄断型行业中,国有企业经营的重点应当是保证国有资本在这些关涉国民经济命脉的行业局域主导,即该类行业中国有企业的治理(包括利润分配)应当是基于政府目标最大化这一前提。何国华(2009)提出要区分国有企业"能力性经济租金"和垄断利润,垄断利润应当全部上缴,"能力性经济租金"则应当在企业和出资人之间进行分配。本章认为,对资源垄断型的中央国有企业而言,超过社会整体平均回报水平部分的利润均可视为企业凭借其垄断地位及国家给予的相关垄断资源获取的收益,均为超额利润,即垄断利润,不属于能力性收入。

对这部分超额利润,国家实际上可以完全收取。一方面,国家需要从超额利润中获取足够收益弥补公共福利不足;另一方面,该部分超额收益实际上就是企业凭借国家给予的自然资源、政策等独特的资源优势而形成的收益,相当于涵盖了国家的"资源租金"。国家收取超额利润的方式,既保证了企业获得正水平的利润,确保企业能够获得足够继续发展的资金;又很好地解决了资源垄断型企业通过免费或者廉价使用相关资源所产生资源报酬的分配,同时避免了使用"资源租金"方式造成的监管等问题。

根据资本成本理论,只有当企业留存收益的再投资回报率高于资本成本,企业才有必要将收益保留在企业中进行再投资,否则就应当以股利形式支付给股东。但考虑到该类型企业所在行业多为需要国家保持绝对控制的关键领域。因此,这一类别企业的国家监管目标并非单纯获得国有资本经营收益,对于资本报酬率小于社会资本成本的企业,国家应根据具体行业战略目标少收取或不收取税后利润。即该类型企业获得利润留存或者说进行利润分配首先需满足如下条件:

$$ROE \geqslant r \tag{13}$$

其中,r 为资本成本,ROE 为净资产回报率。

同时,前文结论认为,国有资本在自然资源垄断类型的国有企业中获得的超过社会平均资本成本部分的利润,都应当上缴。本章继续使用商业银行平均贷款利率作为社会平均资本成本的一个重要衡量指标,因此,对于自然资源垄断类型的国有企业,在(13)式的基础上,我们不难得出以下利润上缴比例:

$$\theta^* = 1 - \frac{r}{ROE} \tag{14}$$

例如中国海洋石油总公司 2011 年净资产回报率为 18.86%,则应上缴国家的利润比例为 67.26%,而并非目前的 15%。同样,可以计算出中国黄金集团公司应当上缴的利润比例约为 62.14%。因篇幅所限,此处不一一展开叙述。根据先前的分类,该类型主要囊括的行业有石油石化、煤炭、贵金属、有色金属及其他自然资源垄断类型的企业,该类别企业利润上缴比例可参见表 5-9。

表 5-9　自然资源垄断中央国有企业利润上缴比例

序号	企业	2007	2008	2009	2010	2011
1	中国石油天然气集团公司	48.05%	5.79%	0.00%	15.24%	14.77%
2	中国石油化工集团公司	35.83%	0.00%	36.20%	43.88%	45.35%
3	中国海洋石油总公司	65.83%	65.52%	45.48%	67.78%	67.26%
4	中国航空油料集团公司	N/A	6.40%	36.29%	46.82%	51.46%
5	神华集团有限责任公司	44.16%	47.24%	46.05%	52.63%	57.41%

续表

序号	企业	2007	2008	2009	2010	2011
6	中国中煤能源股份有限公司	65.62%	57.15%	38.45%	36.55%	49.73%
7	中国黄金集团公司	50.65%	12.35%	0.00%	63.14%	62.14%
8	中国盐业总公司	4.75%	0.00%	0.00%	0.00%	0.00%
9	中国五矿集团公司	81.51%	79.31%	51.33%	62.63%	64.71%
10	中国有色矿业集团有限公司	67.24%	43.97%	50.42%	50.63%	41.69%
11	中国冶金科工集团有限公司	76.25%	73.93%	50.48%	0.00%	0.00%
12	中国铝业公司	44.50%	0.00%	0.00%	0.00%	0.00%

注：三大类型中，因振戎集团及煤炭科工集团缺少公开数据资料，故予以排除。N/A表示该栏数据缺失。此外，利润上缴比例为0表示该企业当期利润为0或是由于净资产报酬率低于社会资本成本，暂不需要向国家缴纳利润。

二、技术垄断型及寡头垄断型企业

(一)技术垄断类型企业

由于技术和国家相关政策产生进入门槛形成的其他类型垄断企业，本章在考虑其利润上缴比例时主要基于两个出发点：一是同前文所述一致，因其垄断地位及垄断资源所获取的超额利润部分应当上缴；二是技术型垄断企业适当考虑为其留下一定的留存收益，使技术垄断行业的企业能够在技术方面获得持续增长。即，该类型企业在进行利润上缴时，需要同时考虑企业超额利润及企业的可持续发展。

Higgins(1981)认为可持续增长是一种不需要完全耗尽企业资源情况下企业所能获得的最大增长比率。在企业可持续增长率分析的基础上，本章认为，在技术垄断型行业中，企业稳定的增长率(SGR)应当至少不低于国内生产总值的增长率。

$$SGR \geqslant \Delta GDP > r \tag{15}$$

而同时根据 Higgins 对可持续增长率的描述：

$$SGR = ROE(1-\theta) \tag{16}$$

综上所述，该类型企业利润上缴比例的确定需要考虑应当保证企业自有资本的增长不小于GDP的增长，即企业的可持续增长率应当至少等于GDP增长率；同时兼顾企业增长率后仍存在的超额利润部分(即高于GDP增长率部分)应当上缴。如果企业净资产回报率低于GDP增长速度，国家同样应当考虑行业发展的战略目标少收或不收取相关企业税后利润分红。即：

$$\theta^* = 1 - \frac{\Delta GDP}{ROE} \tag{17}$$

此种类型企业在我们具体划分阶段包括了通信类企业和类别Ⅰ中的军工企业。但该部分企业由于整体行业原因，增长率高于 GDP 增速的企业并不多。

表 5-10　技术垄断型中央国有企业利润上缴比例

序号	企业	2007	2008	2009	2010	2011
1	中国联合网络通信集团有限公司	0.00%	74.07%	0.00%	0.00%	0.00%
2	中国普天信息产业集团公司	0.00%	0.00%	0.00%	0.00%	0.00%
3	中国航天科技集团公司	38.86%	0.00%	53.96%	85.37%	83.10%
4	中国航空工业集团公司	5.67%	4.63%	32.62%	57.00%	0.00%
5	中国船舶工业集团公司	91.96%	59.57%	24.21%	40.08%	45.19%
6	中国船舶重工集团公司	71.77%	51.91%	7.94%	0.0%	0.00%
7	中国兵器工业集团公司	0.00%	0.00%	0.00%	0.00%	0.00%

注：同前文一致，利润上缴比例为 0 表示该企业当期利润为 0 或是由于净资产报酬率低于 GPD 增长速度，因此暂不需要向国家缴纳利润。另，中国移动通信集团公司、中国电信集团公司、中国铁路通信信号集团公司、中国普天信息产业集团公司因未查找到相关公开数据，故未纳入考量。

(二) 寡头垄断类型企业

对国有资本处于寡头垄断地位的行业，我们的分析出发点与技术垄断型企业类似，在确保企业通过留存收益获得增长的前提下，将超额垄断利润进行上缴。不同之处在于，考虑到该类型行业中还存在其他竞争者，尤其是其他非国有资本竞争者。因此，为保证国有企业实际意义上的保值增值及国有资本在行业的充分控制地位，我们要求企业的增长至少不低于行业的增长。据此，在前文分析思路的基础上，可以得出如下方程：

$$SGR = ROE_{in} > r; SGR = ROE(1-\theta) \tag{18}$$

其中，ROE_{in} 为行业 ROE 水平。若国家对该行业无相应的主导要求，当企业净资产报酬率水平低于行业水平时，国家可以考虑通过减持股份的方式退出该企业；若该行业是国家需要重点关注的关键领域，则仍需要少收或不受相关企业利润，同时应当在相关政策方面给予倾斜和支持。在 (18) 基础上，可以得出如下最优上缴比例：

$$\theta^* = 1 - \frac{ROE_{in}}{ROE} \tag{19}$$

根据上述理论分析框架对该类型中中央国有企业最优利润上缴比例的经验估计可参见表5-11。

表5-11 寡头垄断型中央国有企业利润上缴比例

序号	企业	2007	2008	2009	2010	2011
1	中国航空集团公司	0.00%	0.00%	10.20%	0.00%	0.00%
2	中国南方航空集团公司	46.75%	53.06%	0.00%	0.00%	0.00%
3	中国东方航空集团公司	N/A	N/A	N/A	36.66%	25.59%
4	中国外运股份有限公司	0.00%	0.00%	0.00%	0.00%	0.00%
5	中国海运(集团)总公司	0.00%	0.00%	0.00%	0.00%	0.00%
6	国家电网公司	0.00%	0.84%	0.00%	0.00%	0.00%
7	中国南方电网有限责任公司	0.00%	2.93%	0.00%	0.00%	0.00%
8	中国华能集团公司	0.00%	0.00%	0.00%	0.00%	0.00%
9	中国大唐集团公司	0.00%	0.00%	0.00%	0.00%	0.00%
10	中国华电集团公司	0.00%	0.00%	0.00%	0.00%	0.00%
11	中国长江三峡集团公司	0.00%	5.37%	18.41%	0.00%	0.00%
12	中国国电集团公司	0.00%	0.00%	0.00%	0.00%	0.00%
13	中国广东核电集团有限公司	1.01%	17.57%	55.81%	52.15%	45.44%
14	中国电力投资集团公司	0.00%	0.00%	0.00%	0.00%	0.00%

注：同前文一致，N/A表示该公司当年相关数据缺失，利润上缴比例为0表示该企业当期利润为0或是由于净资产报酬率低于社会资本成本，因此暂不需要向国家缴纳利润，中国远洋运输(集团)总公司因未查找到相关公开数据，故未纳入考量。

第七节 结论、政策建议及进一步讨论

一、结论概述

国有企业利润上缴问题实际上是以企业财务决策为基础，进而考虑国有企业特殊性的问题。在西方现代股利分配理论的基础上，国有企业利润上缴可以具体在国有资本的必要回报率、国有企业内部代理成本及国有企业治理目标约束下作出分配机制的安排。在此框架下，本章研究的主要结论有以下几点：

第一，以中央企业为代表的国有企业利润上缴是基于国有企业"公共性"和"企业性"前提，综合考虑企业目标和治理手段而进行的企业行为。

第二，对一般竞争性行业中的中央国有企业而言，基本可以考虑市场

化的利润分配方式进行利润上缴。企业内外部成本最小化是进行利润上缴的一个约束,本章在该约束的基础上,建立了对一般竞争性行业的中央企业利润上缴的分析框架,根据对企业内部代理活动中的信息隐藏程度,以及对企业经营层的外部监督是否有效,建立了相应理论模型,分别计算了监管有效和无效时一个基于企业资产规模、利润水平基础上的一般竞争性行业中央企业利润上缴比例最优解表达式。根据随后对经验数据的观察,我们发现,在当前一般竞争性行业中央国有企业中,企业经营层对留存的利润的侵占额虽然与留存利润正相关,但却是边际非递增的。这可能意味着对企业内部代理活动的信息甄别技术较高,对企业经营层的外部监督有效程度较高。因此,针对不同中央企业,应当根据实际情况选择利润完全上缴或留存于企业。

第三,就垄断行业中的国有企业而言,利润分配的一个基本前提是其凭借垄断地位及垄断资源获取的超额利润都应当上缴,具体上缴比例应当结合社会资本成本(即国有资本的必要回报率)以及国家对该类型企业的治理目标进行综合考虑。同时,通过对该类型企业利润上缴比例的经验估计,我们发现该类型目前通用的15%的利润上缴比例整体偏低。

第四,对于技术垄断型企业而言,由于其企业目标上的特殊性,需要国家留给企业足够的留存利润供其获得技术等相关发展,故本章认定该类型企业需收取的超额利润是指高出GDP增长率的部分。根据经验估计结果,我们发现通信类中央国有企业实际上较少能够获取超额利润,部分航天军工类型企业因为超额利润水平较高,目前5%的利润上缴比例相对偏低,应当适当提高该比例。

第五,对于寡头垄断型企业而言,在行业内能够获得持续发展是尤为重要的,需收取的超额利润是指高于行业增长率的部分。根据对经验估计结果的观察,目前航空、航运领域以及电力行业的中央国有企业在净资产回报率方面多数低于行业报酬率水平,若单纯从超额利润上缴的角度考虑,该类型最优的利润上缴比例普遍不高。

二、初步政策建议

针对研究过程中发现的问题,本章尝试提出以下政策建议。

第一,建立健全更为透明持续的、以中央企业为代表的国有企业信息披露制度。国有企业资料及相关数据的收集是本章研究过程中一大难点。

国务院国有资产监督管理委员会虽然代理国家和全体国民履行国有企业的出资人义务,但究其本质还是中央企业的一级委托代理人,因此,应当向全民股东及时准确披露相关信息,将国有企业的监督管理纳入公众视野中。

第二,国有企业主管部门在进行利润上缴比例的划分时,应当尽量避免"一刀切"。诚然,针对不同央企划定不同利润上缴比例一是操作层面上不现实,二是极有可能造成更多的权利寻租和交易费用。但针对不同企业的行业特点,将目前现有的四类上缴比例有依据的进行细化是很有必要的。

第三,推行国有资本经营预算制度意味着国家以股东身份参与企业治理,应当尽量避免过去政企不分家的行政干预形式对企业进行管理。建议通过不断推进国有企业治理结构的完善,通过董事会行为等方式推动国有企业利润分配政策的制定,并通过利润分配政策降低企业代理成本,促进国有资产保值增值。

三、进一步讨论

第一,在实际运用本章分析结果时要引入模型参数值动态变化、企业利润成长性的考虑。本章关于国有企业利润上缴比例的定量分析结果,其政策参考价值很大程度上取决于对理论模型参数值的估计是否准确,而这些参数值随着我国经济系统的变化显然应该也会发生变化。但本章出于样本数量的考虑,在基于中央企业的数据估计模型参数值时,实际上是假定2002年以来这些参数的值是稳定不变的。因此,将来随着数据的丰富,需要对参数值进行更细致的估计,特别是要捕捉到动态变化,并根据这些变化来更新有关中央企业利润最优上缴比例的估算结果。

另外,本章虽然在理论模型部分引入了对企业利润成长性的考虑,但在对中央企业利润最优分配的实际定量估算时并未纳入这一考虑。因此,在将本章结果推广到实际应用时,还需要对每一家中央企业进行全面的发展前景分析,引入对利润成长因素的考虑。

正如前面讨论时指出的,如果引入这种考虑,假定某中央企业确实具有利润成长性,则由于外部社会投资者相对于国资委在对该利润成长性的认知上的信息劣势,企业要充分发挥其增长潜力,可能更多地要依赖国资委的追加投资而不是社会投资者的投资。在具体操作时,这并不意味着企业利润不用上缴或少上缴,国资委酌情增资。更优的方案应该是,企业利润的上缴仍应按照前面不考虑利润成长的模型求解结果实施,然后国资委以增资扩股方式进行所需的新增投资,这样能更有效地约束经营层对企业利润可能的侵占。

第二,在制定企业利润上缴政策时还要建立配套的对经营者的激励约束机制,以达到利润分配政策的激励相容。如前所述,对投资回报高于社会平均资本成本的国有企业,根据模型参数的大小,本章理论模型部分对其利润最优上缴比例的求解分成了两种情形,即内点解情形和边界解情形。显然,边界解情形的求解结果有一定的激励相容性,因为在该结果中,企业利润回报越高,越有可能利润全部留存于企业,而企业利润回报越低,则越有可能利润全部上缴,这些显然有助于激励企业经营层努力提高企业效益。但在内点解情形中,求解的结果意味着,企业利润越高,上缴比例也越高,而这会削弱经营者提高企业效益的动力。因此在后一情形中,在实施利润最优分配比例的同时,还应结合对经营者建立并实施考核评价与激励机制。

第三,对于中央企业经营层侵蚀利润问题要有客观理性认识,以引导社会舆论趋于公正,从而为国有经济发展营造健康良性的社会环境。从本章的计量分析结果看,留存利润对企业管理费用增长的影响要比企业规模的影响要小,就影响的弹性系数来说,企业规模弹性系数 0.4354 是留存利润弹性系数 0.1659 的两倍以上,而且后者显著小于1,这表明就所考察的这些企业而言,其管理费用的信息透明度尚可,对经营层的外部监督约束尚为有效。因此,联系到目前的社会舆论关切,必须指出,就竞争性行业的中央企业而言,经营层侵蚀利润的问题并不是人们想象的那么严重,因而不能简单地以此问题的存在作为推行激进产权改革的依据。

当然,对上述问题更有说服力的论证还有赖于依据本章模型对中央企业与大中型民营企业的比较分析,看看究竟是哪一类型企业的留存利润影响企业管理费用的弹性系数更大一些。

第四,要将本章分析结果更好地应用于实际,还需要对政府投资于公共福利方面的回报率进行合理的估计。本章在前面的分析中特别是在经验分析部分,为了简化,一般均假定这一回报率等于社会平均资本成本,其隐含假定是政府在公共福利方面的投资完全服从于社会公众的集体意志。但就目前中国的实际情况而言,由于长期以来从中央到地方"重经济增长、轻民生福利"的发展思路,导致政府在公共福利方面的投入不足,这意味着这方面的投资回报率可能会明显大于社会平均资本成本。如果经过严谨细致的估计确实得出这一结果,则意味着与本章的分析结果相比,有更多的中央企业需要上缴全部利润,同时还意味着国资委有必要通过资本市场适量减持国有股权以支持公共福利方面的投资。

第五,本章在具体研究中还存在一定的局限,例如在进行经验研究时,由于中央企业数据获取的问题,部分企业采用了核心上市子公司进行替代,此外对企业的内部代理成本也采用了管理费用进行替代,因此经验研究的结果与实际情况会存在一定差距。同时,在具体研究过程中,我们也发现了一些问题,可以作为今后进一步的研究方向。

对一般竞争性行业的考察可以更为细化,可以更为细致地考虑企业的行业分类、行业结构,甚至在进行企业分类时考虑根据行业将各中央企业的子公司纳入考察范畴。同时,可以进一步放宽假设,将更多要素纳入分析框架中。

对类别Ⅰ和类别Ⅱ中的垄断类型企业,由于企业数量相对较少,且所处行业均为国有资本需要保持控制力的重点行业和关键行业,因此,可以进一步细化到不同行业甚至是具体的公司个体进行个案研究,从各企业资本结构和经营状况、企业业务布局等方面着手分析该类型企业的利润上缴比例问题。

第六章 宏观实证:我国公共福利支出的缺口与国有资本收益的最优划拨

上一章对国有资本收益分析的讨论是微观层面的,即微观上的国有企业应向履行出资人职责的国资监管机构上缴多少利润。但这只是国资收益分配的初始环节,而接下来的分配环节是宏观层面的,即政府对企业上缴的全部国有资本收益如何进行分配,具体而言就是将其中的多少继续用于国有资本(经营性)投资,多少则用于公共福利性支出即民生性支出。本章将集中研究这一宏观层面的国有资本收益分配问题。

虽然第四章的理论模型分析中已就国有资本收益划拨公共消费的最优比率进行了讨论,并给出了初步的数值模拟结果,但这一研究结果毕竟是纯理论性的,其具有理论启发价值,却并不能直接应用于我国当前的实际。究其原因有二:其一,这一理论结果是基于经济系统处于最终的稳定增长状态得出的,而现实中我国的经济仍然处于发展中状态,并未达到稳态增长阶段;其二,第四章数值模拟结果很大程度上是基于对理论模型参数值的设定,而这些参数值的估计与选择难免会有偏差,因此数值模拟结果仅具参考价值而并不能在现实中直接应用。

本章从我国的社会经济实际情况出发,通过对世界各国在社会经济发展过程中公共福利支出变化的经验总结,初步测算出我国公共福利支出相对于国际经验结果的缺口,并基于这一缺口来进一步讨论当前我国国有资本收益的最优划拨比例应为多少,显然,这一结果更多是基于经验分析得出的,因而具有更可行的应用价值。

第一节 问题的现实背景与本章研究思路

一、问题背景

目前,公共福利支出的总量规模和占 GDP 的相对比例是衡量一个国家社会福利水平的重要指标。我国自 2005 年以来,国家财政开始由公共财政向民生财政转变。之后,政府逐步扩大调整对教育、医疗、社会保障、就业和住房等项目的支出规模和结构。表6-2的统计数据显示,我国公共福利支出规模总量从1999年的3277.3亿元增长至2012年的41072.73亿元,涨幅达到了12倍之多。但由于我国正处于转型期,民生财政的建设还处在初级阶段,公共福利支出相对于GDP的比重距离国际发达国家还有很大的差距。

国有资本是国家出资形成的资本,主要以国有企业的形式存在。凯恩斯主义认为,国有资本是政府干预经济,解决市场失灵的重要内容之一。国有资本收益的定义通常有两种界定标准,第一种被认定为国有企业的全部利润;第二种指的是国有企业支付给政府的红利。

国有资本收益的分配一方面指的是国有企业的税后利润在上缴政府和自行留用之间的分配,即确定国有企业税后利润的上缴比例;另一方面是指再次分配国有企业上缴部分的国有资本收益,即在公共福利性支出和生产性支出之间的分配。因此,国内学者们大多从这两个方面出发来研究国有资本收益的分配问题。国有企业上缴政府的那部分利润按照支出方向可以分为生产性支出和消费性支出。这里的消费性支出我们假定全部用来划拨到公共福利支出领域。因此本章所研究的国有资本收益分配,其实就是研究国有资本收益用于公共福利支出的部分占整个国有企业利润的比例。

此外,国务院在2007年出台的针对国有资本经营预算管理的政策中,除了对国有资本收益分配的第一分配过程进行了调整,还进一步提到了第二次分配过程,即对国有资本收益分配的支出作出了政策指导:在公共财政有需要时,国有资本收益可以用于公共福利。这个政策的指导意义在于,它首次肯定了我国国有资本属于全体国民这一事实,意味着我国的国有资本收益开始在支出方向上作出调整,逐渐向公共福利支出范围靠拢。但是,政策对国有资本收益到底应该转移多少没有涉及,划拨规模也严重不足。

国际上,增加公共福利的社会政策最早起源于19世纪70年代的英国,然后逐渐在欧洲兴起,逐步建立起了以教育、社会保障、医疗卫生服务等政策为核心的福利性社会体系。如前所述,我国公共福利支出总量从1999年到2012年的14年间涨幅达到了12倍之多,年均增长率达到21.64%,但是公共福利支出占国内生产总值的比重与国际发达国家相比还存在明显差距。2005年以来,随着我国由公共财政向民生财政转变,公共福利支出的最优规模得到了很多学者的探讨和研究。

本章重点对以下三个问题进行考察:第一,公共福利支出的最优规模如何确定?第二,我国目前的公共福利支出缺口有多大?第三,如何利用国有资本收益对公共福利支出缺口进行划拨?研究以上问题对我国发展民生财政、提高社会公共福利、完善国有资本收益管理均具有较强的参考价值。

二、本章研究思路

本章拟基于一个影响公共福利支出规模的计量回归模型,利用国际上若干主要代表性国家的发展数据,试图寻找一个最优公共福利支出规模,并运用我国现实经济数据测算我国公共福利支出缺口,由此本章试图提出一个用国有资本收益来弥补公共福利支出缺口的最优划拨方案。具体而言,本章研究思路大致如下。

首先,在研究我国公共福利支出最优规模和缺口时,本章搜集了国际上16个国家历年的数据,对本章设定的计量模型进行回归,得出了一条基于国际经验下的公共福利支出最优规模曲线,然后根据我国的实际发展阶段情况,测算出最适合我国国情的公共福利支出规模及其存在的缺口。

其次,在研究我国国有资本收益的最优分配,即对公共福利支出的最优划拨比例问题时,文章建立了一个简单的测算模型,通过模型推导得出了最优划拨的表达式,然后对得到的表达式进行了量化分析,得出了相关结论和政策建议。

本章研究思路与方法具有自己一定的特色:一是对公共福利支出的国际统计口径进行了统一,增加了公共福利支出在国际间的可比性,丰富了学界对公共福利支出国际比较的研究;二是基于实证数据提出了公共福利支出最优规模的估算方案,并初步测算了我国公共福利支出的缺口,这在学界关于公共福利支出的实证研究中,也算是不多的尝试;三是基于公共福利支出缺口所构建的关于国有资本收益对公共福利支出最优划拨的测算模型,以及相应的测算结果,同样在学界也是较为创新的尝试。

第二节 文献梳理与进一步研究方向

一、关于公共支出与公共福利支出的研究

公共福利支出是指政府公共财政支出中带有明显福利性质的公共产品及其政策措施。任何可增进人民生活水平的支出,如经济发展、国民就业、医疗卫生、城市基础设施建设、教育、环境保护等都可包括在内。关于公共福利支出的理论研究,国内外学者们的研究方向大致经历了从政府支出,到公共支出,再到公共福利支出,研究深度也在不断加深。

其中,对于政府公共支出,大量学者对最优公共支出的规模作出了研究。Barro(1990)认为政府公共支出规模会影响经济发展,提出了将政府公共支出以流量形式引入生产函数中,通过最大化家庭消费福利水平和税收融资约束得出了政府最优公共支出规模占产出的比例为(1-产出弹性α),政府最优公共支出规模与经济增长率之间存在着"倒 U 型"的关系。Armey(1995)借鉴拉弗曲线来分析政府最优规模,他描述了经济增长和政府政府支出占 GDP 比例之间的函数关系,提出了 Armey 曲线。严成樑和龚六堂(2011)通过分析以往理论框架,发现政府公共支出规模与经济增长率之间的负相关关系可能不再成立,政府公共支出可以通过影响资本积累和劳动供给同时影响经济增长。付文林和沈坤荣(2006)用计量的方法对我国公共支出相关变量的长期增长效应进行了分析,认为经济增长率与公共支出占 GDP 的比重成负相关关系,他们还提出政府转移支付的规范化有利于中国的长期经济增长。

对于公共福利支出,国内外学者也作了大量的研究。研究主要集中在讨论公共福利支出与经济增长的关系以及公共福利支出的最优规模。在规范分析方面,以贾康、刘微(2007)为代表的学者们提出,有限的政府财政资源决定了政府支出应该更多的用于社会保障和改善民生,在确定投入规模时要同时考虑社会发展水平和政府财政的承受能力。更多的学者们侧重用实证研究的方法来研究政府公共福利支出。刘长生、郭小东等(2008)采用社会福利指数来研究政府支出规模的结构优化。他们以我国 1982 年至 2005 年的相关数据构建了我国社会福利指数和政府支出规模之间的计量实证模型,不仅验证了 Armey 曲线的存在,而且进一步得出我国政府支出总规模和不同支出项目都没有达到最优值。为满足人们对公共服务日

益增加的需求,我国应增加政府支出规模,调整政府支出结构,减少投资和行政管理支出,增加以教育、公共卫生和社会保障为主体的公共福利支出,来提高我国社会福利水平。孙荣和辛方坤(2011)也通过构建财政支出与社会福利的关系函数,发现社会福利与不同类型财政支出的产出弹性密切相关。他们研究了中国1978年至2006年的各类支出与社会福利之间的动态均衡关系,提出应该提高科教文卫等福利性支出。张淑翠(2012)通过对我国1978年至2008年数据进行估计,采用DEA数据包络分析法和Tobit回归修正法建立了政府支出最优规模的预测模型,得出在社会福利最大化的目标下,预算内和预算外的最优支出规模分别为15.61%和21.78%,同时还认为政府公共福利支出最优规模应该与国家经济社会发展阶段相适应。

二、关于我国国有资本收益分配的研究

1949年新中国成立以来,随着我国国情的不断变化,生产关系的变化逐渐适应生产力的发展,因此演变出许多国有资本收益分配制度。上一章即第五章对此演变过程已有初步的梳理与概述。其中到了2007年,财政部和国资委共同颁布的《中央企业国有资本收益收取管理办法》,结束了央企只交税不交红利的历史,揭开了央企向政府分红的序幕。同年更早颁布的《关于试行国有资本经营预算的意见》还对国有资本经营预算的支出作出了规定,不仅对支出作了功能性分类,且指明了支出安排的方向。此后,随着我国国有资产管理实践的深入,我国的国有资本经营预算管理得到不断完善,国有资本经营预算的收入收缴和支出分配都经历了调整和规范。

完整的国有资本收益分配包括两个过程:(1)国有企业利润在自留和上缴之间的分配;(2)国有企业上缴部分的国有资本收益的再分配,即在生产性支出和公共福利性支出之间的分配。因此,国内学者们大多从这两个方面来研究国有资本收益的分配问题。

李正强(2007)和吴国玖(2008)认为,国家是国有资本的名义出资人,国家应该作为出资人享有国有企业利润分红的权利,国有资本全民所有的性质决定了国有企业的利润应该分红给全国人民,具体来说,国有企业的税后利润除了用于自身的发展需要,应该全部用来提供增加社会公共福利的公共产品和服务。汪立鑫、付青山(2009)认为,由于国有资本的全民性,政府的目标应该设定为社会福利最大化,他们把国有资本收益分为生产性支出和消费性支出,通过最大化社会福利函数得到了国有资本收益的最优分配表达式,通过构建理论模型,得出了以下结论:在收入方面,政府应当

逐步增加国有企业利润的上缴比例和上缴范围;在支出方面,政府应当逐步提高国有资本收益用于公共社会福利的比例。陈怀海(2005)认为,虽然国家的预算体系分为两个独立的部分,但是国有资本经营预算和公共财政预算不是完全独立的,两者之间具有公共性,国有资本经营预算收取的收入可以部分用于弥补公共财政预算缺口和社会保障支出。

综合以上学者的观点,我们可以看到:大多数学者认为国有资本收益应该体现全民的特征,他们的研究重点已经从单纯的国有资本经营预算的收入部分转移到了支出部分,在完善国有企业上缴标准和比例的同时,大都建议将国有资本收益部分用于提高社会公共福利的领域。但是,对于国有资本收益向社会公共福利划拨比例的定量研究还不够深入,特别是对最优划拨率的量化研究还较少涉及。

第三节 理论框架:国有资本收益在资本性支出与公共福利支出间的权衡

一、基本的理论逻辑

(一)国有资本收益的使用应以全民福利最大化为目标,其具体支出结构取决于不同支出方向对全民福利边际贡献的比较

国有资本收益支出结构的确立原则受国有资本的所有权性质的影响。国有资本的全民所有制属性决定了确立国有资本收益支出结构必须以实现全民福利最大化为原则。

如果将国有资本收益支出方向分为企业经营投资性支出和公共福利性支出两个基本方面,则从全民福利最大化原则出发,国有资本收益支出结构取决于这两类支出对全民福利的边际贡献的比较。即如果公共福利性支出的边际贡献较大,则应提高国有资本收益中公共福利性支出的比例,反之则应降低这一比例。

(二)与对企业征税相比,国有资本收益作为公共福利支出之资金来源具有其相对优势

假定社会上确实需要提高公共福利性支出,则也可通过提高征税特别是对企业的征税来获得资金。但是这一选择和从国资收益中获得资金相比会增加以下额外成本:一是税收的征收成本,即在税收征收和缴纳过程

中的交易成本;二是税收导致资源配置扭曲所形成的税收额外负担;三是导致一个国家吸引资本减少甚至资本外流问题。除了上述因素之外,税制的稳定性要求也使得税收这一选择与后一选择相比缺乏必要的灵活性。

(三)随着经济发展与经济转型,公共福利性支出对全民福利的边际贡献会相对提高(即相对于企业经营投资性支出的边际贡献),从而要求将国资收益的适当比例用于公共福利性支出

从西方先发国家的历史看,在其经济发展过程中均出现过公共支出占GDP比重的持续增长趋势(见图 6-1),对此西方经济学界曾提出过各种解释①。这一增长趋势实际上反映了一种社会的需要,即随着经济的发展,社会要求增加公共支出的相对比重,而这也部分表明公共支出对全民福利边际贡献的相对提高。

另一方面,计划经济向市场经济的转型也会导致社会对政府公共福利性支出的需求的增加。在计划经济体制下,企业职工的社会保障主要由国有企业内部承担,而随着市场化改革,国有企业需要剥离这些"企业办社会"的职能,相应地就要求政府增加公共福利性支出以进行替代。因此可以认为,当国有企业纷纷剥离企业办社会职能时,政府公共支出对全民福利之边际贡献必然也相对提高。

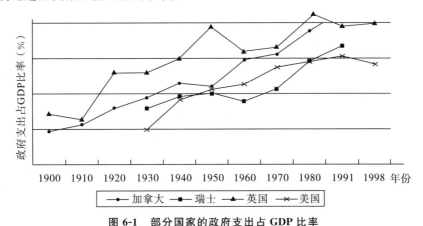

图 6-1 部分国家的政府支出占 GDP 比率

资料来源:转引自罗森,《财政学》,中国人民大学出版社,2003,第 10 页、第 115 页。

---

① 在这些解释中,Musgrave(1969)和 Rostow(1971)的解释最为强调经济发展的因素,即认为在经济发展过程中,需要政府加大基础设施等方面的投资以创造一个必要的投资环境,而在经济发展后期,公共支出将转向以教育、卫生与福利等方面的公共福利支出为主。

中国目前正处于经济发展和经济转型的中后期,因此社会同样也需要公共福利支出的相对提高,为此,将国有资本收益中适当比例的一部分用于公共福利性支出,就成为政府可选择的手段之一。

基于以上的理论分析,我们接下来将构造一个关于国有资本收益支出结构的模型来展开进一步的分析。

二、一个简单的局部均衡模型分析

假定政府在全民的委托下以实现全民福利最大化为原则确立国有资本收益支出的结构,即确定国有资本收益以怎样的比例用于经营投资性支出和公共福利性支出。

首先,构造生产函数 $F=A[K+sK\pi(1-\theta)+(1-s)kv]^\alpha L^{1-\alpha}$ (1)

这里假定国有经济和非国有经济均只依靠税后利润来进行投资,其中:

$sK\pi(1-\theta)$ 表示国有资本收益用于再投资的数量,K 为社会的资本总量,s 为其中国有资本所占的比例($0<s<1$),π 为国有资本的利润率($0<\pi<1$),θ 为国有资本收益中上缴政府用于公共福利性支出比例,相应地用于经营投资支出的比例就为$(1-\theta)$;

$(1-s)Kv$ 为非国有资本收益用于再投资的数量,v 为非国有资本总量的增长率($0<v<1$);

L 为社会总的劳动力。

其次,构造社会福利函数 $U=F+\psi sK\pi\theta, \psi>0$ (2)

ψ 为国有资本收益中的公共福利性支出对增加社会总福利的影响因子,它与经济背景性因素的变化如前述的经济发展和经济转型有关。

政府以社会福利最大化为目标来确立最优的国有资本收益支出结构θ,该最优化问题表示如下:

$\max U=A[K+sK\pi(1-\theta)+(1-s)Kv]^\alpha L^{1-\alpha}+\psi sK\pi\theta$

$s.t. 0\leqslant\theta\leqslant 1$

最优化的一阶条件为:$\dfrac{dU}{d\theta}=0$,

得 $[1+s\pi(1-\theta)+(1-s)v]^{\alpha-1}=\dfrac{\psi}{A\alpha}\left(\dfrac{K}{L}\right)^{1-\alpha}$,$k=\dfrac{K}{L}$ 即为人均资本占有量。

二阶条件 $\dfrac{d^2U}{d\theta^2}<0$ 也成立。

若存在最优 θ^*,则还需满足 $0\leqslant\theta\leqslant1$,即:$1+(1-s)\nu\leqslant\dfrac{1}{k}\left(\dfrac{A\alpha}{\psi}\right)^{\frac{1}{1-\alpha}}\leqslant1+(1-s)\nu+s\pi$ \hfill (3)

此时使得社会总福利最大化的 θ^* 为:

$$\theta^* = 1 + \frac{1+(1-s)\nu}{s\pi} - \frac{1}{s\pi k}\left(\frac{A\alpha}{\psi}\right)^{\frac{1}{1-\alpha}} \tag{4}$$

通过对上述最优 θ^* 的表达式的分析可以得出如下结果:

(1) $\dfrac{\partial \theta^*}{\partial \psi} > 0$,这表明随着经济背景的变化如经济的发展和经济的转型,公共福利性支出对社会总福利的边际贡献相对提高,相应地,国有资本收益用于公共福利性支出的最优比例 θ^* 也应当逐步提高;

(2) $\dfrac{\partial \theta^*}{\partial k} > 0$,表明随着人均资本规模的提高,国有资本收益中用于公共福利性支出的比例应当提高,用于经营投资性支出的比例则可以降低;

(3) $\dfrac{\partial \theta^*}{\partial \pi} > 0$,表明随着国有企业的经营状况的改善,国有资本收益中用于公共福利性支出的比例也应当提高;

(4) $\dfrac{\partial \theta^*}{\partial \nu} > 0$,表明非国有资本的增长率较高时,可以选择较高的 θ^*;

(5) 国有资本收益支出结构的变化与国有资本所占比重的变化之间的关系并不确定。若 $\dfrac{1}{k}\left(\dfrac{A\alpha}{\psi}\right)^{\frac{1}{1-\alpha}} > 1+\nu$,则 $\dfrac{\partial \theta^*}{\partial s} = -\dfrac{1}{s^2\pi}\left[1+\nu-\dfrac{1}{k}\left(\dfrac{A\alpha}{\psi}\right)^{\frac{1}{1-\alpha}}\right] > 0$,随着国有资本比重 s 下降,国有资本收益用于公共福利性支出的比例 θ^* 应当逐步降低。若 $\dfrac{1}{k}\left(\dfrac{A\alpha}{\psi}\right)^{\frac{1}{1-\alpha}} \leqslant 1+\nu$,则 $\dfrac{\partial \theta^*}{\partial s} \leqslant 0$,随着国有资本比重 s 下降,θ^* 应当逐步提高。

三、经济发展、经济转型与我国国有资本收益支出结构的转变

根据上述的模型分析结果,结合我国改革开放以来经济转型与经济发展这两大经济背景,可以对我国国有资本收益支出结构的转变进行初步的讨论。

(一)经济转型与经济发展过程所伴随的个人收入差距的扩大,对政府公共福利性支出提出了更大的需求

20世纪90年代初,我国经济体制改革刚刚进入纵深阶段,收入分配差距仍相对较低,低于国际警戒水平。而随着我国经济体制转型的逐步深入和经济发展水平的逐步提高,不可避免地导致了收入差距的迅速扩大

(汪立鑫,2000),我国基尼系数1990年仍为0.36,但到1992年便很快逼近国际警戒线0.40,随后基本上在0.40之上呈高位攀升之势,见表6-1。

收入分配差距过大,损害社会公平,不利于社会稳定,特别是导致低收入者在基本的生存需要、教育、医疗卫生等方面的支付能力不足,这时收入再分配政策及其他政府公共福利支出将会显著提高全民福利水平。换言之,这时公共福利性支出将会对全民总福利产生较高的边际贡献,因而社会对公共福利性支出将会有更高的需求。而在一般性政府公共支出尚无力满足需要的情况下,将国有资本收益的一部分用于公共福利性支出就成为一个必要的选择。

表 6-1　中国历年的基尼系数

年份	1981	1990	1992	1994	1997	2001	2004	2006	2007
基尼系数	0.2927	0.3587	0.3993	0.43	0.3964	0.4331	0.4419	0.475	0.48

资料来源:2004年及之前的数据引自程永宏(2007)的测算,2006年及2007年数据引自杨宜勇、顾严(2008)的估算与预测。

(二)人均资本规模 k 以及国有资本盈利能力 π 的提高也为国有资本收益部分用于公共福利性支出提供了条件,这也是上节模型的分析性结论之一

在我国改革开放初期,经济发展落后以及人均资本存量规模很低也要求国有资本收益用于企业的经营投资以促进经济增长,这更有利于增加社会福利;而且按照 Musgrave(1969) 和 Rostow(1971) 经济发展阶段论的看法,在经济发展起步阶段为了创造一个必要的投资环境,需要政府加大基础设施等方面的投资,而在我国改革开放前期这方面的投资也主要是通过国有企业来实施的。

此外,在国企改革进入攻坚阶段的20世纪90年代,我国国有企业经营状况较差,企业亏损面很高。到1998年,全国国有企业的净资产收益率只有0.4%,盈利面仅有31.3%(《中国财政年鉴2007》)。即大部分国有企业处于亏损状态,而且企业办社会的负担较重,这些因素都限制了国有资本收益用于公共福利性支出。

可见,在经济转型的初期,与实现社会性目标相比,国有资本的收益用于再投资以实现经济增长就显得至关重要,20世纪90年代将国有资本的收益全部留给企业,用于国有企业自身发展,具有很大的合理性。

而随着国有企业改革的推进,国有企业逐步适应市场经济体制,国有企业经营状况逐步好转,见图6-2。2006年全国国有企业的利润总额高达

12193.5亿元,比上年增长27.3%。净资产利润率由1998年的0.4%上升到2006年的12.4%,同时,经济发展过程中资本的快速积累也必然会大大提高我国人均资本规模。按照上节的模型分析,经济环境的这些变化使得 $\frac{1}{k}\left(\frac{A\alpha}{\psi}\right)^{\frac{1}{1-\alpha}} \leqslant 1+(1-s)\nu+s\pi$,即 $\theta^* > 0$ 的条件越来越容易满足,且还使得 θ^* 趋于增大。2007年开始实行国有资本经营预算,国有资本收益的支出延伸到公共福利性支出中的社会保障支出,正是经济环境变化的一种反映。而且按照我们的分析,在国有资本收益中,这部分支出的比例还可以逐步提高,支出的范围可逐步延伸到教育、医疗卫生等领域,以实现社会整体福利的提高。

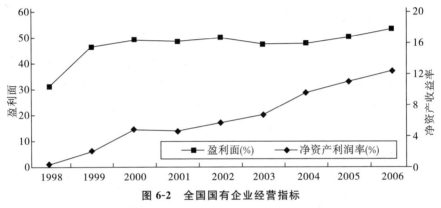

图 6-2　全国国有企业经营指标

资料来源:《中国财政年鉴2007》。

(三)随着经济的发展和经济的转型,我国总公共福利性支出与其他国家横向比较已显得严重不足,与自身的经济发展水平及社会公共福利需要相比也严重滞后

换言之,公共福利性支出对社会总福利的边际贡献 ψ 明显提高,相应地,也就要求国有资本收益中用于公共福利性支出的最优比例 θ^* 逐步提高。

长期以来,我国公共福利性支出的总水平与许多国家相比处于很低水平。2004年社会性支出占财政总支出的比例为22.45%,占GDP的比例为4.0%(《中国财政年鉴2005》),不仅低于中高收入国家的比例,而且也低于低收入国家的比例(1995年低收入国家的这两个比例分别为27.45%和7.6%)。[1]

---

[1] 参见中国经济增长与宏观稳定课题组(2006)的研究。

具体到公共福利性支出的各个方面,多年来我国与其他国家相比也均显得非常不足。例如:

2005年我国教育支出占GDP的比例为2.47%,低于1997年的世界平均水平4.8%和低收入国家的平均水平3.3%;2005年我国教育支出占财政支出的比例为13.4%,低于许多发展中国家,如2000年泰国、1999年墨西哥的这一数字分别为22.44%、25.54%(《中国财政年鉴2006》,世界银行数据库)。

2000年我国政府承担的公共卫生保健支出占GDP的比例仅为1.9%,大大低于该年的世界平均水平5.4%和中低收入国家水平2.7%(世界银行数据库)。

目前,我国社会性公共支出仍存在着相对不足,其原因正如前面曾分析的,一方面与经济发展所伴随的大众对公共支出日益增长的需要有关,另一方面很大程度上也与计划向市场转型所遗留的问题有关。而要缩小公共福利性支出与社会需求之间的巨大缺口,其中的必要选择之一就是划出一部分国有资本收益用于公共福利性支出来进行弥补。

(四)国有资本收益支出结构的转变在一定程度上也有利于我国目前的消费投资结构的优化

我国目前经济结构中消费投资的结构不尽合理,投资比重偏高,而消费的比例则较低。2004年我国消费率为54.2%,不仅低于多数国家的水平,而且低于与我国经济发展水平相近的发展中国家和转型国家(如同期的巴西与墨西哥分别为79%和80%,俄罗斯与乌克兰分别为67.1%和73.3%,);相应地,同期我国的投资率(45.0%)则就显著高于绝大多数国家的水平。(《中国统计年鉴2006》、《世界经济年鉴2005/2006》)。

当然,我国目前较高的投资率与我国作为发展中国家仍需要较高的资本积累速度有关,但在经济发展到今天的阶段,要实现我国经济协调可持续发展,则发挥国内消费需求对经济增长的拉动作用就变得越来越关键。

而将国有资本收益中的一部分用于公共福利支出并逐步提高这部分支出的比例,则对优化我国目前的消费投资比例会起到多方面的作用。

首先,目前国内消费需求受抑制的重要原因在于,在较大的收入分配差距下,中低收入群体的消费能力十分有限;同时,社会保障体系的不完善使得大众对未来形成较大的不确定性和风险预期,从而出于预防动机减低了当前消费,导致人们较低的消费倾向。而将国有资本收益中的一部分用于公共福利支出,一方面会提高中低收入群体的收入,另一方面会加强社会保障体系,消除大众后顾之忧,提高人们当前消费的信心。

其次,我国社会总投资中的相当比例是国有经济的投资,2005年国有经济的投资额占全社会固定资产投资总额的33.42%(《中国财政年鉴2006》)。因此,将国有资本收益一部分用于公共福利性支出,从而减少其用于经营性投资的数量,这本身就能起到降低全社会的投资率、优化消费投资结构的作用。

此外,还可以考虑在经济高涨时,选择较高的公共福利性支出比例,以抑制投资,在经济处于低谷时选择较低的公共福利性支出比例,增加投资,从而减弱投资波动和宏观经济的波动。从这个角度看,国有资本收益的公共福利性支出比例还可以作为一项调节消费投资结构和熨平经济周期性波动的政策工具。

本节以上部分主要是基于国有资本收益在资本性支出与公共福利支出间权衡这一局部均衡角度,从理论上分析国有资本收益中用于公共福利性支出的最优比例问题。而回到我国经济现实中来,由于受到种种原因制约,我国实际的公共福利支出水平与上述理论上最优水平相比可能存在着明显的差距,这一差距我们称之为我国公共福利支出缺口,如果讨论现实中我国国有资本收益中用于公共福利性支出的比例应该为多少,则自然要将这一缺口作为分析的前提条件之一。本章后面将展开与此相关的经验实证分析,以得出更具应用价值的结果。

第四节 我国公共福利支出及缺口分析

一、公共福利支出的概念界定

虽然公共福利支出是公共支出的一部分,但是公共福利支出也有其自身的特点,公共福利支出最根本的特点是政府为满足公共需要和解决市场失灵所承担的职能转向了民生领域,国际上称作社会公共福利领域。公共福利支出是社会进步的产物。随着社会的进步和发展,人类对生活水平的要求越来越高,因此世界各国大多提高了公共福利的支出。在目前的财政体系中,公共福利支出已经成为政府预算安排中的重要支出项目。

公共福利支出的概念有狭义和广义之分。狭义的公共福利支出是政府公共部门对福利领域的专项支出,也就是为了解决一些市场失灵问题与人民生活息息相关问题上的支出,如社会救济支出、社会保险支出、公共卫生支出、社会公共服务支出等。广义的公共福利支出则是指从政府公共资源配置的角度出发,政府公共财政支出中带有明显福利性质的公共产品及其政策措施,任何可增进人民生活水平的支出,如经济发展、国民就业、医疗卫生、城市基础设施建设、教育、环境保护等都可包括在内,其概念相当于财政公共支出。本章研究的公共福利支出是指狭义定义下主要的三类支出:公共教育支出、社会保障支出及公共医疗卫生支出。

公共福利支出的水平体现了政府对社会公共福利的关注程度,越高的公共福利水平表明政府越重视社会公共福利。随着社会的发展,人们已经越来越意识到公共福利的重要性,社会公共福利水平同样是影响社会经济发展的重要因素。

目前在学术界,常用来衡量一个国家社会公共福利水平的指标包括以下三个:"第一,公共福利支出总规模;第二,公共福利支出占GDP的比重;第三,公共福利支出年增长率。"本章拟采用这三个常用指标来对我国公共福利支出进行比较研究。

二、我国公共福利支出的统计分析与评价

(一)我国公共福利支出规模的总量分析

1. 在总量方面,我国公共福利支出规模一直保持增长态势,并且增长幅度明显加快

总体而言,公共福利支出已经成为我国政府财政资源配置的重要领域。具体来说,我国公共福利支出总量从1999年的3277.3亿元增长至2012年的41072.73亿元,14年期间涨幅达到了12倍之多,年均增长率达到21.64%。其中2007年增长率为历年最高,达到34.18%,之后逐渐放缓。

总体上说,我国公共福利支出总量一直保持较快的增长,但也有极个别年份的增长率出现了较大波折。表6-2的数据显示,2003年的公共福利支出增长率仅为7.96%,为历年最低,与最高点2007年的34.18%相比,相差达到26个百分点。

2. 从占GDP比重角度,我国公共福利支出规模变化也较为明显

如图6-3所示,从1999年到2012年,公共福利支出占GDP的比重数

值由 3.99% 增加至 7.91%，年均增长率约达到 7.53%。其中，在 2003 年和 2005 年分别出现趋势下降和上升的拐点。2005 年以后，比重数值一直增加，直到 2009 年进入 6% 时代，2011 年进入 7% 时代，2012 年比重更是接近 8%，为 7.91%。

3. 在占财政支出比重方面，我国公共福利支出规模呈现出上下波动，总体比重呈不断上升的态势

如表 6-2 所示，我国公共福利支出占财政支出的比重在 1999 年为 24.85%，至 2006 年为 26.84%，期间出现两次峰值和两次低值，但是差距并不大，最高为 2002 年的 27.61%，最低出现在 2000 年，为 24.57%，波动幅度稳定在 2% 以内。然而，经过了这一段小幅波动之后，从 2007 年开始，我国公共福利支出占财政总支出的比重开始上升，虽然一开始也有小幅波动，但是后续增长明显，2012 年达到 32.61%。以上数据表明，这期间政府更加重视社会公共福利水平，投向社会公共福利的政府支出愈来愈多。因此，这段时间我国公共福利支出的增长相对于财政支出的增长来说，其幅度更加明显。数据显示，2006 年的公共福利支出占财政总支出比重从 26.84% 直接跳到 2007 年的 29.25%，增长幅度达到 2% 之多。在 2009 年经历小幅下降之后，从 2010 年开始，公共福利支出占财政总支出的比重每年都有所增加。由此得出，这种波动上升的趋势特征与国家的社会经济发展政策是紧密联系的。1994 年是我国政府进行经济体制改革、从计划经济走向社会主义市场经济的重要分隔点。虽然政府曾提出过效率优先、兼顾公平的原则，但是在实践中，我们未能真正处理好效率和公平的关系。因对经济增长的高度重视，可能导致在一定程度上忽视了对社会公平保障的福利建设，这促使很多社会问题愈来愈明显，逐步制约着我国经济的发展。这些社会问题主要表现为收入差距扩大、分配不均、环境恶化、资源浪费，等等，所以这一期间公共福利支出增长速度稍慢于财政总支出。直到 2002 年，我国政府重提"效率与公平"的关系，加大了对社会公平的重视程度，强调在再分配中更加注重公平，故此后公共福利支出开始大幅增加。2007 年以后，我国继续细化社会主义公平建设，明确把"改善民生"作为政府财政分配的重要工作，重点解决好与人民生活水平密切相关的教育、社会保障、医疗卫生、就业、住房等领域出现的公平问题。所以，在 2007 年以后，公共福利支出占财政总支出比例从 29.25% 跃升至 2012 年的 32.61%，比重增长速度明显增加。

表 6-2　1999 年—2012 年我国公共福利支出情况变动表

年份	公共福利支出总量	增长率	国内生产总值(GDP)	占 GDP 的比重	占财政支出的比重
1999	3277.3	NA	82054	3.99%	24.85%
2000	3902.55	19.08%	89404	4.37%	24.57%
2001	4911.4	25.85%	95933	5.12%	25.98%
2002	6089.25	23.98%	102398	5.95%	27.61%
2003	6574.22	7.96%	116694	5.63%	26.67%
2004	7595.56	15.54%	136515	5.56%	26.66%
2005	9266.97	22.01%	182321	5.08%	27.31%
2006	10851.06	17.09%	209407	5.18%	26.84%
2007	14559.44	34.18%	265810	5.48%	29.25%
2008	18571.54	27.56%	314045	5.91%	29.67%
2009	22038.41	18.67%	340903	6.46%	28.88%
2010	26484.82	20.18%	401513	6.60%	29.47%
2011	34036.24	28.51%	473104	7.19%	31.16%
2012	41072.73	20.67%	519470	7.91%	32.61%

资料来源:中国统计年鉴、国家统计局。

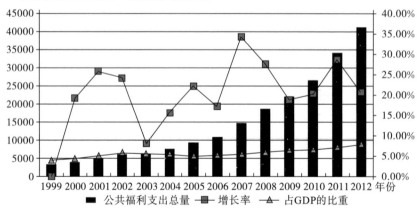

图 6-3　我国公共福利支出总量、增长率和占 GDP 比重的发展趋势图

资料来源:中国统计年鉴、国家统计局。

(二)各项公共福利支出的结构分析

任何可增进人民生活水平的支出,如经济发展、国民就业、医疗卫生、城市基础设施建设、教育、环境保护等,都可以归结为公共福利支出。根据国际上对公共福利支出的一般界定,从我国实际国情出发,我国的公共福利支出中主要包括公共教育支出、社会保障支出和医疗卫生支出三大类,其他几类支出在规模上都与这三大福利支出相差甚远。因此,本章以上述

三大福利支出为研究对象,分别对其总量和发展趋势进行分析。

表 6-3　1999 年－2012 年三大公共福利支出总量及其增长率

年份	教育支出（亿元）	增长率（%）	社会保障支出（亿元）	增长率（%）	医疗卫生支出（亿元）	增长率（%）
1999	1634.18	—	1197.44	—	445.68	—
2000	1895.27	15.98	1517.57	26.73	489.71	9.88
2001	2354.7	24.24	1987.4	30.96	569.3	16.25
2002	2817.99	19.68	2636.22	32.65	635.04	11.55
2003	3140.26	11.44	2655.91	0.75	778.05	22.52
2004	3624.84	15.43	3116.08	17.33	854.64	9.84
2005	4531.3	25.01	3698.86	18.70	1036.81	21.32
2006	5169.05	14.07	4361.78	17.92	1320.23	27.34
2007	7122.32	37.79	5447.16	24.88	1989.96	50.73
2008	9010.21	26.51	6804.29	24.91	2757.04	38.55
2009	10437.54	15.84	7606.68	11.79	3994.19	44.87
2010	12550.02	20.24	9130.62	20.03	4804.18	20.28
2011	16497.33	31.45	11109.40	21.67	6429.51	33.83
2012	21242.10	28.76	12585.52	13.29	7245.11	12.69

资料来源:由国家统计局数据整理而得,"—"表示无数据。

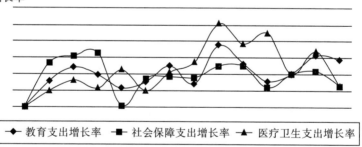

图 6-4　1999 年－2011 年三大公共福利支出占 GDP 比重变化趋势图
资料来源:由国家统计局数据整理而得。

1. 在绝对总量方面,三大公共福利支出均呈现逐年增长的趋势,除了 2003 年的社会保障支出增长率只有 0.75%,其他各年各类支出的增长率均在 10% 以上,最高为 2007 年的医疗卫生支出增长了 50.73%。在三大类支出中,教育支出的绝对规模总量最大。从 1999 年的 1634.18 亿元增长到 2012 年的 21242.10 亿元,13 年期间增长了 15 倍之多。社会保障支出和医疗卫生支出都保持着快速稳定的增长,2012 年,社会保障支出总量达到 12585.52 亿元,医疗卫生支出增长到 7245.11 亿元。

占财政支出比重

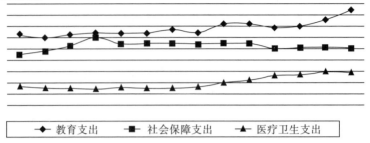

图6-5 1999年—2012年三大公共福利支出占财政支出比重变化趋势图
资料来源：由国家统计局数据整理而得。

2. 在占比方面，三大公共福利支出与财政支出之间的比例各具特征，其中，社会保障支出的比重变化趋势最为稳定，占财政支出比重一直保持在9%～12%区间内浮动；占GDP的比重保持在的2%上下波动，这一比重远远低于西方发达国家20%～30%的比重。比重差距大也从侧面体现了社会保障支出严重不足。在前面讲到的三项支出中，教育支出占财政支出的份额最大，2012年达到峰值，为16.87%，占GDP的4.09%，已经超过了我国4%的预算目标。医疗卫生支出占财政支出比重平稳上升，从1999年的3.38%上升到2012年的5.75%，涨幅接近一倍。但是我们应该看到这些支出的占比情况与发达国家的差距，说明我国在三大公共福利支出的改革方面还有很长的路要走，各级政府应该加强对公共福利的财政投入。

占GDP比重

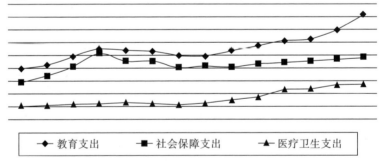

图6-6 1999年—2012年三大公共福利支出占GDP比重变化趋势图
资料来源：由国家统计局数据整理而得。

(三)我国公共福利支出的现状评价

1. 绝对总量上涨，但相对比重仍然不足

当前我国的公共福利支出投入总量虽然逐年增长，但是相对于GDP的比重2012年仅为7.91%。闫婷(2011)用计量方法表明，公共福利支出占 GDP 的最优比例为 11％,此时最有利于经济的发展。因此,在相对规模上,公共福利支出占 GDP 的比重略显不足。同时,在增长率方面,我国公共福利支出占 GDP 的比重增长缓慢,这在政策角度反映出我国正处于社会主义市场经济体制改革的转型初期,民生投入跟不上经济发展的需要,限制了经济均衡增长。因此,这意味着我国财政资源的分配应该继续大幅度地向民生领域倾斜。

2.公共福利支出缺乏稳定的长效机制

首先表现在 1994 年分税制改革后,地方政府的财权和事权得不到匹配。其次,通过对图中各项支出增长趋势的分析,我们可以看到三项支出的增长率均出现了大幅度的上下波动,这说明我国公共福利支出的财政政策导向缺乏稳定的长效机制。在中央 2007 年提出"关注民生、改善民生"的相关政策后,各项支出增长率均达到峰值,随后便有所下降。

三、公共福利支出的国际经验借鉴与启示

从国际上看,英国较早在国内推行社会公共福利政策,19 世纪 70 年代以后逐渐在欧洲兴起,多国建立起以社会保险及救助、教育、医疗卫生服务、住房补贴等政策为核心的福利性社会体系,形成了不同类型的福利制度。发达国家的福利政策的发展历史远早于我国,有的国家公共福利支出占财政支出的比重已经超过 50％。因此,他们在社会发展中积累的关于福利制度建设的经验和教训,对我国的公共财政支出活动具有重要的借鉴作用。

现选取美国、日本这两个国家作为案例,拟通过分析这两个国家的公共福利政策,希望从中得到对我国有借鉴意义的启示。

(一)美国公共福利支出的特点

社会福利制度在欧洲兴起之时,美国因为经济稳定并未立即效仿。当 20 世纪 30 年代的大萧条来临后,美国经济严重滑坡,市场供给严重过剩引发大量企业破产,就业率骤降,低收入者大量增加。美国的公共福利政策伴随着经济社会的演进,也得到了进一步的健全和发展,主要包括:1954 年,扩大了国家公共福利服务的对象,如工人和自由失业者;1956 年提高了对弱势家庭的补助支出;1958 年,大大增加了教育经费和个人贷款;1964 年,总统约翰逊提出"伟大社会"施政构想,之后推动了大量与社会保障和福利相关的立法,开启了快速走向福利国家的大门。

1. 在教育福利方面,美国非常重视对人才的培养,形成了大量的人力资本

具体来说,主要体现为两大政策,一是针对低收入家庭建立的转移支付制度;二是给予教育事业税收优惠。这些政策极大地提高了社会各界对教育事业的投入,使得美国吸引了全球大批优秀人才前来,以使自己及子女能获得教育福利,让美国积累了雄厚的人力资本,对美国经济和社会的发展作出了巨大贡献。

2. 在社会保障福利方面,美国建立了以企业为核心的社会保障运行机制来加强社会福利项目的针对性

以就业福利为主体,一方面可以更加有效地针对受保障者,另一方面可以保障特定人员的基础生存需求。美国财政的社会保障覆盖面相对欧洲来说较小,社会保障主要依靠社会保险。美国用于社会保险的资金由企业与劳动者共同缴纳,其保障水平由上一期所交保险费用决定,上期上缴越多,当期保障越高。这种福利制度一定程度地避免了高福利社会存在的弊端,激励受保障者重新踏上工作岗位。

3. 在医疗保障福利方面,美国属于老人型医疗保障制度

不同于欧洲大部分国家的全民医疗福利制度,美国政府只对65岁以上老人提供医疗保险,其他人员的医疗保险支出则主要由社会商业保险来承担。所以和欧洲其他高福利国家相比,美国的医疗卫生总支出虽差距较小,但相对财政支出比重差距较大。

(二)日本公共福利支出的特点

日本和我国同属于亚洲,其公共福利政策对我国也有较大的参考意义。虽然日本的公共福利体系建设时间不长,但是作为亚洲发达国家,其在经济发展过程中经历过的公共福利制度改革具有相当的借鉴价值。相对于美国来说,日本公共福利的最大特点是全民性,接受福利服务的涵盖范围非常之广,位居世界前列。但是,这个特点也逐渐成为日本的沉重负担。

在教育方面,日本从20世纪初开始逐渐将义务教育作为公共教育支出的重点,《义务教育费国库负担法》是保证义务教育发展的主要法律。从财政投入看,日本即使在经济进入中低速增长之后,其义务教育在教育投入中占比仍长期保持在一半左右。

在社会保障方面,日本公共养老金制度的特点是全民性。根据日本的《国民年金法》,各类企业员工及家属都必须加入国民年金,参保者按国家

规定支付养老保险费用,达到一定年限后领取养老金。20世纪70年代的两次石油危机以及日本货币大幅升值,沉重打击了日本经济,导致社会保障压力剧增。此外,加上人口平均寿命延长和出生率下降,日本的老龄化危机逐年加深,政府只有通过发行债券或增加税收才能弥补社会保障的资金缺口。目前,日本的社会福利成本势必要转嫁到下一代身上。

在医疗保障方面,日本医疗保险制度的全民性体现得更加明显。日本自1961年起建立了覆盖全民的国民健康保险制度,主要包括国民健康保险、老年卫生保健服务和私人医疗保险等。2000年以后,由于人口结构出现变化,日本的医疗保险制度经历了很多改革,以保证医疗保障的可持续发展。其中特别是多次上调了各类参保人员的共付率。

(三)国际经验对我国公共福利支出的启示

经上述比较和分析,我们可以看到,尽管美国和日本在政治、经济和文化与我国均有不同,但是这两个国家的公共福利政策在支出安排上有着某些共同之处。因此,考察美国和日本公共福利制度的发展历史、改革变化和制度特点并总结其经验,对完善我国公共福利支出规模与结构有积极意义。

1. 公共福利支出规模和结构要与社会经济发展的不同阶段相适应

当经济不断发展形成不同的阶段,相应的公共福利政策要随之改变。成熟健全的公共福利制度体系不是短期形成的,而是需要不断完善和提高的。目前,我国仍处于社会主义初级阶段,仍要以经济建设为中心。同时我们也要认识到,随着我国经济的发展,一些市场不能做到的失灵问题逐渐放大,而人民对美好生活的向往又日益增长。因此,我国不能盲目照搬发达国家的福利制度,必须从实际国情出发,制定出与社会经济发展水平相适应的社会福利制度。

2. 重视教育对经济的促进作用,进一步加大教育支出投入规模

21世纪,人才的竞争决定了一个国家未来经济的发展速度和效率。因此,无论一个国家的政治体制如何,经济体制如何,教育对国家经济的发展都起到了无比重要的作用。

目前,衡量一国政府教育投入力度的主要指标是其教育支出规模占GDP的比重与占财政支出的比重。从表6-4中可以发现,一国的国民收入水平越高,其教育支出占GDP的比重就越大。数据显示,2002年国际平均的教育支出水平占GDP的比重值为4.4%,而中等收入国家与低收入

国家均低于平均值。美国的教育支出占 GDP 的比重为 5.7%，日本为 3.6%，我国仅为 2.1%。我国最新数据是 2020 年为 4.22%（参见教育部等部门发布的《2020 年全国教育消费执行情况统计公告》）。我国应继续重视教育在经济发展中的作用，继续加大对教育支出的投入比重。

表 6-4　1990 年—2005 年各国教育支出占 GDP 比重情况表

年份	国际平均	高收入国家	中等收入国家	低收入国家	美国	日本	中国
1990	—	—	—	—	5.1	—	2.3
1996	—	—	—	—	—	—	2.5
2002	4.4	5.5	4.3	3.2	5.7	3.6	2.1
2005	—	5	—	—	5.3	3.5	2.5

资料来源：由 OECD 网站数据整理而得。"—"表示无数据。

3.社会保障支出的范围和目标还需进一步完善和明确

国际上，社会保障的核心是社会保险制度，而其中养老保险又是重中之重。其他如社会救济等都是附加社会福利项目。所以，我国的社会保障制度也可参照此国际运行模式来构建。

各国必须为社会保障支出设定自己合适的支出目标，并形成相应的社会保障制度。研究表明，过高的社会保障目标不但可能会形成对社会保障的依赖，而且容易引发社会保障支出缺口。例如，引发 2010 年欧洲债务危机的主要原因之一就是欧洲福利国家的保障目标太高，刚性的社会保障支出成本使得政府无力承受。相反，过低的社会保障目标又不能体现公共福利保障的宗旨。

四、国际经验比较下我国公共福利支出缺口的实证分析

从本节前面的内容我们可以看到，我国在公共福利支出规模上虽然取得了稳定的发展，但是与国际发达国家相比仍有一定差距。本节内容试图从计量分析的角度出发，研究国际经验下公共福利支出的最优规模轨迹，然后通过这个结果推算我国目前公共福利支出水平同这个最优规模之间的差距，即下文所指的"公共福利支出缺口"。

(一)回归方程的建立

根据之前的统计分析我们可以发现，一国的公共福利支出规模应该与国家的发展水平相适应。本章用人均 GDP 来表示国家的发展水平。另外，公共福利支出的规模还与政府债务规模相关联，公共福利支出规模越

大,政府债务负担越大。因此,本章假设公共福利支出占 GDP 的比重与中央政府债务收入占 GDP 的比重和人均 GDP 水平两个关键变量有关。因此建立估计方程为:

$$\ln EXPD = \alpha \ln DEBT + \beta \ln PGDP + c$$

其中,EXPD 表示公共福利支出占 GDP 的比重;DEBT 表示中央政府债务占 GDP 的比重;PGDP 表示一国的人均 GDP 水平。

(二)变量数据的选取

本章研究的公共福利支出仅包括公共教育支出、社会保障支出和公共医疗卫生支出。根据世界银行数据库的统计口径,其中,公共教育支出包括政府在教育机构、教育管理以及私人实体补贴方面的支出;公共医疗卫生支出包括政府预算中的经常性支出和资本支出、外部借款和赠款以及社会医疗保险基金构成;社会保障支出的国际统计口径不一,本章的社会保障支出统计包含养老金支出、失业救济、残疾补助等支出。债务是指中央政府的债务总额,包括国内和国外债务①。

表 6-5 到表 6-7 是 2005 年至 2011 年七年间 16 个国家相关变量的数据。

表 6-5 2005 年—2011 年 16 个国家的公共福利支出数据表

公共福利支出/GDP	2005	2006	2007	2008	2009	2010	2011
美国	19.29	19.77	19.87	20.27	21.47	22.58	22.42
加拿大	16.58	16.54	16.71	16.81	17.99	19.11	18.98
澳大利亚	15.22	14.96	15.16	15.36	16.06	17.27	17.67
比利时	24.52	24.31	24.04	25.31	26.87	26.64	27.05
德国	25.75	25.21	24.65	24.83	26.95	26.73	25.92
法国	27.44	27.18	27.09	27.50	29.16	29.30	29.30
希腊	21.97	22.21	22.25	23.05	24.64	25.04	26.11
英国	22.80	23.16	22.39	23.69	25.47	25.99	25.99
西班牙	18.93	18.93	19.29	20.37	22.39	23.12	23.32
荷兰	23.93	25.13	24.69	24.95	27.05	29.16	29.38
日本	19.39	19.33	19.60	20.08	21.14	22.19	22.24
中国	7.15	7.38	6.63	7.07	7.45	8.12	8.74
巴西	13.99	14.91	14.59	14.70	15.91	16.13	15.97

资料来源:由 OECD 数据库、世界银行数据库数据、中国统计年鉴整理而得。

---

① 此处的债务总额按照世界银行数据库的统计口径为准。包括国内和国外债务,例如货币和存款、除股票外的其他证券以及贷款,它是政府负债总额减去政府所持有的股票和金融衍生物的差。

表 6-6 2005 年－2011 年 16 个国家的中央政府债务占 GDP 比重数据表

债务总额/GDP	2005	2006	2007	2008	2009	2010	2011
美国	47.3	46.4	46.7	55.2	67.4	74.1	78.9
加拿大	47	44	40.1	44.9	52.6	52.7	52.5
澳大利亚	22.4	21.5	20.1	18.2	24.1	29.3	30.6
比利时	89.3	85.5	82.5	87.6	89.3	88.7	91.1
德国	44.6	43.5	40.8	43.1	47.6	55.6	55.3
法国	72.6	68.3	67.1	72.8	83.5	89.1	93.7
希腊	134.5	128.1	125.3	126.7	142	129.2	106.5
英国	47.7	47.3	48.1	57.9	73.2	85.5	99.8
西班牙	38.4	34	30	34	46.3	48.7	56.1
荷兰	51.5	45.8	43.2	55.7	58.1	62	66.4
日本	151.3	151.3	149.6	157.8	174.4	174.8	189.8
中国	17.64	16.2	19.6	17.72	17.69	16.84	15.38
巴西	55.8	55.8	57.4	56.6	61	52.2	52.8
印度	61.20	59.1	56.5	55.8	53	50.4	48.5
印度尼西亚	47.30	39	35.2	33.1	28.4	26	26.2
俄罗斯	16.7	9.9	7.2	6.5	8.7	9.1	9.3

资料来源：世界银行数据库、中国统计年鉴。

表 6-7 2005 年－2011 年 16 个国家的人均 GDP 数据表

人均 GDP（美元）	2005	2006	2007	2008	2009	2010	2011
美国	42569	44695	46459	47015	45793	48358	49854
加拿大	35088	39250	43246	45100	39656	46212	51554
澳大利亚	34149	36226	40672	49379	42101	51746	62126
比利时	36002	37903	43229	47341	43799	42960	46422
德国	33543	35238	40403	44132	40275	40145	44315
法国	33913	35558	40460	44117	40663	39186	42522
希腊	21621	23506	27241	30363	28521	25851	25631
英国	37867	40342	46123	42935	35129	36703	39503
西班牙	26042	27989	32130	34988	31891	29863	31473
荷兰	39122	41459	47771	52951	47998	46468	49842
日本	35627	34148	34264	38212	39456	43118	46135
中国	1731	2069	2651	3414	3749	4433	5447
巴西	4743	5793	7197	8628	8251	10978	12576
印度	732	822	1058	1021	1140	1419	1534
印度尼西亚	1258	1586	1859	2172	2272	2947	3471
俄罗斯	5337	6947	9146	11700	8615	10710	13284

资料来源：世界银行数据库。

(三)回归结果及说明

由于所用变量数据涉及 16 个国家 7 年的数据,因此本章采用面板数据的固定效应模型来进行回归。回归结果如下。

表 6-8　模型回归结果 1

	因变量:公共福利支出比重 Ln(expd)
债务比重 Ln(debt)	0.2225＊＊＊(0.03375)
人均 GDP Ln(gdp)	0.1572＊＊＊(0.0274)
常数项	0.3337(0.3252)
R^2 值	0.3981
样本量	112

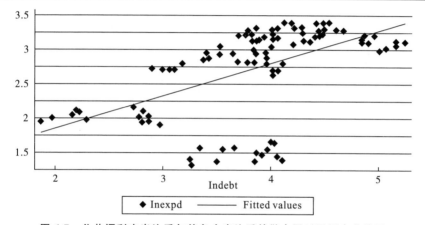

图 6-7　公共福利支出比重与债务支出比重的散点图以及拟合曲线图

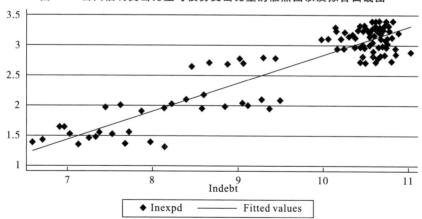

图 6-8　公共福利支出比重与人均 GDP 的散点图以及拟合曲线图

由图 6-7 和图 6-8 可以看出,公共福利支出比重与债务规模、与人均 GDP 分别的拟合程度均较好。即,债务支出越高的地区,总福利支出比重越大;经济越发达、国民收入水平越高的地区,公共福利支出比重越大。

由于最后三个发展中国家的公共福利支出数据不全,最后统计出来的公共福利支出数据偏小,为了确保回归质量,故分别选择因变量为教育支出比重和医疗卫生支出比重,自变量是债务支出占比、人均 GDP,还是采取固定效应模型,回归结果均为显著,如表 6-9、6-10 所示。

表 6-9　模型回归结果 2

	因变量:教育支出比重 Ln(edu)
Ln(debt)	0.2023＊＊＊(0.0396)
Ln(gdp)	0.1436＊＊＊(0.0321)
常数项	－0.6708(0.3818)
R^2 值	0.2847
样本量	112

表 6-10　模型回归结果 3

	因变量:医疗卫生支出比重 Ln(hea)
Ln(debt)	0.2879＊＊＊(0.0463)
Ln(gdp)	0.2686＊＊＊(0.0376)
常数项	－2.1791(0.4465)
R^2 值	0.4369
样本量	112

综上,通过上述回归分析,我们可以得到国际经验下的最优公共福利支出规模与债务支出和人均 GDP 的关系如下:

$$\ln EXPD = 0.2225446 * \ln DEBT + 0.1572073 * \ln PGDP + 0.3337322$$
$$(0.03375) \qquad (0.0274) \qquad (0.3252)$$

变量的回归结果均为显著。

(四)我国公共福利支出缺口

接下来我们拟从上述国际经验下的公共福利支出最优规模,来推算我国在当前政府债务水平和国民收入水平下的最优公共福利支出规模。这个最优规模同我国目前的公共福利支出之间的差额,即本章所指的"公共福利支出缺口"(赵志浩,2014)。

以 2011 年和 2012 年数据为例,代入上述最优方程可以得到,我国 2011 年和 2012 年的最优公共福利支出规模分别为 46921.22 亿元和 52151.54 亿元,占 GDP 的比重分别为 9.92% 和 10.04%。而我国这两年的公共福利支出规模为 34036.24 亿元和 41072.73 亿元,比重分别为 7.19%和 7.91%。因此,可以求得 2011 年和 2012 年的公共福利支出缺口分别为 12884.98 亿元和 11078.81 亿元,缺口占 GDP 的比重分别为 2.73%和 2.13%,占公共福利支出的比重分别为 37.86%和 26.97%。

表 6-11　2005 年—2012 年我国国债余额规模情况表

年份	国债余额(亿元)	GDP(亿元)	占 GDP 比重(%)	人均 GDP(美元)
2005	32614.21	184937.4	17.64	1731
2006	35015.28	216314.4	16.19	2069
2007	52074.65	265810.3	19.59	2651
2008	53271.54	300670	17.72	3414
2009	60237.68	340506.9	17.69	3749
2010	67548.11	401202	16.84	4433
2011	72044.51	473104.1	15.38	5447
2012	77565.7	519470.1	15.01	6091

资料来源:世界银行数据库和国家统计局。

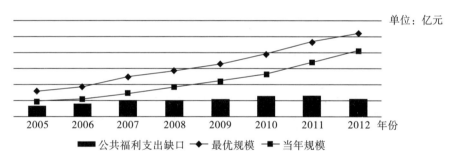

图 6-9　2005 年—2012 年我国公共福利支出规模及其距离最优规模的缺口图

表 6-12　2005 年—2012 年我国公共福利支出缺口规模

年份	缺口占 GDP 比重	缺口占公共福利支出比重
2005	3.46%	70.41%
2006	3.43%	71.75%
2007	3.87%	70.64%
2008	3.60%	53.98%
2009	3.18%	49.08%
2010	3.20%	48.42%
2011	2.73%	37.86%
2012	2.13%	26.97%

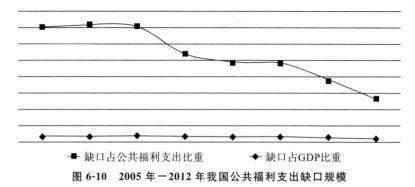

图 6-10　2005 年－2012 年我国公共福利支出缺口规模

从图 6-9 和 6-10 我们看到,自 2005 年到 2012 年,我国公共福利支出缺口总量规模呈先增后减。2011 年公共福利支出缺口达到最大,为 12884.98 亿元。缺口相对公共福利支出和 GDP 的比重总体呈下降趋势,2007 年以后尤为明显,这说明我国公共福利支出缺口相对规模越来越小,正逐步接近基于国际经验的常规水平。到 2012 年,公共福利支出缺口占公共福利支出的比重为 26.97,占 GDP 的比重为 2.13%。

第五节　国有资本收益划拨公共福利支出分析:基于公共福利支出缺口

上一节,我们已经讨论了我国公共福利支出存在缺口,而且缺口规模很大。因此,国内学者开始讨论国有资本收益划拨给公共福利支出的可行性。由于国有资本的全民特征,加之国有资本经营预算对国有资本收益分配的政策指导,使这一设想成为可能。本节接下来就主要来讨论国有资本收益对公共福利支出的分配比例和规模问题。

一、国有资本收益及其分配的概念界定

国有资本是国家出资形成的资本,主要以国有企业的形式存在。凯恩斯主义认为,国有资本是政府干预经济,解决市场失灵的重要选择之一。

国有资本收益主要是指国有资本的增值,目前理论界对其概念通常有两种界定标准,第一种指的是国有企业的全部利润;第二种指的是国有企业支付给政府的红利。我国的国有资本经营预算制度采用的国有资本收益概念界定属于后者。当然,在本章的数据统计中,除了国有企业的利润上缴收入,经营预算里的国有资本收益还包括了其他收益,比如清算收入

和结转收入,等等。

国有资本收益分配包括两个方面的内容。一是第一次分配,是国有企业的税后利润在上缴政府和自行留用之间的分配,即确定国有企业税后利润的上缴比例。二是第二次分配,是国有资本收益上缴部分的再分配,即在公共福利支出和生产性支出之间的分配。因此,国内学者大多从这两个方面来研究国有资本收益的分配问题。

国有企业上缴政府的那部分利润按照支出方向可以分为生产性支出和消费性支出。这里的消费性支出我们假定全部划拨到公共福利支出领域。因此,本章所研究的国有资本收益分配的第二次分配,其实就是研究国有资本收益在生产性支出和公共福利性支出两者之间的分配。结合第一次分配和第二次分配过程,从分配的完整过程来说,国有资本收益对公共福利支出的划拨比率也就是在二次分配过程中用于公共福利支出部分占整个国有资本收益总额的比率。

二、国有资本收益分配的历史与现状

(一)国有资本收益分配的历史演变

1949年新中国成立以来,为了发展生产力,我们在生产关系领域进行了不断地探索,其中就包括在国有企业利润和国有资产收益分配制度上的尝试。

1. 改革开放前的企业国有资产收益分配制度

改革开放前我国实行的是计划经济体制,与其相适应,国有资产收益分配制度总体而言是一种高度集中的统收统支的分配制度,即国有企业要将所实现的利润全部上缴国家财政,而企业所需要的资金由国家统一分配。这实际上是企业吃国家大锅饭的分配制度,但在当时新政权刚建立之时,这样的分配制度与当时的计划经济体制一起,确实是有利于快速恢复和发展国民经济,有利于社会主义改造的平稳过渡,有利于保障人民群众基本生活,因而有其历史合理性与积极意义。

在这一时期,也尝试过一些旨在调动企业的积极性的一些分配制度改良,但由于当时计划经济体制的背景,这些尝试并不改变在国有资产收益分配上的国家集中统一计划分配、企业之间吃大锅饭的基本格局。要打破这一格局,必须要从改变更为基本的计划经济体制背景开始。

2. 改革开放后的企业国有资产收益分配制度

(1)放权让利、利改税。1979年开始的经济体制改革,是以扩大企业自主权和"放权让利"为突破口展开的。实际上,在1978年10月国务院务虚会提出引入市场机制、赋予企业生产经营自主权之后,一些地方就开展了以"放权让利"为中心的国有企业改革试点工作。在对地方改革经验深入调查之后,1979年5月,国家经济贸易委员会和财政部等部门联合颁发《关于京、津、沪三市的八个企业进行企业管理改革试点的通知》,其中提到要实行党委领导下的厂长负责制,改革企业管理就必须扩大企业生产经营自主权,试行利润留成制度。

1979年7月,国务院下发《关于扩大国营企业经营管理自主权的若干规定》以及四个配套文件,多方面下放企业经营自主权,在全国范围内推行国有企业放权让利改革。1980年,国家将全额利润留存制改为基数利润留存加增长利润留存制,以刺激企业的生产积极性。

放权让利对提高国有企业生产积极性、刺激市场发展起到了积极作用,长期紧俏的一些工业消费品也基本能够实行敞开供应,供需矛盾得到极大程度的缓解;同时,国有企业职工的收入也迅速增长。但是,国有企业和政府在某些关系上则陷入了困境,利润留存制的实施,一方面促使企业不断向政府部门要求进一步扩大自主权以实现更多的留存利润;另一方面也会诱使企业就留存比例与财政部门讨价还价,甚至诱使企业夸大成本以隐匿利润。这直接导致了国家财政的巨额赤字。在这种情况下,政府考虑调整国有企业的利润分配制度,于是才有了"利改税"的尝试。

1983年4月,国务院颁布了《关于国营企业利改税试行办法》,将所有大中型国营企业从以往的上缴利润制度改变为按实现利润的55%向国家缴纳企业所得税,税后余利较大的企业与主管部门再实行利润分成。这便成为"利改税"的第一步改革实践。1984年10月又进行了第二步改革,将税后留利改为调节税,重新调整了税种和税率水平,开征了资源税和地方税种。"利改税"显著增加了国家财政收入,减少了国有企业对利润的分享,生产积极性受到影响,甚至陷入了亏损的局面。

(2)承包制、利税分流。放权让利等改革并没有根本解决国有企业中的政府干预、政企不分等问题。因此,进一步的关于国有企业所有权与经营权适当分离的政策即"两权分离"改革开始酝酿。

1984年10月,中共十二届三中全会通过的《中共中央关于经济体制改革的决定》指出:"在服从国家计划和管理的前提下,企业有权选择灵活多样的经营方式,有权安排自己的产供销活动,有权拥有和支配自留资金,有权依照规定自行任免、聘用和选举本企业的工作人员,有权自行决定用工办法和工资奖励方式,有权在国家允许的范围内确定本企业的产品价格,等等。总之,要使企业真正成为相对独立的经济实体,成为自主经营、自负盈亏的社会主义商品生产者和经营者,具有自我改造和自我发展能力,成为具有一定权利和义务的法人。""两权分离"改革由此开始启动。

1986年,国务院出台了《关于深化企业改革增强企业活力的若干规定》,在这个文件的指导下,我国出现了以"两权分离"为改革目标的多种经营方式,有租赁经营责任制、承包经营责任制、资产经营责任制,等等。后来确定通过承包租赁来推进改革。企业承包经营责任制的基本特征是:"包死基数,确保上缴,超收多留,欠收自补。"确保上缴之后的企业留利分别用于企业生产投资、集体福利和发放奖金。"承包制"对增强国有企业活力起到重要作用,国有企业生产积极性空前提高,销售收入、实现利润和劳动生产率明显上升,国家财政收入也稳定增长。但是承包制的弊端也慢慢暴露出来。

在承包制下,经营者只关注承包期内承包指标的超额完成以兑现奖励,从而诱发企业的短期行为,如拼资金、拼设备、拼品牌、重视短期生产而轻视长期投入等扭曲行为。从长期来说,这会导致企业发展后劲的丧失,这也是后来的国企经营发展普遍陷入困境的重要根源之一。

由于信息不对称,承包制使得政府和承包企业之间的谈判签约成本很高,且政府往往处于信息劣势,无法防止国有企业经营者的道德风险问题。同时,由于没有一个科学合理的承包指标确定原则,使得承包指标的确定带有较大随意性,从而也为经济腐败留下了空子。

承包制还产生了"鞭打快牛"的问题,即如果企业在上一轮承包期内承包任务完成得越好,则意味着在接下来的承包期中,企业的承包基数就越高,从而上级就会要求企业在承包合同中承担越高的经营指标。这种"鞭打快牛"的激励机制显然是一种不合理的激励机制。

国有企业的承包制还意味着实质上的企业负盈不负亏,即如果企业盈利了且完成承包指标,则经营者和企业职工将按承包合同拿奖金;但如果企业经营亏损了,则实质上不可能去追究经营者和职工的家庭财产责任,因为对于大中型国有企业而言,经营者和职工实际上也没有这个财产责任能力。这种实质上负盈不负亏的机制导致了国有企业经营者的风险偏好倾向,即热衷于高风险高收益的投资,极容易将企业经营拖入陷阱,这也是后来很多国有企业盛极而衰的根源之一。

　　承包制弊端的显现,催动了新的改革。1989年,我国对国有企业开始推行利税分流改革,进一步规范国家和企业之间的关系。利税分流制度是指国有企业的利润,除了上缴所得税,还要按规定比例上缴国家作为资本所有者享有的分红,剩余部分由企业自行分配。这种把股东红利和税收分开上缴政府的制度简称利税分流制度。

　　随着1993年开始的国有企业公司制改革以及1994年税收制度改革,国家基本暂停向国有企业收缴利润,其背后基本原因在于,长期以来因各种政策包括拨改贷政策所导致的国企高负债率、国企改制所面对的巨额改制成本的支付等(付青山,2009)。

　　(3)国有资本经营预算制度。2002年11月,十六大的召开标志着我国国有资产管理体制改革进入了一个新的阶段。十六大报告提出了比较明确的国有资产管理体制的改革方向和基本框架,即"建立中央政府和地方政府分别代表国家履行出资人职责,享有所有权权益,权利、义务和责任相统一,管资产与管人、管事相结合的国有资产管理体制"。

　　随着上述国有企业改制目标——建立国有资产出资人制度——的初步实现,以及国有企业的高负债问题的缓解、经营绩效和盈利状况的好转,国家自然要恢复对国有企业利润的收取。这一恢复工作是随着2007年国务院有关文件的发布而开始的[①],根据这一文件,经营性国有资产收益管理将通过国有资本经营预算体系来实施,后者是指国家以所有者身份依法取得国有资本收益,并对所得收益进行分配而发生的各项收支预算,它与政府公共预算既相对独立又相互衔接。

　　在市场经济体制下,随着国有企业公司制改革的推行,经营性国有资产即企业国有资产一般以国有资本的形式存在,因而"经营性国有资产"往往也称为"国有资本",经营性国有资产的收益管理也称为国有资本收益管理,经营性国有资产的预算也称为"国有资本经营预算"。

　　随着我国国有经济的快速发展以及国有资产规模的急剧增长,通过国有资本经营预算来实施国有资产收益管理是十分必要的,因为这有利于政府的社会管理职责和出资人职责的分离,以及政府出资人职责的更好履行。例如:实行国有资本经营预算将有利于加强国有资产管理部门对国有

---

① 参见《国务院关于试行国有资本经营预算的意见》国发[2007]26号。

资产运行状况的监督,因为国有资本经营预算可以全面且详细地反映政府参与企业收益分配的状况和国有资本的再投资状况,为国有资产监管部门进行有效监管提供翔实的信息。又如:完善的国有资本经营预算体系有利于加强监管部门对国有资本收益的收缴工作,从而保障国家对国有资本收益权的顺利实现。

(二)现行的国有资本收益分配制度

从 2007 年开始实行的国有资本经营预算制度,结束了 1994 年以来中央企业只交税不交红利的历史。从 2007 年到 2014 年,我国的国有资本收益分配的第一个环节即国有企业的上缴标准和比例经历了四次重大调整。

第一次重大调整是 2007 年的《中央企业国有资本收益收取管理暂行办法》规定,把纳入国有资本经营预算的中央企业分为三类:第一类为资源垄断性行业,例如烟草和电力煤炭等行业,收取比例为 10%;第二类为一般竞争性行业,例如钢铁贸易等行业,收取比例为 5%;第三类为国家政策性行业,收取比例设定为暂缓 3 年上缴或者免交。

第二次重大调整是 2011 年发布的《关于完善中央国有资本经营预算有关事项的通知》规定,把纳入预算的中央企业进一步细分为四类,除了提高资源垄断性和一般竞争性行业的上缴比例各 5%,分别达到 15% 和 10%,增加了军工和新纳入预算的企业一类,收取比例定为 5%;其他政策性企业和小微型企业暂免收取。

第三次重大调整是 2013 年《关于扩大中央国有资本经营预算实施范围有关事项的通知》和《关于提高中国烟草总公司国有资本收益收取比例的函》,进一步把烟草行业从资源性行业中单独划分开来,收取比例定位 20%,其他行业各提高 5%,收取比例定分别为 15%、10% 和 5%,政策性行业和小微型企业暂时免交政策不变。

第四次重大调整是 2014 年《财政部关于进一步提高中央企业国有资本收益收取比例的通知》(财企〔2014〕59 号),把五大类行业的收取比例进一步各提高了 5%,收取比例依次调整为 25%、20%、15%、10%、5% 和暂免征收。如下表 6-13 所示。

表 6-13　2007 年—2014 年中央企业税后利润上缴标准及比例的调整

行业	资源垄断性		一般竞争性	国家政策性	
	烟草行业	其他资源垄断性行业	—	军工、中邮集团新纳入企业	其他政策性行业
2007		10	5	暂缓 3 年或免交	
2011		15	10	5	0
2013	20	15	10	5	0
2014	25	20	15	10	5

资料来源:2011 年—2014 年财政部《关于中央企业国有资本经营预算的说明》。

此外,《国务院关于试行国有资本经营预算的意见》不但对国有资本收益分配的第一分配过程进行了调整,而且首次提到了第二次分配过程,即对国有资本收益分配的支出作出了政策指导,即国家根据相应的调控需要,国有资本收益可以用于公共福利支出。这个政策指导性意见,首次肯定了国有资本的全民性的经济特性,这意味着我国的国有资本收益支出分配开始向公共福利支出方向靠拢。

三、国有资本经营预算制度的形成背景与运行现状

(一)国有资本经营预算制度的形成背景

国有资本经营预算的制度经历了一系列的历史演变。在计划经济体制下,企业的生产、分配等收支活动全部由政府进行统一收入、统一支配。国有资产的经营预算不是一个独立的预算单位,而是纳入政府的财政体系中,即计划经济体制下的政府预算是一种"单式预算"。这种"单式预算"的国家预算分为收入类预算科目、支出类预算科目和平衡三部分,并且将这三部分内容按单一排列形式综合反映在国家的预算收支总表内,且不对具体内容作经济性质的区分。

随着我国经济体制由计划经济向市场经济的转型,政府收支规模的扩大,以及收入、支出种类的增加,"单式预算"越来越难以适应政府收支预算的要求,因之越来越需要用"复式预算"来替代。"复式预算"是相对于"单式预算"的另一种预算方式,它是一国政府在预算年度内将各项财政收支按其经济性质分别汇编成两个或两个以上的预算收入对照表,以特定的预算收入来源保证特定的预算支出,并使两者之间具有相对稳定关系的一种预算制度。

1986 年,我国已有学者提出应建立复式预算,建议将政府的单式预算

分成经常性预算和建设预算。直到1991年,国务院颁布了《国家预算管理条例》,其中提出:"国家预算按照复式预算编制,分为经常性预算和建设性预算两部分。经常性预算和建设性预算应当保持合理的比例和结构。"1992年,国家开始对中央和部分省级的预算按照"经常性预算"和"建设性预算"进行试编。

1994年3月22日,《中华人民共和国预算法》通过。1995年,国务院发布的《中华人民共和国预算法实施条例》规定:"各级政府预算按照复式预算编制,分为政府公共预算、国有资产经营预算、社会保障预算和其他预算。"但经过多年的讨论与酝酿,直至2007年,国务院才发布《国务院关于试行国有资本经营预算的意见》,要求从2007年开始试行国有资本经营预算制度,将其作为政府预算的重要组成部分,在保持自身完整性和相对独立性的同时,又保持与政府公共预算(指一般预算)的相互衔接。

在我国社会主义市场经济体制下,由政府公共预算和相对独立的国有资产经营预算构成的复式预算有着独特的地位和作用。这一复式预算实际上将政府公共预算和国有资产经营预算之间的定位和分工进行了明确的界定。国有资产经营预算与政府公共预算分别体现了政府作为国有资本所有者和社会管理者的双重角色而进行的不同管理活动。因此,公共财政预算和国有资产经营预算之间需要独立分开,各自的功能和范围不应该相互重合,同时二者之间又有相互协作的关系。

(二)国有资本经营预算制度的运行现状

按照《国务院关于试行国有资本经营预算的意见》,我国的国有资本经营预算制度包括预算收入和预算支出两大部分。其中,预算收入部分的内容不仅包括中央企业上缴的利润,还包括其他收入的具体金额和比例;预算支出部分的内容不仅包括按照支出功能分为资本性支出和费用性支出,还根据支出项目进行了分类。

1. 国有资本经营预算收入情况

从2007年实行国有资本经营预算以来,我国的国有资本经营预算收入大幅增加。由于财政部网站分类统计的原因,下表中仅列出2010年至2013年的国有资本经营预算数据。由表6-14可知,2010年我国中央企业国有资本经营预算收入为440亿元,到了2013年已经达到1083.11亿元,仅有2011年至2012年出现小幅增加,其余时间都是大幅增加。在4年的时间里,国有资本经营预算收入增加接近3倍,平均年增长率达到了40.27%。

表 6-14 2010 年－2013 年国有资本经营预算收入情况表

年份 项目	2010	2011	2012	2013
经营预算收入	440	858.56	875.07	1083.11
利润收入	420	788.35	823	1000.8
股利股息收入	1	6.04	1	0.2
国有股减持收入	0	50	20	10
上年结转收入	19	14.17	31.07	72.11

资料来源：财政部网站。

其中,对于中央企业的利润以及上缴情况,如表 6-15 所示,从 2009 年至 2013 年,中央企业净利润从 7023.5 亿元增长到 2013 年的 1.17 万亿元,年均增长率为 14.63%。上缴政府的税后利润占央企净利润的比例不断提高,2013 年所有中央企业的平均上缴比例达到 12.09%。

表 6-15 2009 年－2014 年中央企业净利润和上缴净利润

年份 项目	央企净利润（亿元）	预算上缴净利润（亿元）	平均上缴比率①
2009	7023.5	NA	NA
2010	9905	420	5.98%
2011	11115	788.35	7.96%
2012	11093.5	823	7.40%
2013	11700	1000.8	9.02%
2014	NA	1414.9	12.09%

资料来源：财政部网站,NA 表示无数据。

随着我国对中央企业税后利润上缴比例和范围的不断完善和扩大调整,我国的中央企业税后利润上缴收入出现大幅增加。据统计,2010 年中央企业上缴利润为 420 亿元,到 2013 年上缴利润达到 1000.8 亿元,年均增长率达到 48.7%。具体来说,对于三大类行业的收取金额,资源垄断性行业收取金额占中央企业总上缴利润的的比例最高,为 80% 左右,其增长速度也最为迅猛,从 2011 年的 628.76 亿元增长到 2014 年的 1146.44 亿元,涨幅接近 2 倍。一般竞争性行业的上缴金额较为平稳,从 2011 年为 139.26 亿元小幅上升,到 2014 年增加到 216.11 亿元,变化的主要原因就

---

① 因当年预算上缴净利润数额是由上年央企净利润和当年核定的上缴比例测算出来的,故当年平均上缴比例由当年上缴除以上年净利润得出。

是中央对于央企利润上缴比例的调整,2014年一般竞争性行业的企业上缴金额占总上缴金额比达到15%左右,与资源垄断性行业相加,两者一共达到了总上缴利润的95%左右。政策性行业企业上缴利润从2011年的20.33亿元增长到2014年的52.35亿元,占比逐渐小幅增加,2014年占总上缴金额的3.7%。

表6-16 2011年－2014年三大类中央企业上缴金额及占比

项目 年份	资源垄断性 (亿元)	占比 (%)	一般竞争性 (亿元)	占比 (%)	政策性 (亿元)	占比 (%)
2011	628.76	79.8	139.26	17.7	20.33	2.6
2012	653.65	79.4	145.84	17.7	23.51	2.9
2013	837.5	83.7	136.2	13.6	27.1	2.7
2014	1146.44	81	216.11	15.3	52.35	3.7

资料来源:财政部网站。

2.国有资本经营预算支出情况

从2007年实行国有资本经营预算以来,我国的国有资本经营预算支出分为资本性支出、费用性支出和其他支出。由于财政部网站分类统计的原因,下表6-17中仅列出2010年至2013年的国有资本经营预算支出数据。

表6-17 2010年－2013年国有资本经营预算支出情况表

年份 项目	2010	2011	2012	2013
经营预算支出	440	858.56	857.07	1083.11
资本性支出	NA	706.11	744.72	929.78
费用性支出	NA	57.45	55.25	45.88
其他支出	NA	95	75.1	107.45

资料来源:财政部网站。

从国有资本经营预算支出的具体安排来说,用于公共福利支出的内容主要包括社保等民生支出、补充社保基金支出和中央企业的社保支出。其中,社保等民生支出直接调入公共财政预算,补充社保基金支出源自于国有股减持收入,中央企业的社保支出主要用于补助困难企业离休干部的医药费,具体数据如下表6-18所示。

表 6-18　2010 年－2013 年国有资本收益用于公共福利支出情况表

项目＼年份	2010	2011	2012	2013
公共福利性支出①	15	95	75.1	96.34
社保等民生支出	10	40	50	65
补充社保基金支出	0	50	20.1	11.34
中央企业社会保障支出	5	5	5	0

资料来源：财政部网站。

由此，我们可以看到国有资本经营预算收入对于公共福利支出的划拨比例。如下表 6-19 所示，2010 年国有资本经营预算支出对公共福利的划拨率仅为 3.41%，包括社保等民生支出 10 亿元以及中央企业社会保障支出 5 亿元。2010 年以后，我国大幅提高了国有资本经营预算收入对公共福利性支出的划拨比率，2011 年至 2013 年基本稳定在 9% 左右。2013 年国有资本经营预算支出对公共福利的划拨率为 8.89%，包括社保等民生支出 65 亿元，补充社保基金支出 11.34 亿元。其中，划入公共财政预算的社保等民生支出增长较为明显，从 2010 年的 10 亿元增加到 2013 年的 65 亿元。

表 6-19　2010 年－2013 年国有资本经营预算支出安排

项目＼年份	2010	2011	2012	2013
经营预算支出	440	858.56	857.07	1083.11
公共福利性支出	15	95	75.1	96.34
经营预算支出划拨率	3.41%	11.07%	8.58%	8.89%

资料来源：财政部网站《关于国有资本经营预算的说明》文件整理而得。

根据国有资本经营预算支出对公共福利性支出的划拨率和央企平均上缴比率，我们可以得到国有资本收益的整体划拨率。结果如表 6-20。

表 6-20　2010 年－2013 年国有资本收益对公共福利支出划拨率

年份＼项目	央企平均上缴比率	经营预算支出划拨率	整体划拨率
2010	5.98%	3.41%	0.20%
2011	7.96%	11.07%	0.88%
2012	7.40%	8.58%	0.64%
2013	9.02%	8.89%	0.80%

---

① 此处的公共福利性支出由作者自己定义，根据支出项目的具体内容，涵盖了国有资本经营预算支出中的社保等民生支出、补充社保基金支出、困难企业职工补助支出等。

由表 6-20 我们可以看到,虽然我国的国有资本经营预算制度规定了国有资本收益可部分用于社会公共福利支出,但是划拨比率还很低,2010年至 2013 年整体划拨率均不到 1%。

四、国有资本收益对公共福利支出的最优划拨率:模型与计算

(一)模型假定与建构

我们把社会资本分为国有资本和非国有资本。假设政府的国有资本管理目标是为了实现社会经济总量最大化。为使经济总量达到最大,国有资本收益用于生产性支出所产生的收益率要逐渐逼近于 GDP 的增长率。根据边际报酬率递减原理,国有资本边际报酬率先是大于 GDP 增长率,随后递减,直到等于 GDP 增长率,此时经济总量达到最大。

假定目前外资流入趋稳,所有制结构也基本稳定合理,则可将国有经济在整个国家经济中比重不变,或国有经济增长不低于 GDP 增长作为约束条件:假设的约束条件为:$r_{state} \geqslant r_{GDP}$,即国有资本收益率不低于国民经济增长率。在此约束条件下,国有资本收益 π_s 分配于政府公共福利支出的部分 π_s^G 由下式决定:

$$\frac{\dot{K}_s}{K_s} = \frac{\pi_s - \pi_s^G}{K_s} = \frac{r_s \times K_s - \pi_s^G}{K_s}$$

$$= r_s - \frac{\pi_s^G}{K_s} \geqslant r_{GDP}$$

$$\Rightarrow \frac{\pi_s^G}{\pi_s} \leqslant 1 - \frac{r_{GDP}}{r_{state}}$$

其中,K_s 表示国有资本存量,$\dot{K}_s$ 表示国有资本量的增加量,π_s^G 表示在国有资本收益 π_s 中分配于公共福利支出的部分。

(二)模型推导与结论

根据上述模型,用 ΔG_W 表示公共福利支出缺口规模,国有资本收益划拨的分析如下:

情形 1,如果:

$$\frac{\Delta G_W}{\pi_s} \leqslant 1 - \frac{r_{GDP}}{r_{state}}$$

即当公共福利支出缺口规模较小时,国有资本收益 π_s 大于支出缺口 ΔG_W,此时国有资本收益 π_s 分配于政府公共福利支出的部分 $\pi_s^G = \Delta G_W$,国有资本收益中剩下部分 $(\pi_s - \Delta G_W)$ 用于国有资本投资。

所以,这种情况下国有资本收益的最优划拨率

$$\theta = \frac{\Delta G_W}{\pi_s}$$

情形 2,如果:

$$\frac{\Delta G_W}{\pi_s} \geqslant 1 - \frac{r_{GDP}}{r_{state}}$$

即当公共福利支出缺口 ΔG_W 较大时,甚至有可能会大于国有资本收益 π_s,此时国有资本收益 π_s 分配于政府公共福利支出的部分 $\pi_s^G = \left(1 - \frac{r_{GDP}}{r_{state}}\right) \times \pi_s$,而公共福利支出缺口未弥补的部分($\Delta G_W - \pi_s^G$)则应由增加税收收入或者增加政府债务来解决。

所以,这种情况下的国有资本收益最优划拨率

$$\theta = 1 - \frac{r_{GDP}}{r_{state}}$$

即国有资本收益最优划拨率与 GDP 增长率成负相关关系,与国有资本收益率成正相关关系。

(三)对于模型约束条件的讨论

表 6-21 所列是 2005 年－2012 年我国的 GDP 增长率和上市央企的平均净资产收益率。从中我们可以看到,列入统计的 176 家上市央企的平均净资产收益率高于 GDP 增长率,仅有 2008 年例外,稍稍低于 GDP 增长率。所以,从总体上来看,关于国有资本收益率不低于国民经济增长率的约束性条件可以成立。

表 6-21　2005 年－2012 年上市央企净资产收益率与 GDP 增长率情况表

年份	GDP 增长率(%)	上市央企平均净资产收益率(%)
2005	10.2	13.97
2006	10.7	14.35
2007	13	15.38
2008	9	7.97
2009	8.7	9.38
2010	10.3	12.53
2011	9.2	10.49
2012	7.8	11.2
2013	7.7	10.1

资料来源:由 Wind 数据库和国家统计局数据整理而得。

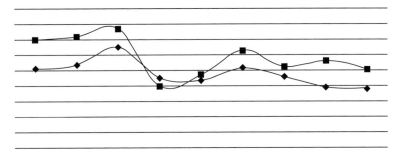

图 6-11 2005 年－2012 年上市央企平均净资产收益率与 GDP 增长率的比较图

资料来源:由 Wind 数据库和国家统计局数据整理而得。

(四)模型的数据计算结果

由表 6-21 及本章前面的表 6-15、图 6-9 的相关经济数据,可以计算得到模型中 $1-\dfrac{r_{GDP}}{r_{state}}$ 及其他指标的具体数值,如下表 6-22 所示。

表 6-22 2005 年－2013 年的模型指标计算表

年份	$1-\dfrac{r_{GDP}}{r_{state}}$	π_s	$\left(1-\dfrac{r_{GDP}}{r_{state}}\right)\times\pi_s$	ΔG_W	$\dfrac{\Delta G_W}{\pi_s}$
2005	0.27	NA	NA	6524.492	NA
2006	0.25	NA	NA	7786.11	NA
2007	0.15	NA	NA	10285.31	NA
2008	−0.13	6449.5	−833.5	10024.69	1.55
2009	0.07	7023.5	509.2	10815.56	1.54
2010	0.18	9905	1762.8	12823.46	1.29
2011	0.12	11115	1366.9	12884.98	1.16
2012	0.30	11093.5	3367.7	11078.81	1.00
2013	0.24	11700	2780.2	NA	NA

资料来源:由 Wind 数据库和国家统计局数据整理而得,NA 表示无数据。

根据模型结论和计算表我们可以看到,具有有效数据的 2008 年至 2012 年的 $\dfrac{\Delta G_W}{\pi_s}\geqslant 1-\dfrac{r_{GDP}}{r_{state}}$,公共福利支出缺口较大,满足上述模型中的情形 2。因此,则国有资本收益 π_s 分配于政府公共福利支出的部分 $\pi_s^G=\left(1-\dfrac{r_{GDP}}{r_{state}}\right)\times\pi_s$,而公共福利支出缺口未弥补的部分 $(\Delta G_W-\pi_s^G)$ 则应由增加税收收入或者增加政府债务来解决。具体数据如下表 6-23 所示。

表 6-23　2005 年—2013 年模型中国有资本收益最优划拨表

年份	收益划拨部分(亿元) π_s^G	未弥补缺口部分(亿元) $(\Delta G_W - \pi_s^G)$	最优划拨率 θ
2005	NA	NA	26.99%
2006	NA	NA	25.44%
2007	NA	NA	15.47%
2008	−833.5	10858.19	−12.92%①
2009	509.2	10306.4	7.25%
2010	1762.8	11060.63	17.80%
2011	1366.9	11518.12	12.30%
2012	3367.7	7711.139	30.36%
2013	2780.2	NA	23.76%

从上述计算结果可以看到，2005 年至 2013 年国有资本收益对公共福利支出的最优划拨率大致在 12%～30% 之间波动。最优划拨率的大小由 GDP 增长率和国有资本收益率的比率决定。

第六节　结论和政策建议

本章首先通过搜集整理国际上其他国家的公共福利支出数据得到一个基于国际经验下的公共福利支出最优规模轨迹，然后测算出我国公共福利支出水平的最优规模和公共福利支出缺口。在此基础上，本章通过构建一个简明的测算模型研究了我国国有资本收益对公共福利支出的最优划拨问题，并利用我国经济的现实数据给出了测算结果。本章的主要结论可以概括如下。

一、本章的主要结论

（一）虽然我国公共福利支出总规模和比例一直保持增长态势，并且增长幅度明显加快，支出总量从 1999 年的 3277.3 亿元增长至 2012 年的 41072.73 亿元，年均增长率为 21.64%，占 GDP 比重由 3.99% 增加至 7.91%，占财政支出比例达到 32.61%。但是和国际经验相比，我国的公共福利支出规模还存在很大的差距。这反映出我国财政资源的分配应该

---

① 因 2008 年的 GDP 增长率大于央企的平均净资产收益率，不符合约束条件，故这一项结果无效，可以去除。

继续大幅度地向民生领域倾斜,并且要做好稳定的长远规划。

(二)公共福利支出占 GDP 的最优比重与一国的债务规模和经济发展水平有着显著的正相关关系。债务规模越大,公共福利支出占 GDP 比重越大;国民收入水平越高,公共福利支出占 GDP 比重也越大。通过实证研究,本章测算出 2012 年我国的公共福利支出最优规模为 52151.54 亿元,占 GDP 比重为 10.04%,现有规模为 41072.73 亿元,占 GDP 比重为 7.91%,并由此得出我国公共福利支出的缺口为 11078.81 亿元,占 GDP 的比重为 2.13%。

(三)国有资本收益分配对公共福利支出的最优划拨率与政府的管理目标有关。如果政府以经济总量最大化为目标,则在国有经济比重假定保持不变的前提下,国有资本收益最优划拨率(θ)取决于三个因素:公共福利支出缺口(ΔG_W)、国有资本收益率(r_s),以及 GDP 增长率。具体到我国当前经济现实来说,由于满足 $\frac{\Delta G_W}{\pi_s} \geqslant 1 - \frac{r_{GDP}}{r_{state}}$,说明公共福利支出缺口较大,则国有资本收益 π_s 分配于政府公共福利支出的部分 $\pi_s^G = \left(1 - \frac{r_{GDP}}{r_{state}}\right) \times \pi_s$,即这种情况下的国有资本收益最优划拨率 $\theta = \left(1 - \frac{r_{GDP}}{r_{state}}\right)$,而公共福利支出缺口未弥补的部分($\Delta G_W - \pi_s^G$)则应由增加税收收入或者增加政府债务来解决。以 2012 年和 2013 年为例,国有资本收益最优划拨率为 30.36% 和 23.76%。而我国实际的国有资本收益对公共福利支出的划拨比率还很低,2010 年至 2013 年整体划拨率均不到 1%。

二、本章的政策建议

根据以上结论,本章提出以下政策建议:

(一)进一步加强以增加公共福利支出为目标的体制建设

1.建立重公共福利与促经济增长两手抓的激励体制

"效率与公平"这一相互矛盾的权衡取舍问题一直是财政学领域的重要研究内容。当前我国地方政府行为中存在着促进经济增长和保障民生福利的矛盾,是"效率与公平"问题的具体体现。

美国、日本等发达国家的经历证明,随着社会经济实力的提高,政府职能应该从竞争性行业内逐步退出,转向市场存在失灵的公共领域。比如增加公共教育支出、社会保障支出和医疗卫生支出等。我国经历了改革开放后四十多年来的快速发展,国民经济总量已经跃居世界第二,但此时经济发展的结构仍然存在着失衡。影响经济发展的社会公平问题主要体现在社会保障资金缺口、医疗卫生和教育投入支出不足、房价泡沫和失业人群增加,等等。这些问题意味着政府的职能已经到了转变和调整时期。政府一方面要继续调节经济结构,促进产业升级;另一方面要承担社会公平的提供,重视社会福利。

因此,要平衡经济的发展,必须从体制入手,建立起重公共福利和促经济增长并举的激励体制,加大对公共福利的投入力度。

2.完善地方政府财权与事权相匹配的财政分权体制

导致地方政府轻视民生福利建设的原因除了上文提到的过分强调经济增长的激励体制,另一个重要原因是不完善的财政分权体制。"事权过大而财权过小"是我国分税制改革以后一些地方政府的显著特征,这些地方政府财政出现大量资金缺口。为了财政可持续和履行管理职责,地方政府把当地经济增长看作第一要务,被迫把有限的资金投入到经济生产领域,从而导致轻视了公共福利建设。在我国,地方财政是改善民生公共福利的主力军,然而财政预算内数据显示地方政府财政存在资金缺口,即地方财政赤字导致了民生公共福利建设不能落实到位。

因此,不仅要促使地方政策理顺经济增长和公共福利的相互关系,还要进一步完善事权与财权相匹配的财政分权体制,以保证地方发展公共福利建设的有效落实。

3.制定完善的福利发展绩效考核体系

考核体系能够改变地方政府的行为。但是目前,在整个财政体系内,缺乏一套明确有效的针对民生福利建设的绩效考核体系。为了达到中央政府的要求,纠正地方政府重经济增长轻民生福利的行为,则细化考核标准、完善考核内容、明确考核指标是关键。

地方政府的绩效评价不仅应该局限在经济发展上,而且应该要加入当地的福利民生建设。关于对福利民生建设的考核可以从绝对量指标和相对指标两方面同时进行。绝对量指标包括地方财政公共部门的福利支出规模、服务人员数量、福利建设项目数,等等。相对量指标包括单位成本支出效率、投入——产出比,以及各项民生福利支出在财政支出中占比,等等。

各地方应根据各地实际情况,制定符合地方经济发展的短期、中期和长期目标。考核预算安排是否合理、预算支出是否有效,这样才能进一步协调好经济发展与社会福利建设的关系。

(二)进一步完善国有资本经营预算制度

1. 继续优化国有资本收缴标准及比例

我国从 2014 年起继续优化国有资本收缴标准及比例。中央企业国有资本收益收取比例在之前基础上再提高 5 个百分点,纳入中央国有资本经营预算实施范围的中央企业税后利润的收取比例分为五类执行,具体收缴标准及比例如表 6-24。

表 6-24 2014 年中央企业国有资本收益上缴标准及比例

类别	行业	税后利润上缴比例
1	烟草企业	25%
2	其他资源垄断性行业企业	20%
3	一般竞争性行业企业	15%
4	军工企业、转制科研院所、中国邮政集团公司、新纳入预算企业	10%
5	国家政策性企业、小微型企业	暂免

资料来源:财政部网站。

根据实践经验,制定国有资本收益收缴标准和比例,既要保质又要保量,不仅要考虑国际经验的通行标准,还要考虑国有企业的实际运营能力和承受能力。吴国玖(2008)指出,国际经验的上市公司股东分红比例为税后可分配利润的 30%~40% 之间。卢淑艳等(2006)认为,从我国各省市国有资本收益的具体实践来看,征缴比例大都统一确定为不低于收缴标准的 15%~30%。我们在本书前一章关于央企利润上缴比例的讨论中认为,应针对每一企业的不同条件与特点确定不同的上缴比例,而最后测算出的具体数值普遍高于表 6-24 中的数字。而且即使是上表中上缴比例最高的企业即第一类的烟草企业,其 25% 的上缴比例也还是低于国际通行标准。因此在实践中,我们要比照国际相关经验,从我国实际国情出发,继续完善国有资本预算管理体制,优化国有资本收缴标准及比例。

2. 逐步扩大国有资本收益对公共福利性支出的划拨范围和比例

虽然国家对国有资本收益分配的第二次分配过程作出了政策指导,即国家可根据相应调控需要,将国有资本收益用于社会保障支出,但是总体来看,国有资本经营预算体系仍旧偏重于资本性支出的安排,不太注重对公共福利性支出的预算安排。以 2012 年为例,我国国有资本收益用于公共福利支出的规模为75.1亿元,距离公共福利支出缺口11078.81亿元相差甚远。并且,为了体现国有资本的全民性质,我国低于1%的划拨比率距离以经济总量最大化为目标的最优划拨比率也有一定的差距。如表6-25所示。

表6-25　2010年—2013年国有资本收益对公共福利支出划拨率

年份	实际划拨率	最优划拨率
2010	0.20%	17.80%
2011	0.88%	12.30%
2012	0.64%	30.36%
2013	0.80%	23.76%

因此,国家有关部门应该依据具体国情,根据国际经验逐步扩大国有资本收益对公共福利性支出的划拨范围和比例,而不应该仅仅优先考虑安排生产性支出,只是将之后的剩余收益用于公共福利支出。

第七章　地区结构分析：地区间国有资本分布不平衡与地方国有资本收益分配体制的优化

本章对国有资本收益分配的讨论虽然也是基于中国经济的现实背景，但与前两章的分析角度有所不同。前两章或是从微观角度分析央企的利润上缴比例问题，或是立足宏观视角讨论国有资本收益划拨于公共福利支出的比例问题。本章则是从中观角度即地区间国有资本分布不平衡的角度出发，讨论国有资本收益分配的地区间不平衡问题，以及如何优化地方国有资本收益分配体制应对这一不平衡问题。

为此，本章利用相关数据，对我国企业国有资产及其收益、国有经济的产业结构在各省市的分布情况进行了实证分析，发现这一分布十分不均衡。本章在实证分析的基础上提出相应的政策建议：中央应统筹各地区国有资本收益收缴政策；在中央和地方分级建立健全国有资本经营预算制度；以平衡地区收益为前提，中央对国有资产收益分配权进行适度分权。

第一节　问题背景与文献梳理

一、问题背景

企业国有资产，即经营性国有资产，"是指国家对企业各种形式的出资所形成的权益"（《中华人民共和国企业国有资产法》第二条）。在市场经济的背景下，企业国有资产的基本属性之一是营利性，即追求资产的保值增值。2007年9月，国务院颁布了《国务院关于试行国有资本经营预算的意见》。其中，国有资本经营预算是国家以所有者身份依法取得国有资本收益，并对所得收益进行分配而发生的各项收支预算。然而中央和地方，以及地方之间的国有资本收益的分配尚不明确，因此如何从公平原则出发，理顺中央和地方在此方面的关系，对国有资产保值增值，深化国有资产管理机制改革，确保国有资产优化配置，推动国有经济结构的战略性调整，促进区域协调发展等具有重要意义。

二、中央与地方间国有资产收益收缴和分配关系的历史演变

改革开放前的计划经济体制期间,我国国有资本收益收缴和分配使用基本施行的是统收统支的模式;改革开放后,曾先后施行过各种各样的企业利润留成或上缴利润承包等制度;我国从1994年1月1日起在实行以"分税制"为核心内容的财政管理体制改革,分税制规定中央企业税后利润全部上缴中央财政,地方企业税后利润全部上缴地方财政,地方政府享有管理国有资产收益的权利。然而国家基本停止了向国有企业收缴利润,其基本原因在于:长期以来因各种政策包括拨改贷政策导致了国企高负债率、国企改制面临巨大改制成本支付等问题。①

2002年中共十六大指出,要在坚持国家所有的前提下,充分发挥中央与地方两个积极性;建立中央和地方政府分别代表国家履行出资人职责,享有所有者权益,权利、义务和责任相统一,管资产和管人、管事相结合的国有资产管理体制;确立建立国有资产出资人制度的改革方向。2003年国务院国有资产监督管理委员会成立,随即颁布实施了《企业国有资产监督管理暂行条例》。自此,国有资产出资人制度的初步实现,国有企业高负债问题得到了缓解,经营状况和盈利情况也得以好转。

2007年,国务院发布《国务院关于试行国有资产经营预算的意见》(国发[2007]26号),根据这一文件,经营性国有资产收益管理将通过国有资本经营预算体系来实施。2007年12月,财政部国资委颁布了《中央企业国有资本收益收取管理暂行办法》规定了央企收益的收缴方式,同时为地方政府收缴企业国有资本收益提供了政策方向,进一步引导并推动了各级政府对本级国有资本收益的收缴。然而中央和地方,以及地方之间国有资本收益的分配尚不明确。

三、企业国有资产收益收缴和分配的文献综述

西方理论界很早就有关于国有企业利润收缴和分配的研究,英国经济学家James E. Meade指出政府过度依赖税收和国债的情况可以通过政府对国有资本收益的收缴得以缓解,他在《经济分析与政策导论》(Introduction of Economic Analysis and Policy)(1936)中提出了关于国有

---

① 汪立鑫,付青山.转型期国有资本收益的公共福利性支出[J].财经科学,2009(1):103-110.

企业分红的构想：政府从投入公有企业的资本和土地中获得利润，之后将一部分利润作为社会收益分配给消费者，剩下的部分作为对公有企业的再投资。John Vickers 和 George Yarrow(1988)在探究政府在国有企业决策中的目标时，假设政府是全民的代理人，故政府会遵循公共利益最大化的原则来进行决策。

涉及我国国有资产收益的收缴和分配，马乃云(2010)在研究了法国、美国、新加坡和意大利国有资本管理及收益收缴制度的实践之后，发现我国需在分析其他国家以及国内各级政府实践经验的基础上，建立具有中国特色社会主义的国有企业管理和国有资本收益分配制度。

李正强(2007)认为国家作为国有企业的股东理应参与国有企业的利润分红。国有企业的全民性和公共性使得国有企业的红利分配应当惠及全民，实现国有资本收益权向全民回归。且红利上缴可应用于教育、医疗、养老、农村建设等关系国计民生的重要领域。对于国有资本收益分配，吴国玖(2008)认为应以全民共享为原则，显示出国有资本产权的全民所有的性质，并选择全民分红的分配模式。

可见理论界对国有资本的收益收缴和分配的必要性和重要性已经达成了共识，不过基本都限于规范性的分析，并没有深入到具体的实践层面。鲜有学者论及如何在公平原则下在中央及地方间进行国有资产收益的分配。对于中央和地方的财力分配，贾康和梁季(2011)指出了地区间的"横向不均衡"的客观现实，并认为需要负责宏观调控的中央政府把握好纵向分配机制。由于地方发展和财力差异等客观因素，中央政府需要合理地"抽肥补瘦"，调控宏观经济的平衡发展。文章虽没有将财力细致划分到国有资本收益，但国有资本收益无疑是政府财力中重要的一部分。同样的，究其原因，国有资本收益的横向不均衡也取决于国有资产的不平衡地区性分布，对于这一点，大部分研究只是一笔带过，缺乏系统性的实证研究，故本章将着重通过国有资产的地区性分布差异实证分析来探讨国有资本收益的地区间分配。

至于国有资本收益应该如何在中央与地方间合理分配，郑小玲(2010)在讨论中央与地方政府国有资产收益分割的最优解时，在动态序列模型中选取 Stackelberg 博弈模型并引入了中央与地方在国有资本收益中的分配系数加以说明。她根据西方经济学中的厂商理论和成本理论设定一个新参数 x，代替企业的正向努力来取代参数资本 K 和劳动力 L，将利润表达

式简化为 $\pi=R(x)-C(x)=kx^a-mx$。其中,a 为效益的努力弹性。引入收益分割系数 p 之后,中央在某个企业中的利益表达式为 $\pi_{中央}=pkx^a$,地方政府在某个企业中的利益表达式为 $\pi_{地方}=(1-p)kx^a-mx$。

根据模型,郑小玲分别计算了模型中中央政府先行以及地方政府先行两种情况下的最优解。第一种情况下,当地方政府实现利益最大化时,用社会净产出代表社会福利,得出社会福利函数为 $\pi=R(x)-C(x)=(kx^a-mx)_{x=\bar{x}}$,其中 $\bar{x}=\left[\dfrac{ka}{m(2-a)}\right]^{\frac{1}{1-a}}$。第二种情况下,形成了一个因徒困境型的博弈,各地方政府为了中央政府设定的分割比例 p,作出了放弃努力这个选择,从而导致整个社会的利益受损。对比两种情况,郑小玲得出理论上应由中央先行,并合理制定分配系数,以确保地方政府正向努力的程度,维持其积极性和主动性的结论。这与本章秉持的在国有资本收益分配中中央应进行统筹管理,兼顾地区间公平的理念是一致的。

第二节 企业国有资产的地区间分布研究

一、企业国有资产在中央及地方的分布

由于企业国有资产只是企业总资产中的国家所有者权益部分,而非全部,因而本章中的数据均为国有企业所有者权益(净资产)数据。图 7-1 显示了 2001 至 2010 年中央与地方企业国有净资产额的变动。从企业国有资产净资产来看,2010 年与 2001 年相比,中央企业国有资产总额从 32189.9 亿元增加至 122465 亿元,增长幅度达 2.80 倍,平均年增长率为 16%;地方企业国有资产总额也一直保持增长状态,从 2001 年的 29246.3 亿元增加至 2010 年的 111706.1 亿元,增长幅度达 2.81 倍,年平均增长率为 16.06%,可见中央与地方企业国有资产总额的增速基本相当。与此相应,图 7-2 显示了企业国有资产净资产中央和地方比例,中央和地方企业国有资产总额占全国总额的比重十年来有小幅度的波动,但总体趋于平稳。中央国有企业所有者权益总额占全国国有企业所有者权益总额的比重在 2007 年达到峰值 57.22% 之后又逐步回落到 2010 年的 52.30%。

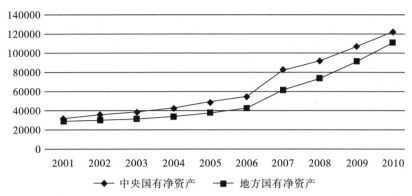

图 7-1 2001 年－2010 年中央与地方企业国有净资产额（亿元）

数据来源：《中国财政年鉴 2011》。

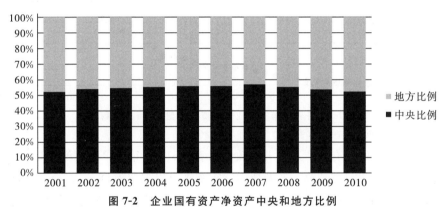

图 7-2 企业国有资产净资产中央和地方比例

数据来源：《中国财政年鉴 2011》。

二、从产业结构分布的角度探究各省市企业国有资产的质量

各省市国有资产的内在产业结构分布反映了地区间国有资产质量的差异，更进一步导致了目前国有资产收益不均，也暗示了未来的发展差距。本章依据传统产业经济理论，将不同行业分类为第一、二、三产业。结合《中国国民经济核算体系（2002）》的产业部门分类以及现有的各省市的国有资产 15 项产业数据，将三大产业细分如下：第一产业，农林牧渔业；第二产业，工业和建筑业；第三产业，包括地质勘查及水利业，交通运输业，仓储业，邮电通信业，批发和零售、餐饮业，房地产业，信息技术服务业，社会服务业，卫生体育福利业，教育文化广播业，科学研究和技术服务业，机关社团及其他。

《国务院办公厅转发国资委关于推进国有资本调整和国有企业重组指

导意见的通知》(国办发[2006]97号)提出了要进一步推进国有资本向关系国家安全和国民经济命脉的重要行业和关键领域集中,增强国有经济控制力、发挥主导作用。重要行业和关键领域主要包括:涉及国家安全的行业,重大基础设施和重要矿产资源,提供重要公共产品和服务的行业,以及支柱产业和高新技术产业中的重要骨干企业。这些行业普遍属于第二产业和第三产业。

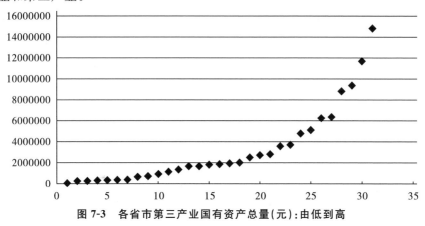

图 7-3　各省市第三产业国有资产总量(元):由低到高

数据来源:《中国国有资产监督管理年鉴2011》。

从全国的国有资产产业分布数据来看,2010年第三产业、第二产业分别占比66%和33%,第一产业所占比重基本可以忽略不计,这符合了我国国有企业改革和国有经济调整的政策方向。我国国有资本的稀缺性决定了国有资本行业及产业分布的集中性,国有经济只能集中在一些特定的领域,充分发挥国有资本的效率,且应该在一些行业里占得主导和支配性地位,而不能广泛地分布在各行各业。各省市2010年末国有资产第三产业分布如图7-3所示,可见国有资产产业结构的地区性差异也十分明显,第三产业占比最高的前五个省市分别为江苏(88%),浙江(84%),天津(83%),上海(79%)和广东(75%),普遍高于全国平均水平,而占比最低的三个省市,甘肃,吉林和山西却只有19%,28%和29%,远远低于全国平均水平。

为了进一步分析国有资产地区性的产业分布,本章引入了新兴产业的概念。至今,学界对新兴产业的定义还没有公认而严格的界定,也没有从增长率等数字角度进行衡量的方法。由于国有资产相关数据的局限,根据国际上公认的七大新兴产业的划分:新能源,新材料,信息网络,新医药,生物育种,节能环保,新能源汽车,本章以各省市国有资产中信息技术服务业与科学研究和技术服务的总额代表各地新兴产业,从而估计国有资产中新兴资产的区域性分布。通过计算,2010年新兴产业占比最高的前5个省市分别为江苏(0.99%)、青海(0.84%)、湖南(0.82%)、山东(0.80%)和北京(0.75%),最低的3个省市分别为海南(0.03%)、内蒙古(0.04%)和贵州(0.06%),可见新兴产业在国有资产中所占比重在不同省市的悬殊差距。

为了反映不平等程度,本章计算了基尼系数来衡量。区位基尼系数作为衡量产业在地区间分配均衡程度的重要指标,数值越大,表明产业的地区性发展差距越大,产业的区域集中程度越高。为了估量各制造业在地理上的集中程度,Krugman P.(1990)计算了美国三位数行业的区位基尼系数并分析了各行业的地方集中程度,得出部分行业的地方化程度很高的结论。Amiti和Wen(2001)计算了各个三位数制造业的区域基尼系数。梁琦(2003)在研究区域产业聚集的时候计算了中国24个行业的区域基尼系数。白重恩等人(2004)计算了区位基尼系数来衡量产业地方化程度和地方保护主义。①

基尼系数常用来衡量收入不平等及生产在地理上的集中程度。每一行业的基尼系数可用下一公式计算:

$$G_i = \frac{1}{2n^2 S_i} \sum_{k=1}^{n} \sum_{j=1}^{n} |S_{ij} - S_{ik}| \tag{1}$$

其中,S_{ij}、S_{ik}分别是省份j和省份k在工业I中所占的份额,n是省市自治区的个数,S_i是各省份在工业I中所占份额的均值。对每个行业,以S_{ij}递降的次序把S_{ik}累积相加,以累积的省份个数除以n作为横坐标,S_{ij}的相应累积值作为纵坐标,逐个描出S_{ij}的累积值,所得到的曲线就称为洛伦兹(Lorenz)曲线。② 基尼系数基于洛伦兹曲线计算得出。所有省份在一个产业中所占的份额越接近,产业的基尼系数就越接近于0,即分布越均匀,基尼系数就越小。本章将公式中的各行业指标替换成为各地区国有资产的相关指标,原理相同,区域分布越均衡则基尼系数越小,以此进一步分析区域间国有资产的分布不均衡情况。

本章根据历年各省市自治区各产业年末国有资产总额以及相邻两年

---

① 国外文献所用的美国三位数行业分类标准和我国的有所不同,但大致分类区别不大。我国国家统计局的行业分类代码参照中华人民共和国国家标准,该标准采用《国民经济行业分类与代码》(GB/T4754—2002)。三位数产业就是在我国国民经济行业分类中位于中类的产业。

② 文玫.中国工业在区域上的重新定位和聚集[J].经济研究,2004,2(84):4.

之差除以相应各地区的人口数得各省市各产业人均国有资产额与增值额。① 表7-1计算了2010年各省市各类产业人均年末国有资产额和国有资产增值额的基尼系数,后者说明了不同产业的国有资产收益在各省市的分配均匀程度。表中的结果显示,三次产业人均年末国有资产在31个省市自治区的分布差距很大,进而反映了各类产业人均国有资产收益水平的人均国有资产增值额的基尼系数更是大大超过了前者。其中,第三产业基尼系数为0.6209,最高的5个省市是上海(38596元),天津(26329元),北京(19945元),浙江(9213元)和江苏(8430元),而最低的省市如黑龙江和吉林只有132元和486元,最高水平是最低水平的292倍。另外,新兴产业,即朝阳产业所贡献的人均收益水平在地区间分布得极为不均,在广东,西藏,广西和贵州甚至是亏损的,为负值,广东人均亏损34元,最高的省市上海,北京,江苏和天津分别为人均386,309,159和155元,这虽然和新兴朝阳产业的成熟度和风险性有关,但在某种程度上说明了该产业所带来的收益地区性差异确实存在。

表7-1　2010年人均不同产业国有资产及国有资产增值额地区间分布(基尼系数)

项目	第一产业	第二产业	第三产业	新兴朝阳产业
人均年末国有资产	0.5319	0.4130	0.5923	0.6288
人均国有资产增值额	0.8593	0.5645	0.6209	0.8279

这种差异来源于客观因素,如地理位置,也有长期的历史积累和地方性政策的影响,例如《上海市国有创业投资企业股权转让管理暂行办法》中指出,国有创业投资企业应当重点投资国家和本市战略性新兴产业,或与本企业主业相关的产业,支持和帮助相关领域中小企业发展。然而地区间产业结构上的区别,会逐渐导致严重的国有资本的保值增值额的差距,进而影响到各地区国有资本收益的收缴规模和收益民生性分配的公平性。

三、企业国有资产和收益在各省市、各经济带的分布及历史比较

从地方总量来看,各省市之间企业国有净资产分布得很不平均,以2010年的数据为例,上海、江苏、广东、浙江、北京和天津分别以12336.4、11106.8、9709.0、8032.0、7553.6和6936.1亿元位居前六,最低的西藏和宁夏分别为117.6和462.3亿元。

---

① 数据来源:《中国国有资产监督管理年鉴》。

本章根据历年各省市自治区国有企业所有者权益(净资产)以及相邻两年之差除以相应各地区的人口数得各省市人均的国有企业净资产额和增值额。① 以 2010 年为例,图 7-4 将各省市人均的国有企业净资产额由低到高进行了排列,可见各省市人均的国有企业净资产数量分布也相当不平均,其中黑龙江省最低,为 2186 元,最高前六位分别为上海、天津、北京、重庆、浙江和江苏,依次为 53567 元、53396 元、38519 元、20457 元、14746 元和 14115 元,最高水平是最低水平的 24.5 倍。

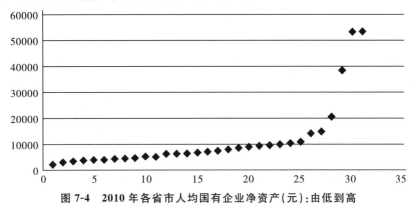

图 7-4　2010 年各省市人均国有企业净资产(元):由低到高

数据来源:《中国国有资产监督管理年鉴 2011》。

如果通过计算反映不平等程度的基尼系数来衡量,如表 7-2 所示,2010 年各省市人均国有企业净资产数量的基尼系数已达到 0.4689,属于不平等程度较高的水平。但是从历年的数据来看,基尼系数正在逐步缩小,说明近年来人均国有净资产的不均衡现象也有所改观。

表 7-2　各省市人均企业国有净资产/人均企业国有资产增值额基尼系数

年份	2005	2006	2007	2008	2009	2010
净资产基尼系数	0.5375	0.5327	0.533	0.5135	0.4856	0.4689
增值额基尼系数	0.6294	0.7247	0.5934	0.5213	0.5026	0.5307

如上所述,各省市人均国有企业净资产分布的不平衡,将进一步导致人均国有资产收益水平或国有资产增值额的差距,后者意味着各省市在将国有资本收益用于解决历史遗留的诸如下岗职工社会保障基金缺口、国有企业显性和隐性债务等改制成本问题,以及民生福利性支出时的财源上的差距,从而造成地区间经济利益和民生福利的不平衡。

---

① 数据来源:《中国国有资产监督管理年鉴》。

图 7-5 由低到高显示了 2010 年各省市人均国有资产增值额。以 2010 年为例,在人均国有资产增值额的排名中,西藏和吉林省最低,是仅有的增值额为负的地区,分别减少了 2488 元和 29 元,排在前六位的是天津、重庆、上海、北京、江苏和浙江,分别为 12071 元、7027 元、6668 元、5024 元、4332 元和 2859 元。而 2009 年的情况也类似,青海省最低,只有 83 元,排在前六位的是天津、上海、北京、重庆、浙江和云南,分别为 10444 元、6982 元、6036 元、3203 元、2417 元和 2319 元,最高水平是最低水平的 125 倍以上。

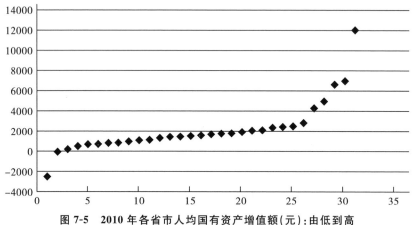

图 7-5　2010 年各省市人均国有资产增值额(元):由低到高

数据来源:《中国国有资产监督管理年鉴 2011》。

同样,通过基尼系数的计算,可知 2010 年各省市人均国有资产增值额的基尼系数达到 0.5307,超过前述的人均国有企业净资产数量的基尼系数。从 2005 年到 2010 年人均企业国有资产增值额基尼系数一直居高不下,甚至在 2006 年达到了 0.7247 的极值,反映出地区间人均企业国有资产收益水平的巨大差距。

以东、中、西部地带为经济区域划分①,近些年来,国有资产的经济区域分布总体情况是:地方国有资产主要分布在东部沿海地区,中西部较少,且分布在西部地区的略微高于中部地区。2010 年三大经济带的企业国有资产总量分别为东部地区 73220 亿元,中部地区 20415 亿元,西部地区 28504 亿元,东部地区国有资产超过中西部的总和;人均企业国有净资产

---

① 东部:北京、天津、河北、辽宁、上海、江苏、浙江、福建、山东、广东和海南等 11 个省市;中部:山西、吉林、黑龙江、安徽、江西、河南、湖北、湖南等 8 省;西部:重庆、四川、贵州、云南、西藏、陕西、甘肃、青海、宁夏、新疆、广西、内蒙古等 12 个省、自治区。

分别为东部13303元,中部4829元,西部7902元,东部地区是中部的2.75倍;人均企业国有资产增值额分别为东部2523元,中部1075元,西部1999元,东部地区是中部地区的两倍以上。因此,在国有资产以及国有资产收益水平在大范围的经济带分布中,仍然显示出明显的地区性差异。

究其原因,首先各地区的经济发展水平十分不均衡,另外从国家政策上来看,不同地区的国家直接投资也存在差异,例如上海、四川等地区国家的直接投资多,而甘肃、海南等地区的国家直接投资较少。地区间人均国有资本收益的差距,与国家力图形成东西互动、优势互补、共同发展的新格局,达到地区间协调发展的目标,使各地区经济发展水平的相对差距逐步缩小,至少把地区间差距扩大的幅度控制在社会心理所能承受的范围内的宏观调控方向有所违背。并且它将导致不同地区政府人均民生性支出的差别。

第三节　地区间国有资本收益分配体制改革

本章前面的实证分析揭示了地区间国有资产的分布差异,我国各省市国有资产的产业结构差别导致了国有资产质量的巨大差距。同时,各省市人均国有资产的分布不均,直接导致了人均收益水平的失衡,反映到经济带范围上,则是东部沿海地区明显高于中西部。从各省市人均企业国有资产增值额的基尼系数看,2005年以来一直在0.5以上。由于企业国有资产数量及质量的地区间差距巨大,因此出于公平性原则,有必要由中央对地方企业国有资产收益的分配进行一定程度的统筹。这意味着要对目前地方企业国有资产收益分配体制进行某种改革或补充。

一、国有资本收益上缴公共财政的直接主体及国有资本收益基数的核定

(一)国有资本收益上缴公共财政的直接主体应是国资监管机构

1. 对目前中央企业利润上缴办法的反思

前几章在讨论国有资本收益分配体制时曾介绍过,目前对中央企业的实施办法是财政部牵头,并与国资委联合确定企业国有资本收益收取比例,但具体方案较为简单笼统,即根据行业特点将中央企业分为几大类,然后对不同类别企业的国资收益确定不同档的收取比例。这一做法始于2008年,当时国有资本经营预算制度开始试行,其中关于国资收益收取比例,具体做法就是将中央企业分为第一类交 10%、第二类交 5% 和第三类暂缓 3 年上缴或免交(财企〔2007〕309 号)。

后来上述收取比例经过了两次调整:一次是 2010 年底财政部发文提出,从 2011 年起适当提高中央企业国有资本收益收取比例,具体分为第一类交 15%、第二类交 10%、第三类交 5% 和第四类免交(财企〔2010〕392 号);另一次是 2014 年财政部发文提出,从 2014 年起,进一步适当提高中央企业国有资本收益收取比例,具体收取比例在现有基础上提高 5 个百分点,即:第一类企业为 25%;第二类企业为 20%;第三类企业为 15%;第四类企业为 10%;第五类企业免交(财企〔2014〕59 号)。

上述这种将企业分成简单几类,相应按几档比例收取收益的做法,存在两方面的不足。一方面的不足是,如前几章曾指出的,这种做法作为试行中央企业国有资本收益收取的起步性方案,有其操作简明、方便财政部门实施的优点,但从未来看,这种简单笼统的做法没有充分考虑不同企业的具体差别,同时也难以适应各个央企在经营上的动态变化。正如前几章曾深入讨论的,对每一个国有企业而言,其利润上缴都有一个自己的最优比例,其决定于每一个企业自身特定的内外部条件,如企业盈利状况、企业成长性等。因此,不仅不同行业企业的最优上缴比例是不同的,而且即使是同一行业,不同企业的最优上缴比例也是不同的,甚至同一企业在其不同发展阶段的最优上缴比例也是不一样的。显然,这些具体差别在前述简单笼统的国资收益收取办法中并未得到充分考虑。

另一方面的不足是,现有的做法不仅是由财政部牵头确定国有企业利润上缴比例,而且是由财政部直接收取,这没有充分发挥国资委相对于财政部在了解企业经营发展状况方面的信息优势。国资委作为代表政府对国家出资企业履行出资人职责、专司企业国有资产监督管理的特设机构,其对所监管的每一个国有企业的经济发展状况如何、从而利润的最优上缴比例应为多少是最有发言权的。同时,从其对国有资产保值增值的责任出发,也是最有动力来确定所监管的各个企业的最优利润上缴比例。而按现在的做法由财政部牵头确定企业利润上缴比例并由财政部直接收取,则国资委的上述优势和积极性无法充分发挥,最终在企业利润的上缴比例上只能是较为简单笼统的"一刀切"。

2. 改进思路:国有资本收益的分配与使用应分两个层面来实施

综上所述,在目前由特定的国资监管机构(通常即指国资委)代表政府履行出资人职责的国资监管体制下,要合理地进行国有资本收益分配,财政部门就应该进一步授权国资监管机构,以充分发挥国资监管机构的信息优势。具体而言,国有资本收益的分配与使用可分为两个层面来实施。

一个层面是国资监管机构和其所监管国有企业之间在国有资本收益上的分配,这应当由国资监管机构来决定所监管国有企业税后利润的上缴比例,具体比例可随企业及时间的不同而不同,确定依据是国家经济安全与国家发展战略需要、行业发展与企业运行状况。对此问题本书前几章已有较系统详细的分析。

另一个层面是政府(公共财政)和国资监管机构之间在国有资本收益上的分配,即政府决定将企业上缴的全部国有资本收益中的多少用于公共的民生性支出。当然,其他部分则继续用于国有资本(经营性)投资,以促进GDP增长、发展地方经济。对此问题,本书上一章也给出了较深入的分析。

至于政府要求国资委将国有资本收益的多少比例上缴公共财政,正如上一章所分析的,其依据有两个,一是政府在改善民生方面的收支缺口,二是国有经济本身可持续健康发展要求。从这一角度看,十八届三中全会提出到2020年将国有资本收益上缴公共财政比例提高到30%(《中共中央关于全面深化改革若干重大问题的决定》),是较为合理的,因为这一比例和成熟市场经济中公众公司其利润用于分红的平均比例相接近。

从上述两个层面的国有资本收益分配体制看,就第一层面而言,国有企业利润上缴的直接对象是国有资产监管机构而不是财政部门,就第二层面而言,国有资本收益上缴公共财政的直接主体是国资监管机构而不是国有企业。

(二)国资委所出资国有资本收益的基数的核定

由于这里建议国有资本收益上缴公共财政的直接主体改为国资委,因此就有一个如何核定国资委所出资企业国有资本收益的基数问题。如果不能完整获得这些出资企业当年或上一年度的利润数据,则可有几个替代性解决方案:一是将国资委所监管国有资产在上一年度的增值额作为"国有资本收益"基数;另一个是将上一年度国资委所监管国有资产总额乘以所出资国有企业平均净资产收益率,所得结果作为应得"国有资本收益"基数;而如果不能获得平均净资产收益率数据,则可将上一年度国资委所监管国有资产总额乘以社会平均利润率或某一商业贷款利率,所得结果作为应得"国有资本收益"基数。

表 7-3 给出了 2017 年中央企业及地方国有企业国有资本收益基数的三种核定结果,其中就中央企业国有资本收益的核定结果而言,按金额由大到小的排列分别为:按国有资产增量来核定所得出的 21807.8 亿元;按实现利润来核定所得出的 17757.2 亿元;基于贷款利率来核定所得出的 10367.5 亿元。由于未能获得中央企业的平均净资产收益率,所以上述第三个核定结果是基于同期的 3~5 年商业贷款利率所计算出的。

表 7-3 2017 年中央企业及地方国有企业国有资本收益基数的三种核定结果(单位:亿元)

	2016 年所有者权益	2017 年所有者权益	2017 年所有者权益增量	2017 年实现利润	2017 年商业贷款利率(3~5 年)	按贷款利率所核定的 2017 年国资收益参考值
中央企业	218262.7	240070.5	21807.8	17757.2	4.75%	10367.5
地方国有企业	228534.5	279887.5	51353	11228.7	4.75%	10855.4

注:表格中"所有者权益"及"实现利润"的数据来源:"2016 年 1 月—12 月全国国有及国有控股企业经济运行情况""2017 年 1 月—12 月全国国有及国有控股企业经济运行情况",财政部网站。

表 7-4 则以上海市为例,给出了该市 2016 年地方国有企业国有资本收益基数的三种核定结果,按金额由大到小排列分别为:按国有资产增量来核定所得出的 1524.07 亿元;基于国有企业平均净资产收益率来核定所得出的 1505.03 亿元;基于贷款利率来核定所得出的 1051.3 亿元。

表 7-4 2016 年上海市地方国有企业国有资本收益基数的三种核定结果(单位:亿元)

2015 年末国有资产总量	2016 年末国有资产总量	2016 年国有资产增量	2016 年国有及国有控股企业平均净资产收益率	按净资产收益率所核定的 2016 年国资收益参考值	2016 年商业贷款利率(3~5 年)	按贷款利率所核定的 2016 年国资收益参考值
22132.84	23656.91	1524.07	6.80%	1505.03	4.75%	1051.3

注:表格中"国有资产总量"及"平均净资产收益率"的资料来源:"本市地方国有企业 2015 年度总体运行情况""本市地方国有企业 2016 年度总体运行情况",上海市国有资产监督管理委员会网站。

在上述关于国有资本收益基数的各种核定方法中,到底如何选择取决于我国社会经济发展不同时期对公共民生福利增进与国有经济发展之间的权衡。如果某一时期国有经济发展的资金需求更为迫切,则选择按贷款利率来核定国有资本收益基数就更为合适,因为按这种方法所核定结果的数额最小;反之,如果某一时期增加公共民生福利的需求更为迫切,则更合适的选择是按国有资产增量来核定国有资本收益基数,因为按这种方法所核定结果的数额最大。而介于上述两种方法之间的比较折中的核定方法,就是按实现利润来核定或基于国有企业平均净资产收益率来核定国有资本收益基数。

二、地方国有资本收益用于公共福利性支出政策应由中央统筹制定

如前所述,全国不同地方政府所监管国有资产在数量及质量上均有很大差别,如果地方国有资产收益用于公共福利性支出部分全部用于本地公共福利,将会带来新的地区差距,因此为避免导致这一新的地区差距,各地方的国有资本收益用于公共福利性支出政策应当由中央统筹集中制定与实施。具体而言,对地方国有资本收益拟用于民生性分配的部分,地方政府应当再将其中的一定比例上缴中央,中央再用于全社会的公共服务均等化。

至于上缴比例应为多少,以及中央对上缴的地方国资收益的再分配结构如何安排,可以用中央再分配后各地区国资收益对民生支出贡献的人均值的基尼系数是否回落于合理区间来衡量。

这里我们设计一个较为简便的操作方案,为上述中央如何统筹安排地方国有资本收益分配提供政策参考。该方案简单来说包含以下几个环节:

首先,中央要确定在全国范围内国有资本收益用于公共的民生性支出的平均比例为多少,如前所述,这一比例的确定要兼顾政府在改善民生方面的收支缺口以及国有经济本身可持续健康发展要求这两个因素,例如在将来这一比例可能要达到30%。

其次,要求各省市首先按照上述所确定比例划分出本地国有资本收益用于公共民生性支出的数额,这相当于地方国有资本收益用于公共民生性支出的初次分配。

再次,对于上述各省市国有资本收益用于公共民生性支出的初次分配部分,中央要求地方政府按照统一的分成比例再上缴中央,该分成比例的确定与各地区国资收益对民生支出贡献的人均值的基尼系数相关,具体而言,就是取决于该基尼系数的当前值与未来目标值的相对差。

最后,中央将上述地方政府按统一分成比例上缴的国有资本收益汇总后,再以全国人均相等的平均分配原则全部返还给各地方政府,即各地方政府所获得的人均返还额是相等的。这一环节与上一环节构成了中央对

地方国有资本收益用于公共民生性支出的再分配。

接下来,我们通过一个简单的模型来说明上述分成比例的确定。假定一开始各地区国资收益对民生支出贡献的人均值的基尼系数,即各地区地方国有资本收益用于公共民生性支出的初次分配人均值的基尼系数由下式表达:

$$G_0 = \frac{1}{2n^2 \bar{X}_0} \sum_{i=1}^{n} \sum_{j=1}^{n} |X_{0i} - X_{0j}| \tag{2}$$

上式中X_{0i}表示第i个地区地方国有资本收益用于公共民生性支出的初次分配的人均值。

现又假定对各地区国有资本收益用于公共民生性支出的初次分配部分,中央又要求与各地区按照统一的比例分成,设该上缴中央的分成比例为λ,然后中央再将上收的这些国有资本收益按人均相等原则全部平均返还给各地区。则经过这些再分配后,各地区地方国有资本收益用于公共民生性支出的最终分配人均值的基尼系数为:

$$G_1 = \frac{1}{2n^2 \bar{X}_0} \sum_{i=1}^{n} \sum_{j=1}^{n} |[(1-\lambda)X_{0i} + \lambda \bar{X}_0] - [(1-\lambda)X_{0j} + \lambda \bar{X}_0]|$$

$$= \frac{(1-\lambda)}{2n^2 \bar{X}_0} \sum_{i=1}^{n} \sum_{j=1}^{n} |X_{0i} - X_{0j}| = (1-\lambda)G_0 \tag{3}$$

因此容易得到分成比例的表达式:

$$\lambda = 1 - \frac{G_1}{G_0} \tag{4}$$

我们可用具体的数字实例来说明上式的应用。根据表7.2的数据,我们可合理假定,目前各省市地方国有资本收益用于公共民生性支出的初次分配人均值的基尼系数$G_0=0.5$,假定我们要通过再分配,将各地方国资收益用于公共支出的最终分配人均值的基尼系数降为0.35,则意味着各地区国有资本收益用于公共民生性支出的初次分配部分应当上缴的比例为30%,而如果要把基尼系数降到0.3,则该上缴比例应为40%。

三、国有资本收益用于公共福利性支出的批准与执行程序、决策主体及其权限

如上所述,国有资本收益的分配,既关系国有经济的健康可持续发展,又关系公共民生福利的改善,既涉及经济资源配置的效率高低,又涉及不同地区间的分配公平与否,是一个对我国经济全局有着广泛影响、因而具

有极强政策敏感性的问题。因此,对国有资本收益用于公共福利性支出的分配,除了前面较为细致具体的量化分析外,还非常有必要对这一分配的批准与执行程序、决策主体及其权限进行进一步明确。

首先,在国有资本收益中,用于公共福利性支出的比例应由谁来决定?我们认为,不论是中央层面的这一比例还是地方层面的这一比例,都应由全国人大或国务院最终决定。一方面是为确保国有经济的主导地位不受影响,即以防个别省市为了短期利益而对国有资本收益过度分配、损害国有经济健康发展;另一方面是为防止因地区间国有资本分布不平衡而导致地区间民生福利差距拉大的制度保障,即防止个别人均国有资本数量及质量较高的省市利用自身有利条件加大国有资本收益向公共福利性支出的分配力度,从而进一步拉开与其他地区在民生福利水平上的差距。

其次,中央层面的国有资本收益用于公共福利性支出的分配比例与各省市地方层面的这一分配比例是否应相等?我们认为,这两个分配比例不必完全相等,在有些情形下,地方层面的分配比例可略高于中央层面,因为相对于地方国有企业,中央企业不仅在保障国有经济在我国全社会经济中的主导地位方面负有更多的责任、发挥着更大的作用,而且在保障国有经济安全、提升国家经济核心竞争力方面也担任着更为主力的角色。因此,相对于地方层面,在中央层面应当把确保国有经济的健康发展摆在更为优先的位置。

再次,各省市地方国资委所监管国有资本其收益用于公共福利性支出的初次分配比例是否应当全国统一?我们认为,全国地方层面的这一分配比例应当是一致的,而且这一要求应当上升为严格的制度性规定。这一方面是为了保障各省市间经济竞争公平性的需要,即国有资本收益用于公共福利性支出的分配比例在全国地方层面的统一,为各地方在发展本地国有经济上的竞争提供了相对平等的竞争条件,因为分配比例的统一就意味着这一分配政策对各省市地方国有经济发展的影响是一样的;另一方面也是为了堵住各地方政府迫于本地财政压力而向中央要国有资本收益分配方面特殊政策的口子,因为这个口子一开,势必导致地方层面的国有资本收益分配陷于失控与混乱,而要堵住这一口子,最根本的方法就是事先的制度性规定,全国地方层面的这一分配比例必须完全统一。

最后,在微观层面上,各个国有企业或国有控股企业的国有资本收益上缴比例应当由谁来决定?如前所述,我们认为这一比例应当由各级国资委为代表的国资监管机构来决定。因为与财政部、发改委等国家一般经济与行政管理部门相比,国资委作为专门履行企业国有资产出资人职责的机构,不仅对其所监管国有企业的具体情况更具有信息优势,同时也承担着对所出资国有资产的保值增值责任,因此,国资委为代表的专门国资监管机构不仅有能力而且有动力来确定所监管的每个企业国有资本收益上缴的最优比例。

综合以上讨论,我们关于国有资本收益公共福利性分配的决策程序的参考性建议可概括如下:

首先是中央层面的国务院或全国人大根据国资委所提供的国有资本运营的年度信息,确定该年度中央企业国有资本收益基数和各省市地方国有资本收益基数。

其次是国务院或全国人大决定中央层面的国有资本收益上缴比例和地方国有资本收益向本地政府的统一上缴比例,这两个上缴比例与上述对应的收益基数相乘进而确定中央层面的国有资本收益上缴数额、各省市地方国有资本收益上缴数额。上缴比例确定的依据是兼顾政府改善民生的需要和国有经济自身可持续健康发展的需要,中央层面的上缴比例可略低于地方上缴比例。

再次是中央层面的国务院国资委按照国务院或全国人大所下达的国有资本收益上缴数额,将其分解为所出资各中央企业的国有资本收益上缴数额或比例;同样,各省市国资委也要将中央所确定的本地区国有资本收益上缴本地政府数额进行分解,即分解为所出资各本地国有企业的国有资本收益上缴数额或比例。如前所述,国资委对所出资企业国有资本收益上缴比例的确定,其依据是国家经济安全及发展战略需要、企业所在行业发展及企业自身运营状况,因而不同企业、甚至同一企业不同年份的上缴比例都有可能不同。

最后是国务院或全国人大决定各省市国有资本收益的再分配。为此先是要确定中央对地方的统一分成比例,即对各省市地方政府所收缴的本地国有资本收益初次分配额的分成比例,然后中央将各地方按统一分成比例上缴中央的国有资本收益进行汇总,并以全国人均相等的平均分配原则再全部返还给各省市政府。关于上述统一分成比例的确定依据,如前所述,就是要将各省市地方国资收益对民生支出贡献的人均值的基尼系数降到符合公平原则的目标值。

参考文献

[1] 白重恩,杜颖娟,陶志刚,仝月婷.地方保护主义及产业地区集中度的决定因素和变动趋势[J].经济研究,2004(4).

[2] 白重恩,路江涌,陶志刚.国有企业改制效果的实证研究[J].经济研究,2006(8).

[3] 蔡立新.我国中央企业利润分配政策研究[J].商业会计,2011(31).

[4] 陈冬华,陈信元,万华林.国有企业中的薪酬管制与在职消费[J].经济研究,2005(2).

[5] 陈怀海.国有资本经营预算:国有企业产权改革的财政制度约束[J].当代经济研究,2005(5).

[6] 陈少强.国有企业利润分配制度变迁与完善[J].中国财政,2009(8).

[7] 程永宏.改革以来全国总体基尼系数的演变及其城乡分解[J].中国社会科学,2007(4).

[8] 邓子基,陈少晖.国有资本财政研究[M].北京:中国财政经济出版社,2006.

[9] 樊纲.论当前国有国有企业产权关系的改革[J].改革.1995(1).

[10] 付青山.国有资本收益分配的研究——基于经济转型的视角[D].上海:复旦大学,2009.

[11] 付文林,沈坤荣.中国公共支出的规模与结构及其增长效应[J].经济科学,2006(1).

[12] 国家发展改革委.民营经济撑起中国经济的"半壁江山"[N].中国新闻网,2018-09-06,http://www.chinanews.com/wap/detail/sp/sp/shipin/cns/2018/09-06/news8620658.shtml

[13] 韩朝华,周晓艳.国有企业利润的主要来源及其社会福利含义[J].中国工业经济,2009(6).

[14] 何国华.国有独资企业利润分配与上缴法律制度研究[D].北京:

中国政法大学,2009.

[15] 胡一帆,宋敏,张俊喜.中国国有企业民营化绩效研究[J].经济研究,2006(7).

[16] 黄孟复,胡德平,辜胜阻,陈永杰.中国民营经济发展报告 No.3(2005~2006)[M].北京:社会科学文献出版社,2006.

[17] 贾康,梁季.中央地方财力分配关系的体制逻辑与表象辨析[J].财政研究,2011(1).

[18] 贾康,刘微.注重民生、优化结构、创新制度、促进发展[J].预算管理与会计,2007(10).

[19] 姜付秀,余晖.我国行政垄断的危害:市场势力效应和收入分配效应的实证研究[J].中国工业经济,2007(10).

[20] 雎国余,蓝一.企业目标与国有企业改革[J].北京大学学报(哲学社会科学版),2004(3).

[21] 李宾,曾志雄.中国全要素生产率变动的再测算:1978-2007年[J].数量经济技术经济研究,2009.

[22] 李常青.股利政策理论与实证研究[M].北京:中国人民大学出版社,2001.

[23] 李健,王小卫.出路:郎咸平引爆"国企改革"大辩论[M].北京:经济日报出版社,2004.

[24] 李楠,乔榛.国有企业改制政策效果的实证分析:基于双重差分模型的估计[J].数量经济技术经济研究,2010(2).

[25] 李正强.国企利润分红之争[J].经济视角(中国纳税人),2007(1).

[26] 梁琦.中国工业的区位基尼系数:兼论外商直接投资对制造业集聚的影响[J].统计研究,2003(9).

[27] 廖楚辉,刘鹏.中国公共资本对私人资本替代关系的实证研究[J].数量经济技术经济研究,2005(7).

[28] 廖理,方芳.管理层持股、股利政策及上市公司代理成本[J].统计研究,2004(12).

[29] 林青松.改革以来中国工业部门的效率变化及其影响因素分析[J].经济研究,1995(10).

[30] 林毅夫,李志赟.政策性负担,道德风险与预算软约束[J].经济研

究,2004(2).

[31] 林毅夫,刘培林.自生能力和国企改革[J].经济研究,2001(9).

[32] 林毅夫,蔡昉,李周.充分信息与国有企业改革[M].上海:上海人民出版社与上海三联书店,1997.

[33] 刘长生,郭小东,简玉峰.社会福利指数、政府支出规模及其结构优化[J].公共管理学报,2008(3).

[34] 刘瑞明,石磊.国有企业的双重效率损失与经济增长[J].经济研究,2010(1).

[35] 刘小玄,李利英.企业产权变革的效率分析[J].中国社会科学,2005(2).

[36] 刘小玄.中国工业企业的所有制结构对效率差异的影响[J].经济研究,2000(2).

[37] 刘元春.国有企业宏观效率论:理论及其验证[J].中国社会科学,2001(5).

[38] 刘钟元.国有资本收益上缴比例研究:以中央国有企业为例[D].上海:复旦大学,2013.

[39] 卢淑艳,刘永泽.国有资本收益管理的实践与思考[J].财政研究,2006(10).

[40] 罗宏,黄文华.国企分红、在职消费与公司业绩[J].管理世界,2008(9).

[41] 吕长江,金超,韩慧博.上市公司资本结构、管理者利益侵占与公司业绩[J].财经研究,2007(5).

[42] 吕长江,王克敏.上市公司股利政策的实证分析[J].经济研究,1999(2).

[43] 吕政府,金碚,张世贤,王空.论国有企业与市场经济的兼容性和矛盾性[J].中国工业经济,1995(2).

[44] 马乃云.国外国有企业管理及收益收缴实践对我国的启示[J].财会研究,2010(17).

[45] 青木昌彦,张春霖.对内部人控制的控制:转轨经济中公司治理的若干问题[J].改革,1994(6).

[46] 世界银行.国有企业分红:分多少?分给谁?[R].北京:2005.

[47] 世界银行和国务院发展研究中心联合课题组.2030年的中国:建

设现代、和谐、有创造力的社会[M].北京:中国财政经济出版社,2012.

[48] 宋立刚,姚洋.改制对企业绩效的影响[J].中国社会科学,2005(2).

[49] 孙荣,辛方坤.财政支出规模、结构与社会福利的动态均衡研究[J].经济问题探索,2011(8).

[50] 孙铮,刘浩.中国上市公司费用"粘性"行为研究[J].经济研究,2004,(12).

[51] 谈少鹏.国有经济最优比重选择的模型研究[D].上海:复旦大学,2014.

[52] 汤洪波.现代资本结构理论的发展:从MM定理到融资契约理论[J].金融研究,2006(2).

[53] 天则经济研究所课题组.国有企业的性质、表现与改革[R].2011. http://www.unirule.org.cn/xiazai/2011/20110412.pdf。

[54] 汪立鑫.我国收入差别扩大的三大导因[J].经济学家,2000(4).

[55] 汪立鑫.收入分化背景下的制度演变:低收入群体与富人群体之间的动态博弈[J].经济社会体制比较,2004(6).

[56] 汪立鑫.经济制度变迁的政治经济学[M].上海:复旦大学出版社,2006.

[57] 汪立鑫.中国国有经济制度安排的政治经济学[J].探索与争鸣,2018(6).

[58] 汪立鑫,付青山.转型期国有资本收益的公共福利性支出[J].财经科学,2009(1).

[59] 汪立鑫,刘钟元.竞争性行业中央企业利润最优上缴比例:内部代理成本与外部融资成本的权衡[J].中国工业经济,2014(2).

[60] 汪立鑫,谈少鹏.信息局限、税收替代与国有经济最优比重[J]."经济研究"工作论文,编号2013(WP474).

[61] 汪立鑫,左川.国有经济与民营经济的共生发展关系:理论分析与经验证据[J].复旦学报(社会科学版),2019(4).

[62] 汪平.基于价值管理的国有企业分红制度研究[M].北京:经济管理出版社,2011.

[63] 汪平,李光贵.国有企业分红比例估算原则与框架分析[J],经济与管理评论,2009(5).

[64] 王钦敏.中国民营经济发展报告No.11(2013～2014)[M].北京:社会科学文献出版社,2015.

[65] 汪同三.宏观调控:"收入分配改革是关键"[M].中国证券报,2007.4.25.

[66] 王小鲁,樊纲.中国经济增长的可持续性[M].北京:经济科学出版社,2000.

[67] 魏刚.中国上市公司股利分配问题研究[M].大连:东北财经大学出版社,2001.

[68] 文玫.中国工业在区域上的重新定位和聚集[J].经济研究,2004(2).

[69] 吴国玖.国有资产收益分红机制的国际比较与借鉴[J].科技创新导报,2008(6).

[70] 邢俊玲,俞肖云,何平.中国大中型工业企业在1995－1997年宏观经济结构调整中的表现[J].统计研究,1999(10).

[71] 解明.经济转轨中国有资本比重的最优路径选择[J].经济学(季刊),2007(1).

[72] 严成樑,龚六堂.政府公共支出理论框架评述[J].财经问题研究,2011(1).

[73] 闫婷.中国民生支出规模与结构的优化研究[D].辽宁:辽宁大学,2011.

[74] 杨俊,龚六堂,王亚平.国有股权型社会保障研究[J].经济研究,2006(3).

[75] 杨俊,龚六堂.国有资本收入对养老保险的划拨率研究[J].金融研究,2008(11).

[76] 杨淑娥,王勇,白革萍.我国股利政策分配影响因素的实证分析[J].会计研究,2000(2).

[77] 杨宜勇,顾严.2007－2008年我国收入分配新趋势与新思路[J].经济研究参考,2008(4).

[78] 杨子晖.政府规模、政府支出增长与经济增长关系的非线性研究[J].数量经济技术经济研究,2011(6).

[79] 姚洋.非国有经济成分对我国工业企业技术效率的影响[J].经济研究,1998(12).

[80] 姚洋、章奇. 中国工业企业技术效率分析[J]. 经济研究,2001(12).

[81] 余菁. 走出国有企业理论纷争的丛林[J]. 中国工业经济,2008(1).

[82] 原红旗. 中国上市公司股利政策分析[J]. 财经研究,2011(3).

[83] 张晨. 国有企业绩效提高主要来源于垄断吗[J]. 经济理论与经济管理,2010(5).

[84] 张淑翠. 公共民生视野下的政府最优规模——基于 DEA Tobit 回归修正法估计[J]. 山西财经大学学报,2012(2).

[85] 张维迎. 公有制经济中的委托人－代理人关系:理论分析和政策含义[J]. 经济研究,1995(4).

[86] 张秀莲. 对控制我国税收成本的研究[J]. 税务与经济,2005(2).

[87] 赵春光,张雪丽. 股利政策:动因选择[J]. 财经研究,2001(2).

[88] 赵志浩. 我国公共福利支出缺口与国有资本收益划拨的研究[D]. 上海:复旦大学,2014.

[89] 郑江淮. 国有企业预算约束硬化了吗?[J]. 经济研究,2001(8).

[90] 郑小玲. 中央与地方国有资产收益分配博弈问题研究[J]. 地方财政研究,2010(4).

[91] 中国经济增长与宏观稳定课题组. 增长失衡与政府责任——基于社会性支出角度的分析[J]. 经济研究,2016(10).

[92] 周炜,宋满,白云霞. 国有企业利润分配制度研究[J]. 财会月刊,2011(8).

[93] [德]马克思.《政治经济学批判》序言[A]. 载于:马克思恩格斯选集(第2卷)[C]. 北京:人民出版社,1995.

[94] [美]哈耶克. 个人主义与经济秩序[M]. 上海:上海三联书店中译本,2003.

[95] [美]罗尔斯. 正义论(修订版)[M]. 北京:中国社会科学出版社,2009.

[96] [英]布雷利,[美]迈尔斯,艾伦. 公司财务原理(第八版)[M],北京:机械工业出版社,2008.

[97] Aharoni, Yair. Performance Evaluation of State owned Enterprises: A Process Perspective [J]. *Management Science*,1981,27(11):1340－1347.

[98] Amiti, M. , Wen, M. Spatial distribution of manufacturing in China [A], in Modeling the Chinese Economy [C], ed. by P Lloyd and X. Zhang. London: *Edward Elgar*, 2001: 135—148.

[99] Armey, R. The freedern revolution [M]. Washington, DC: *Regnery Publishing Co.* ,1995.

[100] Barro, Robert. Government Spending in a Simple Model of Endogenous Growth [J]. *Journal of Political Economy*, 1990(98): 103—125.

[101] Bai, C. , Wang, Y. Bureaucratic Control and the Soft Budget Constraint [J]. *Journal of Comparative Economics*, 1998, 26(1): 41—61.

[102] Dewatripont M. , Maskin, E. Credit and efficiency in centralized and decentralized economies [J]. *The Review of Economic Studies*, 1995, 62(4): 541—555.

[103] Easterbrook, F. H. Two Agency-Cost Explanation of Dividends [J]. *The American Economic Review*, 1984, 74(4): 650—659.

[104] Gordon, M. J. Optimal Investment and Finance Policy [J]. *The Journal of Finance*, 1963, 18(2): 264—272.

[105] Hall, R. E. , Jones, C. I. Why do some countries produce so much more output per worker than others [J]. *The Quarterly Journal of Economics*, 1999, 114(1): 83—116.

[106] Higgins, R. C. Sustainable Growth under Inflation [J], *Financial Management*, 1981, 10(4): 36—40.

[107] Hirschman, A. O. National Power and Structure of Foreign Trade [M]. Berkeley: *University of California Press*, 1945.

[108] Higgins, R. C. The Corporate Dividend Saving Decision [J]. *Journal of Financial and Quantitative Analysis*, 1972, 7(2): 1527—1541.

[109] Jensen, M. C. , Meckling, W. H. Theory of the firm: Managerial behavior, agency costs and ownership structure [J]. *Journal of Financial Economics*, 1976, 3(4): 305—360.

[110] Kornai, J. The soft budget constraint [J]. *Kyklos*, 1986, 39(1): 3—30.

[111] Krugman, P. Increasing returns and economic geography [R]. *National Bureau of Economic Research*, 1990.

[112] Lin, J. Y., Tan, G. Policy Burdens, Account ability and Soft Budget Constraint [J]. *American Economic Review*, 1999, 89(2): 426—431.

[113] Musgrave, R. A. Fiscal Sysetems [M]. *Yale University Press*, 1969.

[114] Miller, M. H., Modigliani, F. Dividend Policy, Growth, and the Valuation of Shares [J]. *The Journal of Business*, 1961, 34(4): 411—433.

[115] McCabe, G. M. The Empirical Relationship Between Investment and Financing: A New Look [J]. *Journal of Financial and Quantitative Analysis*, 1979, 14(1): 119—135.

[116] Meade, James E. An Introduction to Eeonomic Analysis and Poliey [M]. London: *Oxford University Press*, 1936.

[117] North, D. Institution, Institutional Change and Economic Performance [M]. Cambridge: *Cambridge University Press*, 1990.

[118] OECD. OECD Guidelines on Corporate Governance of State-Owned Enterprises [M]. Paris: *OECD Publishing*, 2005.

[119] Pryke, R. Public Enterprise in Practice [M]. New York: *St. Martin's Press*, 1972.

[120] Qian, Y. A Theory of Shortage in Socialist Economies Based on the 'Soft Budget Constraint' [J]. *American Economic Review*, 1994, 84(1): 145—156.

[121] Rozeff, M. S. Growth, Beta and Agency Cost as Determinants of Dividend Payout Ratio [J]. *The Journal of Financial Research*, 1982, 5(3): 249—259.

[122] Rostow, W. W. Politics and the Stages of Growth [M]. Cambridge: *Cambridge University Press*, 1971.

[123] Shleifer, Andrei. State versus Private Ownership [J]. *Journal of Economic Perspective*, 1998, 12(4): 133—150.

[124] Shleifer, A., Vishny, R. W. Politicians and firms[J]. *The Quarterly Journal of Economics*, 1994, 109(4): 995—1025.

[125] Singh, M., Davidson III, W. Agency costs, ownership structure and corporate governance mechanisms[J]. *Journal of Banking & Finance*, 2003, 27(5): 793—816.

[126] Turnovsky, S. Fiscal policy, elastic labor supply, and endogenous growth [J]. *Journal of Monetary Economics*, 2000, 45(1): 185—210.

[127] Turnovsky, S. Optimal Tax, Debt, and Expenditure Policies in a Growing Economy [J]. *Journal of Public Economics*, 1996, 60(1): 21—44.

[128] Vickers, J., Yarrow, G. Privatization: An economic analysis. Cambridge [M]. Cambridge, Massachusset: *The MIT Press*, 1988.

[129] Young, A. Gold into Base Metals: Productivity Growth in the People's Republic of China during the Reform Period [J]. *Journal of Political Economy*, 2003, 111(6): 1220—1261.

[130] Zou, H. Taxes, Federal Grants, Local Public Spending, and Growth [J]. *Journal of Urban Economics*, 1996, 39(3): 303—317.

后记

一

作者从事国有经济主题的教学与研究多年,本书便是对作者多年教学与研究成果的一个积累。2005年,国务院国有资产监督管理委员会成立后约两年,我就在复旦大学经济学院开设《国有资产管理》课程,并随之开展有关国有经济的研究。虽然我研究兴趣宽泛且更偏重于理论经济,但"国有经济"一直是我的研究焦点之一,并吸引着我一届又一届的研究生加入对国有经济的研究。

因此,这里要感谢参与《国有资产管理》课程学习的同学们,正是与他们的教学互动激发了我很多思想萌芽,其中不少在本书中勃发生长。还要感谢参与我的国有经济研究课题的历届研究生们,本书的很多章节内容与他们的协助分不开,其中要特别感谢谈少鹏、刘钟元、赵志浩和王咪帅四位才俊,他们在我的指导下分别参与了本书第四、五、六、七章部分内容的编写。

本书基本完稿时间其实较早,但由于种种原因辗转几年才最终定稿。本书系2017年国家社科基金后期资助项目,得以竣工,来之不易。这里要衷心感谢安徽大学出版社始终如一的珍贵支持,特别是一直与我保持联系的李君编辑的热情鼓励与坚定支持。当然也要感谢全国哲学社会科学工作办公室的大力支持与耐心推进。

二

在本书中,作者对当前我国国有经济及其基本制度安排是正面肯定的,并认为国有经济与民营经济的关系应该是一种共生关系。这些观点的形成均源自作者基于国家战略全局的视野对国有经济地位与作用的理解,而这一视野又源自作者长期坚持的整体主义系统论的认识路径,其与新古典经济学的个体主义还原论的认识路径有着根本区别。这一根本区别使得本书的很多观点与基于新古典经济学对国有经济的看法有很大不同。

因此，作者希望，不论读者是否认同本书核心观点，都不妨了解一下这些观点背后的认识路径。

作者在书中还提出，国有经济的主导地位、国有经济与民营经济的共生发展关系，恰恰是中国的制度优势，是中国经济奇迹的微观基础。

关于中国的制度优势，我 2008 年曾提出："中国的制度优势……在历史迷雾中渐趋明朗。……这就是中国目前的制度框架在平衡个人经济选择自由与社会宏观有计划协调发展上的更大潜力……"（《财经研究》2008 年第 3 期）。如果说上述看法在当时显得不合时宜，在各种交流场合鲜有回应，那么在今天，相信会得到越来越多人的共鸣。

而国有经济的主导地位、国有经济与民营经济的共生发展关系，正是上述制度优势（自由选择与计划协调的平衡）在微观层面的一个精妙注解。在今天，国有经济与民营经济的共生发展关系不再只是一种价值理想，而是一个客观现实，并且作为客观现实，也正在为社会各界所肯定。这一切均使得国有经济的改革与发展在沿着正途稳健前行。

作为学者，学术预言得以验证，价值理想得以实现，何其幸哉快哉！因此，我对斯土斯民，常怀感恩与热爱。

三

本书即将付梓之际，正值党的二十大即将召开，同时世界百年未有之大变局正在加速演进之中。此时此刻，心中感慨万千。

回眸历史，中华文明作为人类史上唯一未曾断脉、绵延几千年至今的文明，自有其神奇的阴阳相济、生生不息的文化基因。

今天，这一神奇基因已在我国一系列核心制度安排中得以表达。

展望未来，中华民族的伟大复兴已不可逆转，中华民族还将作为人类命运共同体一员，领航探索星辰大海，翻开地球文明崭新一页。而在这一恢弘历史进程中，国有经济仍将会携手民营经济一道，创造各自新的辉煌！

汪立鑫

2022 年 9 月国庆前夕